法治建设与法学理论研究部级科研项目成果

重大法学文库

环境污染第三方治理中的责任界定研究

唐绍均 ◎ 著

中国社会科学出版社

图书在版编目(CIP)数据

环境污染第三方治理中的责任界定研究／唐绍均著 .—北京：中国社会科学出版社，2021.8

（重大法学文库）

ISBN 978-7-5203-8776-7

Ⅰ.①环… Ⅱ.①唐… Ⅲ.①环境保护法—研究—中国 Ⅳ.①D922.680.4

中国版本图书馆 CIP 数据核字（2021）第 147040 号

出 版 人	赵剑英
责任编辑	梁剑琴
责任校对	朱妍洁
责任印制	郝美娜

出　　版	中国社会科学出版社
社　　址	北京鼓楼西大街甲 158 号
邮　　编	100720
网　　址	http：//www.csspw.cn
发 行 部	010-84083685
门 市 部	010-84029450
经　　销	新华书店及其他书店

印刷装订	北京市十月印刷有限公司
版　　次	2021 年 8 月第 1 版
印　　次	2021 年 8 月第 1 次印刷

开　　本	710×1000　1/16
印　　张	15.5
插　　页	2
字　　数	262 千字
定　　价	88.00 元

凡购买中国社会科学出版社图书，如有质量问题请与本社营销中心联系调换

电话：010-84083683

版权所有　侵权必究

《重大法学文库》编委会

顾　问：陈德敏　陈忠林
主　任：黄锡生
副主任：靳文辉
成　员：陈伯礼　陈　锐　胡光志　黄锡生
　　　　靳文辉　刘西蓉　李晓秋　秦　鹏
　　　　王本存　吴如巧　宋宗宇　曾文革
　　　　张　舫　张晓蓓

出版寄语

《重大法学文库》是在重庆大学法学院恢复成立十周年之际隆重面世的，首批于2012年6月推出了10部著作，约请重庆大学出版社编辑发行。2015年6月在追思纪念重庆大学法学院创建七十年时推出了第二批12部著作，约请法律出版社编辑发行。本次为第三批，推出了20本著作，约请中国社会科学出版社编辑发行。作为改革开放以来重庆大学法学教学及学科建设的亲历者，我应邀结合本丛书一、二批的作序感言，在此寄语表达对第三批丛书出版的祝贺和期许之意。

随着本套丛书的逐本翻开，蕴于文字中的法学研究思想花蕾徐徐展现在我们面前。它是近年来重庆大学法学学者治学的心血与奉献的累累成果之一。或许学界的评价会智者见智，但对我们而言，仍是辛勤劳作、潜心探求的学术结晶，依然值得珍视。

掩卷回眸，再次审视重大法学学科发展与水平提升的历程，油然而生的依然是"映日荷花别样红"的浓浓感怀。

1945年抗日战争刚胜利之际，当时的国立重庆大学即成立了法学院。新中国成立之后的1952年院系调整期间，重庆大学法学院教师服从调配，成为创建西南政法学院的骨干师资力量。其后的40余年时间内，重庆大学法学专业和师资几乎为空白。

在1976年结束"文化大革命"并经过拨乱反正，国家进入了以经济建设为中心的改革开放新时期，我校于1983年在经济管理学科中首先开设了"经济法"课程，这成为我校法学学科的新发端。

1995年，经学校筹备申请并获得教育部批准，重庆大学正式开设了经济法学本科专业并开始招生；1998年教育部新颁布的专业目录将多个部门法学专业统一为"法学"本科专业名称至今。

1999年我校即申报"环境与资源保护法学"硕士点,并于2001年获准设立并招生,这是我校历史上第一个可以培养硕士的法学学科。

值得特别强调的是,在校领导班子正确决策和法学界同人大力支持下,经过校内法学专业教师们近三年的筹备,重庆大学于2002年6月16日恢复成立了法学院,并提出了立足校情求实开拓的近中期办院目标和发展规划。这为重庆大学法学学科奠定了坚实根基和发展土壤,具有我校法学学科建设的里程碑意义。

2005年,我校适应国家经济社会发展与生态文明建设的需求,积极申报"环境与资源保护法学"博士学位授权点,成功获得国务院学位委员会批准。为此成就了如下第一:西部十二个省区市中当批次唯一申报成功的法学博士点;西部十二个省区市中第一个环境资源法博士学科;重庆大学博士学科中首次有了法学门类。

正是有以上的学术积淀和基础,随着重庆大学"985工程"建设的推进,2010年我校获准设立法学一级学科博士点,除已设立的环境与资源保护法学二级学科外,随即逐步开始在法学理论、宪法与行政法学、刑法学、民商法学、经济法学、国际法学、刑事诉讼法学、知识产权法学、法律史学等二级学科领域持续培养博士研究生。

抚今追昔,近二十年来,重庆大学法学学者心无旁骛地潜心教书育人,脚踏实地地钻研探索、团结互助、艰辛创业的桩桩场景和教学科研的累累硕果,仍然历历在目。它正孕育形成重大法学人的治学精神与求学风气,鼓舞和感召着一代又一代莘莘学子坚定地向前跋涉,去创造更多的闪光业绩。

眺望未来,重庆大学法学学者正在中国全面推进依法治国的时代使命召唤下,投身其中,锐意改革,持续创新,用智慧和汗水谱写努力创建一流法学学科、一流法学院的辉煌乐章,为培养高素质法律法学人才,建设社会主义法治国家继续踏实奋斗和奉献。

随着岁月流逝,本套丛书的幽幽书香会逐渐淡去,但是它承载的重庆大学法学学者的思想结晶会持续发光、完善和拓展开去,化作中国法学前进路上又一轮坚固的铺路石。

陈德敏

2017年4月

目　录

第一章　导论 …………………………………………………………（1）
　　一　选题背景与研究价值 ………………………………………（1）
　　二　国内外研究现状综述 ………………………………………（6）
　　三　主要内容与研究方法 ………………………………………（13）
　　四　创新点 ………………………………………………………（15）
第二章　环境污染第三方治理中的责任界定概览 ………………（19）
　第一节　环境污染第三方治理中的责任 …………………………（19）
　　一　环境污染第三方治理 ………………………………………（19）
　　二　环境污染第三方治理中的责任 ……………………………（24）
　第二节　环境污染第三方治理中的责任主体 ……………………（26）
　　一　环境污染第三方治理中的行政主体 ………………………（27）
　　二　环境污染第三方治理中的排污企业 ………………………（28）
　　三　环境污染第三方治理中的治污主体 ………………………（29）
　第三节　环境污染第三方治理中的责任性质 ……………………（31）
　　一　环境污染第三方治理中的民事责任 ………………………（31）
　　二　环境污染第三方治理中的行政责任 ………………………（32）
　　三　环境污染第三方治理中的刑事责任 ………………………（33）
　第四节　环境污染第三方治理中的责任种类 ……………………（34）
　　一　环境污染第三方治理中的责任种类概览 …………………（34）
　　二　环境污染第三方治理中的民事责任种类 …………………（35）
　　三　环境污染第三方治理中的行政责任种类 …………………（36）
　　四　环境污染第三方治理中的刑事责任种类 …………………（37）

第五节 环境污染第三方治理中的责任履行 (38)
  一 环境污染第三方治理中责任的一般履行方式 (38)
  二 环境污染第三方治理中责任的替代履行方式 (39)

第三章 环境污染第三方治理中责任界定的理论基础 (43)
第一节 责任聚合理论 (43)
  一 责任聚合理论简介 (43)
  二 责任聚合理论与环境污染第三方治理中的责任界定 (46)

第二节 因果关系理论 (51)
  一 因果关系理论简介 (51)
  二 因果关系理论与环境污染第三方治理中的责任界定 (53)

第三节 "损害担责"原则 (56)
  一 "损害担责"原则简介 (56)
  二 "损害担责"原则与环境污染第三方治理中的责任界定 (60)

第四章 环境污染第三方治理中责任界定的现存问题 (63)
第一节 环境污染第三方治理中责任界定的法源与实践 (63)
  一 环境污染第三方治理中责任界定的法源 (63)
  二 环境污染第三方治理中责任界定的实践 (67)

第二节 环境污染第三方治理中责任界定的现存问题 (70)
  一 责任界定在立法层面的现存问题 (70)
  二 责任界定在政策层面的现存问题 (78)
  三 责任界定在行政处罚层面的现存问题 (85)
  四 责任界定在司法裁判层面的现存问题 (88)

第五章 环境污染第三方治理中的民事责任界定 (99)
第一节 环境污染第三方治理中的民事责任概览 (99)
  一 环境污染第三方治理中民事责任的主要类型 (99)
  二 环境污染第三方治理中环境侵权责任的构成要件 (102)

第二节 环境污染第三方治理中的侵权责任界定 (108)
  一 环境污染第三方治理中排污企业与治污主体间的基础关系 (108)
  二 排污企业与治污主体基于合同法律关系的侵权责任 (114)
  三 排污企业与治污主体基于无效合同关系的侵权责任 (120)

  四 第三方治理中环境侵权责任因果关系的"类型化"
    认定 ………………………………………………………… (136)
  五 环境污染第三方治理中不作为侵权的责任界定 ……… (151)
  六 《环境保护法》第65条在侵权责任界定中的适用 …… (157)
  七 环境污染第三方治理中侵权责任界定的必要共同诉讼 …… (160)

第六章 环境污染第三方治理中的行政责任界定 …………… (169)
 第一节 环境污染第三方治理中的行政责任概览 …………… (169)
  一 环境污染第三方治理中行政责任的主要类型 ………… (169)
  二 排污企业与治污主体行政责任的来源 ………………… (172)
  三 环境污染第三方治理中行政责任的构成要件 ………… (174)
 第二节 环境污染第三方治理中的行政责任界定 …………… (176)
  一 环境污染第三方治理合同对行政责任界定的作用识别 …… (176)
  二 环境污染第三方治理中行政责任界定的主张及其弊端 …… (180)
  三 环境污染第三方治理中"污染者"的行政责任 ……… (184)
  四 环境污染第三方治理中"非污染者"的行政责任 …… (186)

第七章 环境污染第三方治理中的刑事责任界定 …………… (190)
 第一节 环境污染第三方治理中的刑事责任概览 …………… (190)
  一 环境污染第三方治理中刑事责任的主要类型 ………… (190)
  二 环境污染第三方治理中刑事责任的构成要件 ………… (196)
 第二节 环境污染第三方治理中的刑事责任界定 …………… (199)
  一 环境污染第三方治理合同对刑事责任界定的作用识别 …… (199)
  二 环境污染第三方治理中刑事责任界定的实践偏误 …… (203)
  三 环境污染第三方治理中"污染者"的刑事责任界定 …… (206)
  四 环境污染第三方治理中"非污染者"的刑事责任界定 …… (209)
  五 排污企业与治污主体单位犯罪中的个人责任认定 …… (213)
  六 排污企业或者治污主体污染环境罪"客观方面"的
    细化 ………………………………………………………… (217)

第八章 结论 …………………………………………………………… (221)
参考文献 …………………………………………………………………… (226)

第一章

导　　论

一　选题背景与研究价值

（一）选题背景

在推行环境污染第三方治理模式之前，"谁污染、谁治理"是我国环境保护及其法治保障遵循的原则，排污企业主要以传统的分散化治理模式治理其所产生的污染物，即根据污染物排放标准进行治理，具有"产污者"与"治污者"的双重身份。① 在该环境污染治理模式下，基于排污企业与环境行政主体间存在的行政法律关系，排污企业理应履行与此法律关系相关的行政法义务（"污染治理义务"），即对自身所产生的污染物进行治理，既是"产污者"，也是"治污者"。事实上，只有具备相应环境污染治理条件与能力的排污企业，传统的分散化环境污染治理模式才具有可行性，"谁污染、谁治理"原则也才可能得以贯彻。但是，实践中通常不是所有的排污企业都具有相应的环境污染治理条件与能力，它们要么缺乏规模效应，要么欠缺专业技术，并不能做到让"专业人干专业事"，因此也并不符合社会分工理论的基本逻辑，极易产生高成本、低效率、监管难等一系列问题，进而使得环境污染治理的总体效果大打折扣，甚至可能出现环境被二次污染的恶劣后果。20世纪90年代初，随着分散化环境污染治理模式下环境污染治理"低成效、高能耗"的弊端日渐显现，我国

---

① 唐绍均、魏雨：《环境污染第三方治理中的侵权责任界定》，《重庆大学学报》（社会科学版）2019年第1期。

开始学习以美国为代表的西方发达国家在环境污染治理领域的经验,引入"污染者付费"原则(Polluter Pays Principle)并通过立法将其确立为一项法律原则,①该原则的引入催生了环境污染第三方治理的萌芽,如我国东部沿海地区的一些政府主管部门或者工业企业尝试委托专业环境服务公司治理环境污染。

伴随着中国工业化与城市化进程的加快推进,日益严峻的环境污染治理形势引起了党和政府以及社会公众的高度关注,科学发展观的落实使得环境污染治理问题得以缓解,政府机构2003年与2008年两次改革既促进了各级政府向服务型政府的转变,也推动了政府在环境污染治理领域向市场和社会的分权,公民环境意识逐渐增强,环保社会组织如雨后春笋般涌现,这些变化共同推动了环境污染治理结构的改变。正是在这样的时代背景下,中央对地方在环境污染第三方治理方面的探索给予政策上的认可,并在十余年间出台六项与环境污染第三方治理相关的政策,这些政策不仅涉及污染治理多元投入、环境市政服务的市场化运营、行业协会等中介组织的作用发挥,也涉及政府与企业环境信息公开以及公众与社会组织环境信息权益维护。在这些政策推动下,地方的环境污染第三方治理实践得以不断推进,环境市政污染治理领域市场化改革等得以陆续开展。概言之,我国环境污染第三方治理模式的产生与发展,有赖于"地方的实践探索、政府的简政放权、社会的积极参与以及国家的政策关照"之合力推动。

通过发挥市场主体积极性来推动环境污染治理的环境污染第三方治理模式是指排污企业与第三方治污主体签订民事合同,前者通过向后者支付治污费用委托其治理污染,并与生态环境主管部门共同对治理效果进行监督,最终实现达标排放的目的。②这一模式充分发挥市场参与者逐利的天性,颠覆了传统的分散化环境污染治理模式,由具备专业技术和能力的第三方治污主体对排污企业所排放的环境污染物进行有偿治理或者为排污企业提供污染处理相关管理服务。③因此,排污企业的直接治理责任转化为

---

① 吴隽雅:《环境公私合作的制度化选择与规范化构造》,博士学位论文,武汉大学,2018年,第56—57页。

② 骆建华:《环境污染第三方治理的发展及完善建议》,《环境保护》2014年第20期。

③ 唐绍均、魏雨:《环境污染第三方治理中的侵权责任界定》,《重庆大学学报》(社会科学版)2019年第1期。

间接的经济责任，最终实现污染治理行为的社会化、产业化与治理绩效最大化。① 尽管我国环境污染第三方治理的实践探索始于 20 世纪 90 年代，但国家文件正式提出"环境污染第三方治理"却相对较晚，党的十八届三中全会（2013）通过的《中共中央关于全面深化改革若干重大问题的决定》提出"建立吸引社会资本投入生态环境保护的市场化机制，推行环境污染第三方治理"，这是我国首次以文件形式将这一模式表述为"环境污染第三方治理"，也是首次正式提出将第三方治理模式引入环境污染治理领域。2014 年国务院发布的《关于推行环境污染第三方治理的意见》（简称《意见》），是中国首份也是最权威的一份对环境污染第三方治理进行全面而系统规定的国家层面的政策性文件。从"先污染、后治理"到"谁污染、谁治理"再到"谁污染、谁付费"的第三方治理模式，环境污染治理思路不断创新，并致力于实现生态文明。② 实践中，工业园区集中治理、城市污水集中处理等集中治污模式逐步取代分散治理模式，将各企业排放的污染物统一交由特定的第三方治污主体进行处理，③ 实现了环境治理效率提高、企业生产成本降低、政府监管压力减小、社会整体治理效果提高的"多赢"。

从 20 世纪 90 年代至今，我国的环境污染第三方治理经历了萌芽与发展两个阶段，应该说两个阶段的环境污染第三方治理分别对我国的环境污染治理发挥了其应有的作用。但环境污染第三方治理在我国从萌芽至今也不过 30 年，理论研究与实践探索均不够充分，导致环境污染第三方治理中的责任界定问题成了环境污染第三方治理顺利推行的最大障碍。环境污染事故发生后，排污企业和第三方治污主体不可避免地推卸自身责任。具言之，排污企业认为环境污染物已交由第三方治污主体进行治理，那么在治理过程中产生的法律责任理应由第三方治污主体承担；第三方治污主体认为排污企业提供所需治理的污染物种类与合同约定的不符，导致其无法

---

① 范战平：《论我国环境污染第三方治理机制构建的困境及对策》，《郑州大学学报》（哲学社会科学版）2015 年第 2 期。

② 俞洁、姚宇平：《我国环境污染第三方治理的可行性和必要性》，《环境与发展》2018 年第 3 期。

③ 邓婕：《我国环境污染第三方治理法律规制问题探析》，硕士学位论文，四川省社会科学院，2016 年，第 23—24 页。

采取有效治理措施，应当由排污企业承担由此产生的法律责任。① 2014 年国务院发布的《意见》，试图从国家层面对环境污染第三方治理中的责任界定问题作出回应。《意见》在首节中对环境污染治理领域推行第三方治理的指导思想、基本原则、主要目标等方向性问题作出了较为明确的规定。此外，《意见》还对环境污染第三方治理的发展方式以及"推进环境公用设施投资运营市场化、创新企业第三方治理机制、健全第三方治理市场、强化政策引导和支持、加强组织实施"② 等方面提出了指导性意见，既为地方的环境污染第三方治理实施提供了总体思路，也为相关法律法规的健全指明了基本方向。以《意见》为指导，国务院行政主管部门、一些地方人民政府也陆续出台了一些与环境污染第三方治理相关的规范性文件，例如，2017 年原环境保护部发布《关于推进环境污染第三方治理的实施意见》（简称《实施意见》），河北省人民政府办公厅发布《关于推行环境污染第三方治理的实施意见》（简称《河北实施意见》），云南省人民政府办公厅发布《关于推行环境污染第三方治理的实施意见》（简称《云南实施意见》），福州市人民政府办公厅发布《关于推进环境污染第三方治理的实施意见》（简称《福州实施意见》），厦门市人民政府发布《关于推行环境污染第三方治理的意见》（简称《厦门实施意见》），有效推进了各地环境污染第三方治理实践。

《意见》在"（八）明确相关方责任"中对排污企业、第三方治污主体的责任作出如下规定："排污企业承担污染治理的主体责任，第三方治理企业按照有关法律法规和标准以及排污企业的委托要求，承担约定的污染治理责任。抓紧出台第三方治理的规章制度，对相关方的责任边界、处罚对象、处罚措施等作出规定。"另外，《实施意见》在"（三）责任界定"中也对排污企业、第三方治污主体的责任作出如下规定："排污单位承担污染治理的主体责任，可依法委托第三方开展治理服务，依据与第三方治理单位签订的环境服务合同履行相应责任和义务。第三方治理单位应按有关法律法规和标准及合同要求，承担相应的法律责任和合同约定的责

---

① 刘畅：《环境污染第三方治理的现实障碍及其化解机制探析》，《河北法学》2016 年第 3 期；司建楠：《全国工商联环境商会：推进环境污染第三方治理完善基础设施领域公私合营模式》，《中国工业报》2015 年 3 月 5 日第 2 版。

② 周珂、史一舒：《环境污染第三方治理法律责任的制度建构》，《河南财经政法大学学报》2015 年第 6 期。

任"。前述地方人民政府虽均在《意见》与《实施意见》的指导下颁布关于第三方治理的规范性文件，但遗憾的是基本都未对环境污染第三方治理过程中所涉及的排污企业与治污主体间责任承担问题作出更为明确具体的规定。

不管是《意见》与《实施意见》，还是前述地方人民政府有关环境污染第三方治理的规范性文件，在性质上均不属于正式法律渊源，一般情况下不得作为行政执法与司法裁判的依据。此外，《意见》与《实施意见》中提及的排污企业的"主体责任"与第三方治污主体的"污染治理责任"，均欠缺明确具体的界定，根本无法与行政执法、司法裁判中使用的法律概念进行有效对接，导致行政执法、司法裁判均不能将其作为责任划分的依据，可见前述规范性文件中有关排污企业、第三方治污主体的责任规定基本不具有可实施性。虽然在前述规范性文件的指导下，环境污染第三方治理"排污者付费、专业化治理"的治污路径能够得以推行，但在我国以排污者责任为中心的现行环境法律制度框架下，能够发挥关键作用的第三方治污主体却面临法律地位不确定、法律责任不明晰等困境，这势必对环境污染第三方治理制度的进一步发展形成极大的阻碍。毋庸置疑，如果不改变现行法律制度框架，仅凭《意见》《实施意见》以及前述地方人民政府有关环境污染第三方治理的规范性文件来探索和运用第三方治理模式恐难取得良好的效果。①

排污企业与治污主体的责任界定是环境污染第三方治理在推行与发展过程中亟待解决的核心问题，"责任界定不明晰是环境污染第三方治理推行中所遇到的关键性障碍之一"②，"如何分配环境污染第三方治理中各方的法律责任是该模式顺利推进的关键性问题"③，学者们在论著中的前述表述均表明了责任界定对于环境污染第三方治理的重要性。本书以环境污染第三方治理中的责任界定为研究对象，目的在于为环境污染第三方治理中排污企业与治污主体的民事责任、行政责任以及刑事责任的界定提供可行方案并明晰相关主体的责任边界，以期为环境污染第三方治理的立法提

---

① 刘长兴：《污染第三方治理的法律责任基础与合理界分》，《法学》2018年第6期。

② 刘畅：《环境污染第三方治理的现实障碍及其化解机制探析》，《河北法学》2016年第3期。

③ 刘长兴：《污染第三方治理的法律责任基础与合理界分》，《法学》2018年第6期。

供可资参考的理论建议，为环境污染第三方治理的实践提供可资借鉴的实践方案，减少环境污染第三方治理中的实践阻力，促进环境污染第三方治理的有效推行。

(二) 研究价值

1. 研究的理论价值

首先，有利于明确环境污染第三方治理的相关概念，明晰环境污染第三方治理参与主体的责任边界。其次，有助于进一步诠释"污染者担责"原则在环境污染第三方治理中的意义，强化"污染者担责"原则对环境污染第三方治理的指导作用，明确环境污染第三方治理中治污主体或者排污企业的"污染者"身份并为各责任主体提供明确的指引，达到改进环境污染第三方治理制度顶层设计的目的。最后，有利于明确排污企业与治污主体的责任聚合情形以及聚合后的共存处断规则，为以"污染者付费、专业化治理"为特征的环境污染第三方治理模式的高效实施提供理论指导。

2. 研究的实践价值

首先，本着用既有的法律规定解决现存法律问题的原则，笔者立足于现行法律规定，为环境污染第三方治理中排污企业与治污主体的民事责任、行政责任与刑事责任的界定提供立法建议，并促进环境污染第三方治理中行政执法与司法裁判依据的进一步完善。其次，有利于明确排污企业与治污主体在环境污染治理中的责任边界，解决环境污染第三方治理实践中产生的责任界定问题，从而维护排污企业与治污主体的正当利益，激发排污企业与治污主体参与环境污染第三方治理的动力，促进环境污染第三方治理的稳步推行与健康发展。

二 国内外研究现状综述

近年来，国内有不少学者对"环境污染第三方治理"展开研究并推出了一系列研究成果，截至 2021 年 3 月，仅以"环境污染第三方治理"为关键词在中国知网上便可检索到文章 300 余篇，[①] 其中骆建华的期刊论

[①] 检索时间：2020 年 2 月 1 日。值得注意的是，虽然在知网以"环境污染第三方治理"为关键词进行检索，结果显示有 300 余篇论文，但是在这些检索结果中，有部分文章在内容上与"环境污染第三方治理"并无关联，仅在主题上有所体现。

文《环境污染第三方治理的发展及完善建议》(2014)①、刘超的期刊论文《管制、互动与环境污染第三方治理》(2015)②、李雪松等的期刊论文《环境污染第三方治理的风险分析及制度保障》(2016)③、李一丁的期刊论文《环境污染第三方治理的理论基础、现实诱因与法律机制构建》(2017)④、张林鸿的期刊论文《生态文明视野下环境污染第三方治理法治化》(2018)⑤、李金宇等的期刊论文《环境污染第三方治理委托代理模型研究》(2019)⑥、张锋的期刊论文《环境污染社会第三方治理研究》(2020)⑦等均对"环境污染第三方治理"主题有较为深入的研究。但是,相较主题为"环境污染第三方治理"的论文数量,国内学界针对"环境污染第三方治理责任"的论文却要少得多,截至2021年3月,以"环境污染第三方治理"和"责任"为关键词在中国知网上可检索到文章90余篇,⑧其中周珂、史一舒的期刊论文《环境污染第三方治理法律责任的制度建构》(2015)⑨、胡静、胡曼晴的期刊论文《第三方治理中排污企业的行政责任》(2017)⑩、刘长兴的期刊论文《污染第三方治理的法律责任基础与合理界分》(2018)⑪、唐绍均、魏雨的期刊论文《环境污染第三方治

---

① 骆建华:《环境污染第三方治理的发展及完善建议》,《环境保护》2014年第20期。

② 刘超:《管制、互动与环境污染第三方治理》,《中国人口·资源与环境》2015年第2期。

③ 李雪松、吴萍、曹婉吟:《环境污染第三方治理的风险分析及制度保障》,《求索》2016年第2期。

④ 李一丁:《环境污染第三方治理的理论基础、现实诱因与法律机制构建》,《河南财经政法大学学报》2017年第2期。

⑤ 张林鸿:《生态文明视野下环境污染第三方治理法治化》,《社会科学家》2018年第12期。

⑥ 李金宇、郭志达、白远洋:《环境污染第三方治理委托代理模型研究》,《环境保护科学》2019年第3期。

⑦ 张锋:《环境污染社会第三方治理研究》,《华中农业大学学报》(社会科学版)2020年第1期。

⑧ 检索时间:2020年2月1日。值得注意的是,虽然在知网数据库以"环境污染第三方治理"和"责任"为关键词进行检索,结果显示有90余篇论文,但是在这些检索结果中,有很大一部分文章在内容上与"环境污染第三方治理的责任"并无关联,仅在主题上有所体现。

⑨ 周珂、史一舒:《环境污染第三方治理法律责任的制度建构》,《河南财经政法大学学报》2015年第6期。

⑩ 胡静、胡曼晴:《第三方治理中排污企业的行政责任》,《世界环境》2017年第5期。

⑪ 刘长兴:《污染第三方治理的法律责任基础与合理界分》,《法学》2018年第6期。

理中的侵权责任界定》（2019）①、《论第三方治理合同无效情形下的环境侵权责任界定》（2020）②、《环境污染第三方治理中的刑事责任界定》（2020）③ 等对"环境污染第三方治理责任"主题有较为深入的研究。骆建华在论文《环境污染第三方治理的发展及完善建议》（2014）中讨论了环境污染第三方治理的"责任转移障碍"以及"责任共担"，认为"调整责任主体的前提是排污企业严格遵守服务合同所规定的各项条款，如果排放未达标，根源是排污企业违反合同条款，则法律责任仍属排污企业"。④ 常杪等在论文《环境污染第三方治理的应用与面临的挑战》（2014）中论及环境污染第三方治理中的关键问题之一是"权责的划分的明确"，认为"第三方服务的引入，并不意味着排污企业治污责任的转移"。⑤ 刘畅在论文《环境污染第三方治理的现实障碍及其化解机制探析》（2016）中论及"第三方治理的责任障碍"，认为"应当统筹环境污染第三方治理的契约性特质和污染法律责任性质的差别性，兼顾对'产污者'和'治污者'之双重约束与责任能够得到有效落实，细化环境污染第三方治理的责任分担"。⑥ 刘俊敏、李梦娇在论文《环境污染第三方治理的法律困境及其破解》（2016）中论及环境污染第三方治理"顶层设计缺失导致责任主体不明"，认为应"明确并强化排污企业与专业治污主体的责任"。⑦ 马云在论文《水污染第三方治理机制中第三方法律责任研究》（2016）中主要研究了第三方与排污企业之间的违约责任、第三方之间的不正当竞争责任、第三方违反政府监管的行政责任与第三方严重违法行为

---

① 唐绍均、魏雨：《环境污染第三方治理中的侵权责任界定》，《重庆大学学报》（社会科学版）2019年第1期。

② 唐绍均、魏雨：《论第三方治理合同无效情形下的环境侵权责任界定》，《重庆大学学报》（社会科学版）2020年第5期。

③ 唐绍均、魏雨：《环境污染第三方治理中的刑事责任界定》，《南通大学学报》（社会科学版）2020年第4期。

④ 骆建华：《环境污染第三方治理的发展及完善建议》，《环境保护》2014年第20期。

⑤ 常杪、杨亮、王世汶：《环境污染第三方治理的应用与面临的挑战》，《环境保护》2014年第20期。

⑥ 刘畅：《环境污染第三方治理的现实障碍及其化解机制探析》，《河北法学》2016年第3期。

⑦ 刘俊敏、李梦娇：《环境污染第三方治理的法律困境及其破解》，《河北法学》2016年第4期。

的刑事责任。① 刘加林等在论文《西部生态脆弱区环境污染第三方治理机制优化探析》（2017）中论及环境污染第三方治理中应当"建立与健全责任分担机制"，认为"国家必须要及时颁布相关法律法规，明确界定双方责任边界，规定相关的处罚措施，奠定第三方治理的法律地位"。② 杨柳明在论文《我国环境污染第三方治理主体民事法律责任研究》（2017）中认为应当从"构建民事责任顶层设计、完善环境污染第三方立法，明确排污企业和环服公司民事责任分配，丰富法律制度、落实民事责任"等方面对我国环境污染第三方治理主体民事法律责任进行完善。③ 应冰倩在论文《污染第三方治理环境侵权责任研究》（2017）中认为应当从"完善污染第三方治理立法体系构想（日本经验的启示）、完善污染第三方治理归责原则体系构想、肯定污染第三方治理环境侵权行为违法性要件、增强因果关系的认定标准"方面对污染第三方治理中的环境侵权责任予以明确。④

对环境污染第三方治理中的法律责任种类，学界基本达成共识，即存在民事责任、行政责任和刑事责任三种性质的法律责任。目前的研究成果中，对民事责任的讨论相对较多，比如刘宁、吴卫星的论文《"企企合作"模式下环境污染第三方治理民事侵权责任探究》（2016）⑤、杨明柳的论文《我国环境污染第三方治理主体民事法律责任研究》（2017）⑥、王棋棋的论文《第三方治理模式中环境污染民事侵权责任研究》（2017）⑦、应

---

① 马云：《水污染第三方治理机制中第三方法律责任研究》，硕士学位论文，浙江农林大学，2016年，第26页。

② 刘加林等：《西部生态脆弱区环境污染第三方治理机制优化探析》，《生态经济》2017年第10期。

③ 杨柳明：《我国环境污染第三方治理主体民事法律责任研究》，硕士学位论文，广西师范大学，2017年，第20—25页。

④ 应冰倩：《污染第三方治理环境侵权责任研究》，硕士学位论文，浙江大学，2017年，第23—27页。

⑤ 刘宁、吴卫星：《"企企合作"模式下环境污染第三方治理民事侵权责任探究》，《南京工业大学学报》（社会科学版）2016年第3期。

⑥ 杨柳明：《我国环境污染第三方治理主体民事法律责任研究》，硕士学位论文，广西师范大学，2017年，第24—27页。

⑦ 王棋棋：《第三方治理模式中环境污染民事侵权责任研究》，硕士学位论文，西南政法大学，2017年，第24—28页。

冰倩的论文《污染第三方治理环境侵权责任研究》(2017)[①] 等。研究行政责任与刑事责任的文献数量相对较少，主要有马云的论文《水污染第三方治理机制中第三方的刑事责任》(2015)[②]，胡静、胡曼晴的论文《第三方治理中排污企业的行政责任》(2017)[③] 等。此外，还有学者在论文中既研究民事责任，也研究行政责任，如邓可祝在其论文《排污企业与第三方的责任分配》(2016) 中主要讨论了"第三方治理制度中的民事责任与行政责任分配问题"。[④]

对于环境污染第三方治理合同的性质，学界不乏共识，但分歧也十分明显。鄢斌、李岩的论文《环境服务合同的性质及其法律适用》(2014) 将第三方治理合同与其他常见的合同进行比较，归纳出第三方治理合同的特征，并主张将环境治理中的第三方治理合同按照无名合同处理。[⑤] 周珂、史一舒在论文《环境污染第三方治理法律责任的制度建构》(2015) 中将合同性质定位为委托合同，排污企业委托治污主体进行专业化环境污染治理，责任的承担是根据法律条文及"谁造成损害，谁承担责任"原则进行。[⑥] 邓可祝在论文《排污企业与第三方的责任分配》(2016) 中主张双方间的服务合同是一种"以物为中心的承揽"，承揽人通过提供专业的服务来完成与定作人关于污染治理的约定。[⑦] 孔东菊在论文《论企业环境污染第三方治理合同的法律规制》(2016) 中主张"企业环境污染第三方治理合同应类型化为承揽合同"。[⑧] 陈云俊、高桂林在论文《环境污染第三方治理民事合同研究》(2016) 中主张第三方治理民事合同的类型包括但不限于技术合同、融资租赁合同、委托合同、承揽合

[①] 应冰倩：《污染第三方治理环境侵权责任研究》，硕士学位论文，浙江大学，2017年，第20—25页。

[②] 马云：《水污染第三方治理机制中第三方的刑事责任》，《中国环境管理干部学院学报》2015年第2期。

[③] 胡静、胡曼晴：《第三方治理中排污企业的行政责任》，《世界环境》2017年第5期。

[④] 邓可祝：《排污企业与第三方的责任分配》，《山东工商学院学报》2016年第3期。

[⑤] 鄢斌、李岩：《环境服务合同的性质及其法律适用》，《才智》2014年第3期。

[⑥] 周珂、史一舒：《环境污染第三方治理法律责任的制度建构》，《河南财经政法大学学报》2015年第6期。

[⑦] 邓可祝：《排污企业与第三方的责任分配》，《山东工商学院学报》2016年第3期。

[⑧] 孔东菊：《论企业环境污染第三方治理合同的法律规制》，《武汉科技大学学报》（社会科学版）2016年第3期。

同，在不同情形下应适用不同的合同类型的相关法律规定，至于与政府签订的合同应以环境行政合同处理。① 唐绍均、魏雨在论文《环境污染第三方治理中的侵权责任界定》（2019）中认为应该以治污设施由排污企业提供还是治污主体提供为标准，将合同划分为环境服务合同与承揽合同。②

针对污染治理责任是否转移以及如何认定责任承担主体，既有的研究文献可谓分歧大于共识。葛察忠等在论文《环境污染第三方治理问题及发展思路探析》（2014）中进行了具体分析，认为合同的签订不会让治污的法律责任转移到治污主体，排污企业仍是第一责任人，治污主体仅履行合同约定即可。③ 马云在论文《水污染第三方治理机制中第三方法律责任研究》（2016）中认为"排污企业是首要责任人（尤其在环保治理设施以委托或者托管方式交由环境服务公司时），环境服务公司仅需承担合同义务；如果因为第三方企业违反合同约定未能实现预期治污目的，就由排污企业向环境污染受害人以及政府承担相应责任，责任履行后方能向第三方企业追偿"。④ 刘俊敏、李梦娇在期刊论文《环境污染第三方治理的法律困境及其破解》（2016）中认为："环境污染企业与专业环保公司签订环境服务合同，就将其公法义务转化为民事合同义务，如果合同履行有瑕疵，理应由第三方治理企业承担相应的违约责任，而违反公法义务的法律责任则由排污企业承担。"⑤ 葛超、马云在论文《水污染第三方治理运行阶段政府监管责任的制度建构》（2016）中认为第三方企业的加入并未导致排污企业治理污水的环境责任发生转移，仅使责任问题复杂化而已。⑥ 而刘宁、吴卫星的论文《"企企合作"模式下环境污染第三方治理

---

① 陈云俊、高桂林：《环境污染第三方治理民事合同研究》，《广西社会科学》2016年第3期。

② 唐绍均、魏雨：《环境污染第三方治理中的侵权责任界定》，《重庆大学学报》（社会科学版）2019年第1期。

③ 葛察忠、程翠云、董战峰：《环境污染第三方治理问题及发展思路探析》，《环境保护》2014年第20期。

④ 马云：《水污染第三方治理机制中第三方法律责任研究》，硕士学位论文，浙江农林大学，2016年，第6页。

⑤ 刘俊敏、李梦娇：《环境污染第三方治理的法律困境及其破解》，《河北法学》2016年第4期。

⑥ 葛超、马云：《水污染第三方治理运行阶段政府监管责任的制度建构》，《中国环境管理干部学院学报》2016年第3期。

民事侵权责任探究》(2016)主张不能简单地由一方承担,应将第三方治理情形在"企企模式"下分为嵌入型和独立型两类分别进行侵权责任情形的讨论。① 刘畅在论文《环境污染第三方治理的现实障碍及其化解机制探析》(2016)中指出,应综合考虑差别性和契约性特点,对双方进行双重约束,细化责任的具体分担机制。② 刘长兴在论文《污染第三方治理的法律责任基础与合理界分》(2018)中指出,应当在污染治理责任的转移和确定的基础上,具体分析污染治理责任未完成的情形,并按照环境管理要求或者合同约定来分配责任。③

国外有关"环境污染第三方治理责任界定"主题的研究成果主要体现为对"环境治理市场化及其具体实现路径"的研究。在 20 世纪 80 年代,一些西方经济学家对政府强制性管制环境事务的做法提出批评,建议政府利用市场手段解决环境问题,④ 他们认为:"政府对环境事务适当干预是必要的,但不宜对环境事务进行强制性管制,即便市场失灵",并提出庇古的"社会与个人之间的成本差异"并非造成环境污染、生态破坏的根本原因,而是由于环境污染、生态破坏没有明确的成本或者成本太低,导致出现模糊的产权界定。⑤ 不可否认的是,西方经济学家早已对环境污染治理市场化进行了研究,西方环境治理中早就大量出现第三方治理

---

① 刘宁、吴卫星:《"企企合作"模式下环境污染第三方治理民事侵权责任探究》,《南京工业大学学报》(社会科学版)2016 年第 3 期。

② 刘畅:《环境污染第三方治理的现实障碍及其化解机制探析》,《河北法学》2016 年第 3 期。

③ 刘长兴:《污染第三方治理的法律责任基础与合理界分》,《法学》2018 年第 6 期。

④ 参见卢洪友等《外国环境公共治理:理论、制度与模式》,中国社会科学出版社 2014 年版,第 159、255 页。

⑤ 参见司林波、赵璐《欧盟环境治理政策述评及对我国的启示》,《环境保护》2019 年第 11 期;刘学之、王潇晖、智颖黎《欧盟环境行动规划发展及对我国的启示》,《环境保护》2017 年第 20 期;蒋尉《欧盟环境政策的有效性分析:目标演进与制度因素》,《欧洲研究》2011 年第 5 期;林臻等《环境污染第三方治理的国际经验与启示》,《中华环境》2017 年第 11 期;孔东菊《企业环境污染第三方治理侵权责任的划分——德国环境设备责任的启示》,《南海法学》2019 年第 6 期;汪学文《联邦德国"环境责任法"的制定》,《德国研究》1994 年第 4 期;邵建东《论德国〈环境责任法〉的损害赔偿制度》,《国外社会科学情况》1994 年第 45 期。

的雏形，① 以美国为例，其早期的环境污染治理依赖于以行政手段为主的环境政策，而环境污染治理的底线则是最低排放标准和联邦政府的法律。② 但是，随后以行政管制为主要手段的环境法案的执法成本过高，加上污染控制技术未得到充分发展，环境污染、生态破坏的治理效果较差，因此美国逐渐转向利用市场机制解决环境的负外部性问题。③

笔者认为，在关于环境污染第三方治理中责任界定问题的研究中，虽然国内外的学者们对环境污染第三方治理责任界定中的责任主体认定、归责原则确立与法律责任配置等方面均缺乏全面涉及与充分论证，使环境污染第三方治理中责任界定问题鲜有有价值的研究成果，但是国内外学者在研究环境污染第三方治理责任界定方面所取得的一些间接研究成果为笔者的研究带来了思想的火花与写作的灵感，拓宽了笔者的研究视野，打开了笔者的研究思路。笔者将以这些学者的研究成果作为研究基础，拟定研究重点、研究思路以及研究方向，对环境污染第三方治理的责任界定进行探索与创新，以期为环境污染第三方治理中排污企业与治污主体的民事责任、行政责任与刑事责任界定提供理论方案，为环境污染第三方治理的理论构建与实践发展提供有益借鉴。

三 主要内容与研究方法

（一）主要内容

本书共分为八个章节。第一章，导论。本章论及本书的选题背景与研究价值，综述了相关国内外研究文献，介绍了本书主要内容及研究方法，归纳了本书的创新点。第二章，环境污染第三方治理中的责任界定概览。本章解读了环境污染第三方治理与环境污染第三方治理中的责任界定涉及的相关概念，分析了环境污染第三方治理中涉及的责任主体、责任性质、

---

① 参见张全《以第三方治理为方向加快推进环境治理机制改革》，《环境保护》2014年第20期；范战平《论我国环境污染第三方治理机制构建的困境及对策》，《郑州大学学报》（哲学社会科学版）2015年第2期。

② 参见王欢《美国生态环境保护历史与现状》，《中国高校科技与产业化》2006年第8期；程天金、杜譞、李宏涛《美国环境治理演进及特征对我国"十三五"及后期环境治理的启示》，《环境保护》2016年第23期。

③ 参见王浩、陈燕红《"第三方环境治理"国际学术研讨会会议综述》，《复旦公共行政评论》2017年第1期；郭建《环境问题与社会主义》，《科学社会主义》2008年第4期。

责任种类以及责任履行等基本内容，明确了本书的研究对象。第三章，环境污染第三方治理中责任界定的理论基础。本章分别简介了责任聚合理论、因果关系理论以及"污染者担责"原则，分析了责任聚合理论、因果关系理论以及"污染者担责"原则对环境污染第三方治理中的责任界定所能进行的理论诠释，并将它们确立为环境污染第三方治理中责任界定的理论基础。第四章，环境污染第三方治理中责任界定的现存问题。本章梳理了环境污染第三方治理中责任界定所涉及的法律法规、党和国家的政策、地方人民政府的政策、行政处罚案例以及司法裁判案例，分析了环境污染第三方治理中责任界定所面临的现存问题，重点总结了环境污染第三方治理中责任界定所面临的环境侵权责任、环境行政责任与环境刑事责任承担主体不明问题。第五章，环境污染第三方治理中的民事责任界定。本章分析了环境污染第三方治理中可能涉及的三种类型的民事责任，即违约责任、缔约过失责任与侵权责任（包括一般侵权责任与环境侵权责任），重点分析了环境污染第三方治理中的环境侵权责任，以明确环境污染第三方治理中排污企业与治污主体间的基础关系为切入点，判断第三方治理合同的效力（有效或者无效），分别界定了第三方治理合同有效情形下的环境侵权责任以及第三方治理合同无效情形下的环境侵权责任。第六章，环境污染第三方治理中的行政责任界定。本章分析了环境污染第三方治理中可能承担行政责任的主体，即环境行政主体（承担责任的主体主要应为直接负责的主管人员和其他直接责任人员）、排污企业与治污主体，重点讨论了环境污染第三方治理中排污企业与治污主体的行政责任界定，基于"污染源控制与排放"的"文义射程"判断排污企业与治污主体何者具有"污染者"身份，并根据"污染者"与环境行政主体之间的法律关系依法认定其行政责任，此后再立足于"非污染者"与环境行政主体之间的法律关系，根据"非污染者"的行为"是否"违反相关环境行政义务来认定其行政责任的"有无"。第七章，环境污染第三方治理中的刑事责任界定。本章分析了环境污染第三方治理中可能承担刑事责任的主体，即环境行政主体（承担责任的主体主要应为直接负责的主管人员和其他直接责任人员）、排污企业与治污主体，重点分析了环境污染第三方治理中排污企业与治污主体的刑事责任界定，按照"污染源控制与排放"的"文义射程"甄别排污企业或者治污主体的"污染者"身份，并依法认定其刑事责任，此后再根据证据判断不符合"污染者"身份的排污企业或者治污主体是否与"污染者"构成共同犯罪来界定其刑事责任。第八章，结论。对本书研究环境污染第三方治理中的责任界定所形成的主要观点进行总结，并对此后还将进行的研究主题进行展望。

（二）研究方法

本书以责任聚合理论、因果关系理论与"污染者担责"原则为指导，从目前已出台推进环境污染第三方治理政策的河北、北京、上海等40余个省、自治区、直辖市以及地级市中选取典型地区为样本，通过实地调研与个案解剖的方式，对涉及环境污染第三方治理责任界定的政策制定与实施情况加以跟踪调查研究，取得第一手资料，总结其成功经验，发现其现存问题。以此为基础，还通过个人访谈、问卷调查等方式获取环境污染第三方治理中责任界定的争议问题，对其加以理论回应与对策论证，并对域外的有益经验加以归纳与借鉴，提出我国环境污染第三方治理中责任界定的可行建议。

本书采用的研究方法主要有四种。第一，归类分析法。对目前理论界与实务界提出的环境污染第三方治理模式分类加以梳理与评析，在法学层面对环境污染第三方治理模式进行类型化区分，在此基础上分别界定不同类型环境污染第三方治理模式下各相关方的责任边界。第二，比较分析法。梳理与评析目前理论界、实务界提出的环境污染第三方治理模式分类，在法学层面类型化区分环境污染第三方治理模式，比较分析不同类型环境污染第三方治理模式的优长与弊害，论证不同模式下责任界定的理由与依据。第三，文献分析法。搜集、整理、评析既有文献，包括论文、著作、报刊、法律法规等，通过对既有文献的系统性梳理获取思想的火花与研究的灵感。第四，实证分析法。通过搜集与环境污染第三方治理有关的民事案件、行政案件与刑事案件，分析这些基于环境污染第三方治理案例中的民事责任、行政责任与刑事责任的界定结果、界定依据以及界定理由，进行类型化梳理，分别论证其合法性、合理性与可行性，为环境污染第三方治理中的责任界定提供实证资料。

四　创新点

（一）论题选择的创新

本书论题选择坚持问题导向原则，不是从宏观层面对环境污染第三方治理进行研究，而是选择环境污染第三方治理中的责任界定进行微观研究；不是作环境污染第三方治理的抽象研究，而是具体研究环境污染第三方治理中的责任界定问题；不是作环境污染第三方治理的概括性研究，而是深入研究环境污染第三方治理中的责任界定所涉及的关键问题，论题选择具有一定的新意。

（二）研究视角的创新

环境污染第三方治理模式的多样性决定了环境污染第三方治理中责任界定的研究，不能笼而统之、泛泛而谈，必须具体问题具体分析，差异化配置相关方的法律责任，所以本书紧紧围绕环境污染第三方治理中三种不同性质的法律责任，即民事责任、行政责任与刑事责任，做到具体责任具体分析，不以"完善立法、加紧立法"为主基调，而是立足于现有的法律规定，以甄别排污企业或者治污主体的"污染者"身份为突破口，分别为环境污染第三方治理中的民事责任、行政责任与刑事责任界定提供可行方案，研究视角具有一定的新意。

（三）研究内容的创新

本书以环境污染第三方治理为切入点，以其中的责任界定为研究对象，以区分环境污染第三方治理中的民事责任、行政责任与刑事责任为基础，具体分析排污企业、第三方治理企业、环境行政主体以及其他相关方之间所涉及的法律关系，明确各主体间的责任边界，并进一步探讨相关主体的责任聚合以及聚合后的共存处断规则，研究内容具有一定的新意。

第一，《意见》《实施意见》等规范性文件中排污企业"主体责任"的表述根本不能用于环境污染第三方治理中民事责任、行政责任与刑事责任的界定，而仅能用于强调排污企业在环境污染第三方治理过程中居于"关键地位"。《意见》等规范性文件中关于治污主体的"污染治理责任"的表述，无法同法律责任的规定衔接，故不能用于界定环境污染第三方治理中的民事责任、行政责任与刑事责任。

第二，环境污染第三方治理中的侵权责任界定应从厘清排污企业与治污主体间的基础关系着手，而不能依附于委托治理模式、托管运营模式、集中治理模式、分散治理模式等类型表达。[①] 基于排污企业或者治污主体提供治污设施这一法律事实，环境污染第三方治理中排污企业与治污主体

---

① 唐绍均、魏雨：《论第三方治理合同无效情形下的环境侵权责任界定》，《重庆大学学报》（社会科学版）2020年第5期。

间的基础关系可能为环境服务合同法律关系或者承揽合同法律关系；此外，排污企业与治污主体间的基础关系也可能为无效合同关系。当成立环境服务合同法律关系时，只要治污主体有过错，就应与排污企业对外承担连带责任；当成立承揽合同法律关系时，排污企业若无定作、指示、选任过失，则只需治污主体作为承揽人对外承担侵权责任；在无效合同关系下，排污企业与治污主体应区分共同侵权行为、共同危险行为、存在累积因果关系的分别侵权行为以及存在共同因果关系的分别侵权行为等行为类型，分别承担或连带或按份或部分连带加部分按份的侵权责任。

第三，第三方治理合同无效时的环境侵权责任界定，应先根据"污染源的控制与排放"的"文义射程"甄别排污企业或者治污主体何者为"污染者"，并基于此认定"污染者"的责任；对于不符合"污染者"身份标准的排污企业或者治污主体，若有证据证明其具有与"污染者"存在共同因果关系的分别侵权行为，则承担按份责任；若有证据证明其具有与"污染者"存在共同侵权、共同危险、累积因果关系的分别侵权或者教唆、帮助侵权等行为，则承担连带责任；若有证据证明其属于有过错的"第三人"，则与"污染者"承担不真正连带责任。[①] 排污企业和治污主体间的最终责任份额应根据其过错程度和原因力大小等因素确定。

第四，尽管无法根据环境污染第三方治理合同界定排污企业与治污主体间的行政责任，但不能据此否定该合同对行政责任界定的"纽带"作用。学界提出的"排污企业担责说""治污主体担责说"与"多因素考量说"均不能为环境污染第三方治理中行政责任的界定提供充分的理论诠释。[②] 环境污染第三方治理中行政责任的界定应在"污染者担责原则"指引下，基于"污染源控制与排放"的"文义射程"甄别排污企业或者治污主体的"污染者"身份，并根据"污染者"与环境行政主体之间的法律关系依法认定其行政责任。此后，立足于"非污染者"与环境行政主体之间的法律关系，根据"非污染者"的行为"是否"违反相关环境行政义务来认定其行政责任的"有无"。

[①] 唐绍均、魏雨：《论第三方治理合同无效情形下的环境侵权责任界定》，《重庆大学学报》（社会科学版）2020年第5期。

[②] 唐绍均、魏雨：《环境污染第三方治理中的侵权责任界定》，《重庆大学学报》（社会科学版）2019年第1期。

第五,环境污染第三方治理合同对排污企业或者治污主体刑事责任界定的作用识别,通过比较"肯定说"与"否定说"两种理论观点可知该合同的相关约定并不能作为刑事责任界定的依据。① 司法实践并未给环境污染第三方治理中的刑事责任界定提供统一的裁判标准,即便在案情类似的情况下,法院认定排污企业与治污主体中的一方"单独犯罪"、双方"单独犯罪"或者双方"共同犯罪"而承担刑事责任等迥异的司法裁判结果均有所呈现。环境污染第三方治理中刑事责任的界定应在"污染者担责原则"指引下,按照"污染源控制与排放"的"文义射程"甄别排污企业或者治污主体的"污染者"身份,并依法认定其刑事责任。对于未达到"污染者"身份认定标准的排污企业或者治污主体,若有证据证明其与"污染者"构成共同犯罪,则以"污染者"的共犯追究其刑事责任。②

---

① 唐绍均、魏雨:《环境污染第三方治理中的刑事责任界定》,《南通大学学报》(社会科学版) 2020 年第 4 期。
② 唐绍均、魏雨:《环境污染第三方治理中的刑事责任界定》,《南通大学学报》(社会科学版) 2020 年第 4 期。

第二章

环境污染第三方治理中的责任界定概览

第一节 环境污染第三方治理中的责任

一 环境污染第三方治理

"谁污染、谁治理"是我国在环境保护领域推行环境污染第三方治理模式之前所一直遵循的一项污染物治理原则。在此原则下,排污企业兼具"产污者"与"治污者"身份,既是环境污染物的直接"产生主体",也是环境污染物的当然"治理主体"。毋庸置疑,尽管在传统的分散化环境污染治理模式下,"谁污染、谁治理"原则具有天然的正当性,但传统的分散化环境污染治理模式以及"谁污染、谁治理"原则并不能掩盖其固有的缺陷:专业化不足、治理效率不高以及二次污染风险大。基于环境污染物自身的复杂性,环境污染的治理活动具有极强的专业性和技术性,兼具"产污者"与"治污者"身份的排污企业往往对环境污染的治理心有余而力不足,极有可能既缺乏专业性,也欠缺规范性,① 还有可能面临治

---

① 2004年2月28日到3月2日,沱江流域简阳至资中段的水污染导致20万公斤鱼死亡,直接经济损失达160余万元,环保部门监测表明,这次污染事故的主要污染物为氨氮和亚硝酸盐,四川化工股份有限公司在上述江段实施技改调试的过程中,相关设备出现异常故障,导致氨氮严重超标排放;2004年5月初,四川省眉山市仁寿县东方红纸业公司顶风作案,违规偷排、超标排放造纸黑液,致使沱江再次遭到严重污染。皆是企业治污不专业不规范导致了污染的发生。

污成本高、治污效率低等棘手问题，在实践中排污企业非但很难将环境污染治理好，严重的甚至对环境造成"二次污染"。因此，亟须专业化的第三方介入以突破传统的排污企业"亲力亲为"的分散化治理模式的困境，成为环境污染第三方治理模式在环境污染治理领域中得以推行的现实需求。环境污染第三方治理是指污染排放者（主要是排污企业）通过与专业污染治理者（主要是专业污染治理企业）签订合同（或者协议），以付费购买服务的形式，将环境污染治理任务转移给专业污染治理者的一种市场化污染治理模式。[1] 环境污染的第三方治理，是一种由排污企业通过民事合同引入第三方作为治污主体、旨在让专业化的治污主体作为第三方替代排污企业进行污染治理的环境污染治理模式，是一种用"谁污染、谁付费、专业化治理"替代传统"谁污染、谁治理"的创新模式。[2] 在环境污染第三方治理中，治污主体之所以被称作第三方，主要是因为"传统环境污染治理包括作为监管方的环境行政主体和排污企业两方，而污染第三方治理模式是将治污义务从排污企业中分离出来交予专业的环境服务公司，即治污主体，由此称为'第三方'，实质上是一种市场力量"[3]。环境污染第三方治理相较于传统污染治理模式的优势主要有以下三点：第一，提高治污效率，降低排污企业治污成本；第二，集中监管第三方治污主体，降低生态环境主管部门执法成本；第三，环境污染治理对专业治污技术、先进的治污设备的需求，有助于不断扩大环保产业市场，促进环保产业快速发展。[4]

2013年，《中共中央关于全面深化改革若干重大问题的决定》首次正式提出："建立吸引社会资本投入生态环境保护的市场化机制，推行环境污染第三方治理"，有力推动了环境污染第三方治理制度在我国的建立。此后，国务院及其行政主管部门、一些地方人民政府分别通过制定规范性

---

[1] 王琪、韩冲：《环境污染第三方治理中政企关系的协调》，《中州学刊》2015年第6期。

[2] 常杪、杨亮、王世汶：《环境污染第三方治理的应用与面临的挑战》，《环境保护》2014年第20期。

[3] 董战峰等：《我国环境污染第三方治理机制改革路线图》，《中国环境管理》2016年第4期。

[4] 骆建华：《环境污染第三方治理的发展及完善建议》，《环境保护》2014年第20期；刘超：《管制、互动与环境污染第三方治理》，《中国人口·资源与环境》2015年第2期。

文件对环境污染第三方治理予以大力推行,① 学界亦掀起了一股研究热潮。② 事实上,环境污染第三方治理的本土实践应该早于官方正式提出的时间,因为早在2008年全国工商联环境服务业商会的一项研究报告就指出：根据浙江省环保局不完全统计,浙江省企业运用污染第三方治理模式后的达标排放率可达70%—80%,最高可超过90%,与排污企业自行治理污染相比,达标率提高30%—50%,运营成本节约10%—20%;③ 此外,2008年五大发电集团开展政府主导的企业间脱硫特许经营的试点结果显示：2010年全国火电脱硫机组由2005年的12%提高到86%,而工业二氧化硫则比2005年下降14%,治污效果显著,这也是较早的第三方专业化脱硫所达到的效果。④ "实践表明,第三方环境治理一定程度解决了企业在环保治污方面的专业技术、知识、人才缺乏等问题,纠正了多数企业'重生产、轻环保'的纯利益导向行为,有一定的经验积累。"⑤ 据此,我们基本可以得出如下结论：环境污染第三方治理早在官方文件正式命名、提出之前就已经在实践中得以运用和推广。

目前,有学者根据环境污染第三方治理的外在特征或者其他分类标准,将其分成不同的类别,比如,以治污设施产权归属为标准,将环境污染第三方治理分为托管运营模式与委托治理模式,即治污设施产权属于排污企业为托管运营模式,治污设施产权归属治污主体则为委托治理模式；根据污染物是否被分类治理将环境污染第三方治理分为分散型治理模式与集中型治理模式,污染物被分类治理则为分散型治理模式,污染物不被分类治理则为集中型治理模式；根据治污主体是否为污染物的独立排放者将

---

① 截至2017年12月20日,国家以及各地方政府出台有关第三方治理的规范性文件共33件。数据来源：威科先行法律信息库。
② 在中国知网输入关键词"环境污染第三方治理"后进行检索,可以统计出自2014年以来以"环境污染第三方治理"为主题的文章有近300篇,另外还有与该主题相关的文章近100篇。检索日期：2020年10月20日。
③ 全国工商联环境服务业商会：《专业化：工业污染治理的新模式》,2008年,北京,第1页。
④ 刘俊敏、李梦娇：《环境污染第三方治理的法律困境及其破解》,《河北法学》2016年第4期。
⑤ 刘俊敏、李梦娇：《环境污染第三方治理的法律困境及其破解》,《河北法学》2016年第4期。

环境污染第三方治理分为独立型治理模式与嵌入型治理模式，治污主体是污染物的独立排放者则属于独立型治理模式，治污主体不是污染物的独立排放者则属于嵌入型治理模式。相比较而言，根据治污设施产权归属分为托管运营模式与委托治理模式是目前环境污染第三方治理最常见、最主要的分类，在托管运营模式中，拥有治污设施产权的排污企业与第三方环境服务公司（治污主体）签订托管运营合同，按照合同约定支付相应酬劳，委托治污主体对其污染治理设施进行运营、管理、维护、升级与改造；在委托治理模式中，环境服务公司（治污主体）拥有治污设施的产权，排污企业与治污主体签订治理合同，委托治污主体对新建、扩建的污染治理设施进行融资建设、运营管理、维护及升级改造①。即便如此，有关托管运营模式与委托治理模式的类型化表达仅是对环境污染第三方治理模式外在特征的描述，并非"法言法语"，未能明晰界定环境污染第三方治理中排污企业与治污主体间的法律关系，欠缺严谨性与科学性，难以与现行法律规定衔接适用，至于能否对司法实践中排污企业与治污主体间环境侵权责任的界定有所助益亦未可知。

诚然，环境污染第三方治理中涉及三类主体，即排污企业、治污主体以及环境行政主体。排污企业是在生产、加工等过程中产生污染物的主体，既是传统污染治理中的治污主体，也是环境污染第三方治理的发起者；既是环境行政法律关系中的行政相对人，也是环境污染第三方治理合同法律关系的缔约主体。② 治污主体是新兴的、专门对排污企业所排放的污染物进行治理的专业治污主体，是环境污染第三方治理中具体实施治污行为的主体，也是环境污染第三方治理合同的缔约主体。环境行政主体作为公共事务代理人，有义务为公众提供包括健康的、适宜生存的自然环境等在内的良好的社会福利。环境是典型的公共物品，良好的环境使每个人受益，但在市场机制下，环境产权界定和环保收费的困难会造成优良的环境供给不足，出现市场"失灵"问题。因此，环境公共产品提供既要依靠市场，更要环境行政主体介入以协调各方关系，也就意味着在环境污染

---

① 唐绍均、魏雨：《环境污染第三方治理中的侵权责任界定》，《重庆大学学报》（社会科学版）2019年第1期。

② 唐绍均、魏雨：《论第三方治理合同无效情形下的环境侵权责任界定》，《重庆大学学报》（社会科学版）2020年第5期。

第三方治理中扮演监管者角色的环境行政主体，既要监管排污企业，也要监管治污主体。简言之，在环境污染第三方治理中，环境行政主体身为监管者，其监管对象包括排污企业和治污主体。因此，环境行政主体既是环境污染第三方治理中的中立监管者，又是环境污染第三方治理中的责任主体。此外，环境行政主体在某些情势下也会扮演类似环境污染第三方治理中排污企业的角色，原因在于生活污染物排放分散、处理过程复杂、资源化成本高，作为生活污染物排污主体的社会公众，通常仅承担治理费用而不作为独立的责任主体，往往由环境行政主体将其管辖范围内社会公众排放的生活污染物委托给第三方进行处理，所以在此情势下环境行政主体成为生活污染物的委托治理主体。

环境行政主体承担大气污染物、水污染物等区域污染物或流域污染物的主要治理责任，因为区域污染物或流域污染物的污染范围大、作用时间长且不易被发掘、处理过程外散性强，所以就区域污染物和流域污染物而言，环境行政主体虽未直接造成大气污染或者水污染，但为实现公众享受良好环境权的目的，环境行政主体需要代替社会公众与第三方建立合约关系，委托第三方进行专业治理。也正是基于"环境行政主体可能扮演类似环境污染第三方治理中排污企业的角色而与治污主体订立污染治理合同"，有学者提出"环境污染第三方治理包括环境行政主体委托第三方治理与排污企业委托第三方治理两种类型"[①]的观点。但是，笔者并不同意这一观点，原因在于：此时环境行政主体的角色虽然类似于环境污染第三方治理中排污企业的角色，但是由于环境行政主体并非因为自身产生了污染物才肩负"治污义务"，而是出于环境公共管理的需要，环境行政主体本身并非如同排污企业一样是污染物的直接产生者，故不能将对区域污染物治理和流域污染物治理具有管理职责的环境行政主体与排污企业等同视之，环境污染第三方治理模式理应排除"环境行政主体通过签订合同的形式委托第三方专业治污主体治理环境污染"。因此，环境行政主体与治污主体订立污染治理合同的情形不在笔者的研究范围，环境行政主体在环境污染第三方治理中的身份仅为监管者。此外，值得强调的是，实践中出现了不少自然人"充当治污主体"的情形，笔者认为只要排污企业不亲自治理自身产生的污染物而交由第三方进行处置的，都属于本书亟须讨论的

---

① 任卓冉：《环境污染第三方治理的困境及法制完善》，《中州学刊》2016年第12期。

环境污染第三方治理情形。

二 环境污染第三方治理中的责任

根据《汉语大词典》的解释,"责任"一词有三种含义:其一,使担当起某种职务或者职责;其二,谓分内应做之事;其三,做不好分内应做之事而应承担的后果。① 前两种含义的意思更接近于"义务",第三种含义才比较符合法律上对责任的定义。"法律责任最简单和一般的定义就是法律规定的责任主体应承担的不利后果。具言之:法律责任是责任主体因违反法律上法定或者约定的义务而应承担的法律上的不利后果,或者,责任主体虽未违反法律义务,但由于法律规定而应承担的某种不利后果。"② 简言之,法律责任源于违反法定义务或者约定义务以及法律的规定,是一种不利后果。法律责任具有两个特点:其一,法律责任承担的最终依据是法律,即广义上的法律;其二,法律责任具有国家强制性,其承担由国家强制力保证。法律责任的构成一般包括责任主体、违法行为或者违约行为、损害结果、因果关系、主观过错五个方面。③ 按照不同的分类标准可以划分出不同类型的法律责任,例如,按照承担责任的内容的不同所划分的财产责任与非财产责任,按照责任的承担程度(承担责任是否有财产限制)所划分的有限责任与无限责任,根据主观过错在法律责任中的地位可以把法律责任分为过错责任、无过错责任和公平责任,但在实践中法律责任最基本的分类方法还是按照行为违反不同的部门法而将其划分为宪法责任、民事责任、行政责任与刑事责任等。④

承担法律责任的原因有三:违反法定的义务、违反约定的义务和法律的直接规定,但法律尚未对环境污染第三方治理中的法律责任予以专门规定,故环境污染第三方治理中的责任来源仅包括通常所指的违反法定的义务与违反约定的义务。环境污染第三方治理中的法律责任是指在环境污染第三方治理领域相关主体因违反法定的或者约定的义务而应承担的不利法律后果。环境污染第三方治理中涉及的法律责任一般包括以下构成要件:

---

① 罗竹风主编:《汉语大词典》(第10卷),汉语大词典出版社1992年版,第91页。
② 陈林林、夏立安主编:《法理学导论》,华大学出版社2014年版,第128页。
③ 李龙主编:《法理学》,武汉大学出版社2011年版,第318页。
④ 李龙主编:《法理学》,武汉大学出版社2011年版,第319页。

主体，违法行为或违约行为，损害结果，因果关系以及主观过错。第一，主体。法律责任主体是指可能承担法律责任的主体，即自然人、法人和其他社会组织。环境污染第三方治理中，可能承担责任的主体就是环境治理的参与者，主要包括作为环境污染第三方治理合同签订双方的排污企业与治污主体，此外还有作为监管方的环境行政主体[①]三大类主体。第二，违法行为或者违约行为。违法行为或者违约行为是法律责任的核心构成要件。环境污染第三方治理中的违约行为是指排污企业或者治污主体违反环境污染第三方治理合同约定义务的行为，主要存在于环境污染第三方治理合同关系中；违法行为是指环境行政主体、排污企业或者治污主体违反民法、行政法或者刑法规定的义务而可能承担民事责任、行政责任或者刑事责任的行为。[②] 第三，损害结果。损害结果是指违法行为或者违约行为给特定或者不特定主体的合法权益造成了实害或者危险；环境污染第三方治理中法律责任的损害结果是指环境污染第三方治理参与者的违法行为或者违约行为给特定或者不特定主体的合法权益造成了实害或者危险。第四，因果关系。一般而言，因果关系是一种引起与被引起的关系，实质是违法行为或者违约行为与损害结果之间的联系；环境污染第三方治理中法律责任的因果关系是指环境污染第三方治理参与者的违法行为或者违约行为与损害后果之间存在的引起与被引起的关系[③]，其中环境污染第三方治理参与者的行为是原因，而损害后果则是由参与者的行为引起的结果。第五，主观过错。主观过错是指行为人实施违法行为时的心理状态，包括故意和过失；环境污染第三方治理中法律责任的主观过错是指环境污染第三方治理的参与者在实施违法行为或者违约行为时对于损害结果发生所持有的希望或者放任、能预见但因疏忽大意而未预见、已预见而轻信能够避免的主观心理状态。值得注意的是，并非所有法律责任都必须同

---

① 我国的相关法律法规中不仅规定了行政主体的法律责任，还规定了环境行政主体中的直接负责的主管人员和其他直接责任人员的法律责任，由此可见，环境污染第三方治理中不仅环境行政主体是责任的主体，环境行政主体中的直接负责的主管人员和其他直接责任人员也是责任的承担主体。

② 唐绍均、魏雨：《环境污染第三方治理中的侵权责任界定》，《重庆大学学报》（社会科学版）2019年第1期。

③ 唐绍均、魏雨：《环境污染第三方治理中的刑事责任界定》，《南通大学学报》（社会科学版）2020年第4期。

时满足前述五个要件，例如，违约责任一般是一种无过错责任，原则上主观过错并非违约责任的构成要件，即使行为人主观上没有过错，一般情况下只要违反合同约定的义务就应当承担违约责任；环境侵权责任是一种无过错责任，只要行为人造成环境污染，就要承担相应的环境侵权责任，主观过错并非环境侵权责任的构成要件。此外，需要说明的是，由于宪法责任一般是立法机关、行政机关、司法机关以及重要领导人等特殊主体因制定的文件或者作出的其他行为与宪法相抵触而引起，在环境污染第三方治理中一般不应存在违宪主体与违宪行为，所以环境污染第三方治理中的法律责任不应涉及宪法责任，故本书对此不予讨论。综上所述，环境污染第三方治理中主要涉及三种性质的法律责任，即民事责任、行政责任与刑事责任。

相较于传统的污染治理，环境污染第三方治理中的法律关系较为复杂，因为传统的环境污染治理中排污企业既是"产污者"，又是"治污者"，所以仅存在一种法律关系，即环境行政主体与排污企业间的环境行政管理关系；而环境污染第三方治理中主要涉及三种法律关系，即排污企业与第三方治污主体之间的环境污染第三方治理合同关系、环境行政主体与排污企业间的环境行政管理关系以及环境行政主体与第三方治污主体间的环境行政管理关系。由此可见，环境污染第三方治理中的法律关系呈现出合同关系与环境行政管理关系并存的状态。环境污染第三方治理最理想的状态是排污企业、治污主体与环境行政主体都能严格按照法律规定和合同约定而成功完成环境污染治理任务，但实践中往往并非如此。当污染治理未达到预期效果而造成环境污染时，由作为环境污染第三方治理发起者的排污企业还是由专业的治污主体承担法律责任，相关的环境侵权责任、行政责任以及刑事责任如何在排污企业与治污主体间进行划分往往会因合同关系和环境行政管理关系的交织而变得复杂并极易引起争议，由于法律关系以及责任划分的复杂性，环境污染第三方治理中的责任界定自然也并非易事。

第二节 环境污染第三方治理中的责任主体

环境污染第三方治理中主要有三个参与主体，即环境行政主体、排污企业与治污主体，其中，排污企业与治污主体是订立环境污染第三方治理合同的双方主体，排污企业按照合同约定将环境污染物转移给第三方治污主体进行治理，同时排污企业对治污主体还负有监督义务。环境行政主体是环境污染第三方治理活动的监管者，其监管范围既包括排污企业的行为，也包括治污主体的行为。由于上述三类主体都有可能在环境污染第三方治理中因违反法定的义务或者违反约定的义务而承担不利法律后果，因此环境污染第三方治理中的法律责任主体包括环境行政主体、排污企业以及治污主体三类主体。

一　环境污染第三方治理中的行政主体

在环境污染第三方治理中，环境行政主体的作用主要在于监督和管理，不管是排污企业还是治污主体都是行政相对人，都要接受环境行政主体的监管。排污企业或者治污主体要向外环境排放治理达标的污染物时，应当首先取得环境行政主体（主要是生态环境主管部门）颁发的排污许可证，并严格按照排污许可证载明的污染物种类和数量进行排放。排污企业或者治污主体必须符合法律规定的条件才有可能从环境行政主体（主要是生态环境主管部门）处申领排污许可证。排污许可证颁发后，环境行政主体还要监管排污企业或者治污主体是否严格按照排污许可证载明的种类和数量排放污染物，由此可见环境行政主体可通过排污许可证对环境污染第三方治理活动实施监管。

环境行政主体之所以必须成为环境污染第三方治理的法律责任承担主体，原因在于实践中环境行政主体在环境污染第三方治理中存在监管不力的情况。在环境污染第三方治理中，环境行政主体（主要是生态环境主管部门）可能因滥用职权或者玩忽职守，造成公共财产、国家和人民利益的重大损失，或者严重不负责任、导致发生重大环境污染事故，此时环境行政主体就应当承担相应的行政法律责任或者刑事法律责任。此外，根据《国家赔偿法》的相关规定，环境行政主体或者环境行政主体中的工作人员在执行职务中侵犯公民、法人和其他组织合法权益造成损害的，国家应对受害人承担赔偿责任，在环境污染第三方治理中《国家赔偿法》规定的国家赔偿责任也理应具有适用情形。因此，在环境污染第三方治理中，环境行政主体作为监管者，可能承担三种性质的法律责任,即国家赔偿责任①、行政责任或者刑事责任。此外,由于环境行政主体多为国家机关,并非直接的责任承担主体,通常都是由其中的工作人员如"直接负责的主管人员和其他直接责任人员"来承担责任,因此本书中提及环境行政主体作为责任承担主体时,一般情况下是指其中的直接负责的主管人员和其他直接责任人员承担责任,仅特殊情况下涉及环境行政主体的法律责任。

二 环境污染第三方治理中的排污企业

在传统的污染治理模式中,排污企业需亲自对所排出的环境污染物进行治理,此时作为责任主体的排污企业在环境污染治理中仅为接受环境行政主体监管的行政相对人。相较于传统的环境污染治理,在环境污染第三方治理中,作为环境污染第三方治理发起者的排污企业,在法律上具有双重身份,不仅是接受环境行政主体监管的行政相对人,还是环境污染第三方治理合同的缔约方。排污企业在环境污染第三方治理中既可能因为违反民事义务而承担民事法律责任,例如,未按照环境污染第三方治理合同约定的期限或者标准向治污主体支付环境污染物的治理费用,构成违约而向治污主体承担违约责任,也可能因为没有履行好行政相对人应当履行的行政法上规定的义务而承担行政法律责任,例如,排污企业委托治污主体"上门"提供环境污染物的治理服务、运营治污设施,但是排污企业最终没有按照排污许可证载明的种类或者数量向外环境排放治理后的污染物,则排污企业的行为违反行政法律的规定而应当承担相应的行政法律责任。在环境污染第三方治理中,排污企业还可能因为违反了刑事法律的规定而应当承担刑事法律责任,例如,排污企业委托治污主体"上门"提供环境污染物的治理服务,但是排污企业为了节约治污成本,在治污主体不知情的情况下将未经治理的污染物排向外环境,且对环境造成严重污染,则排污企业的行为可能构成污染环境罪,则需承担刑事法律责任。由此可见,在环境污染第三方治理中,排污企业可能承担三种性质的法律责任,即民事责任、行政责任与刑事责任。

---

① 由于环境污染第三方治理中环境行政主体作为监管者承担国家赔偿责任的情形与一般行政主体承担国家赔偿责任的情形并无差异,所以本书不将其作为重点内容予以讨论。

三 环境污染第三方治理中的治污主体

治污主体在环境污染第三方治理中的主要任务是向排污企业提供专业、有偿的环境污染治理服务，是从传统的环境污染治理模式下排污企业"产污者"与"治污者"双重身份中所分离出来的"治污者"身份的承接者。治污主体大致可以分为三类：第一类是在国内较有影响力的专业的环境污染治理服务公司，是典型的治污主体，如湖南永清环保集团、上海城投、上海环科院等环境污染治理服务公司；第二类是跨国环境治理服务公司，如泰晤士、威立雅、中法水务、苏伊士里昂等环境治理服务公司；第三类是在传统治理模式下大型企业设立的、专业性强的治污子公司或者分公司。[①] 由于原环境保护部2014年废止了《环境污染治理设施运营资质许可管理办法》，因此除《固体废物污染环境防治法》规定的危险废物外，法律并未对环境污染治理中第三方治污主体的运营资质作出强制规定。不可否认，不对治污主体的运营资质进行强制规定的做法是一柄"双刃剑"：从积极的方面而言，放宽第三方治理企业的准入条件，可以壮大治污主体的队伍，为排污企业进行环境污染第三方治理提供更多的候选主体；从消极的方面而言，资质在一定程度上体现了治污主体的环境治理能力，不对治污主体的运营资质进行强制规定可能会导致大量不具备环境治理能力的企业甚至是个人涌入环境污染第三方治理领域，不仅可能无法达到应有的污染治理效果，还可能造成环境的"二次污染"。当然，这并不意味着现有法律对排污企业选择治污主体没有任何限制，对于特殊的污染物，法律就规定排污企业排污企业应选择具有治污的能力和条件并具有相应资质的企业，如原《固体废物污染环境防治法》（2016）第57条明确规定"从事收集、贮存、处置和利用危险废物经营活动"的治污主体"必须向相关生态环境主管部门申请领取经营许可"，现《固体废物污染环境防治法》（2020）第80条明确规定"从事收集、贮存、利用、处置危险废物经营活动的"的治污主体"应当按照国家有关规定申请取得许可证"。

与排污企业一样，在环境污染第三方治理中，治污主体既是接受环境行政主体监管的行政相对人，也是环境污染第三方治理合同的缔约方。由

---

① 骆建华：《环境污染第三方治理的发展及完善建议》，《环境保护》2014年第20期。

此可见，治污主体在环境污染第三方治理中可能承担的法律责任也包括民事责任、行政责任与刑事责任。申言之，若治污主体未按照环境污染第三方治理合同的约定为排污企业提供环境污染治理服务，构成违约则应当向排污企业承担违约责任；若治污主体在自己的场所内为排污企业提供环境污染治理服务，将未经治理或者治理未达标的污染物向外环境排放，治污主体的行为可能构成行政违法，则应当承担相应的行政法律责任；若治污主体在自己的场所内为排污企业提供环境污染治理服务，将未经治理或者治理未达标的污染物向外环境排放，且对环境造成严重污染，治污主体的行为可能构成污染环境罪，则应当承担相应的刑事法律责任。综上所述，在环境污染第三方治理中，治污主体可能承担三种性质的法律责任，即民事责任、行政责任与刑事责任。特别说明的是，在本书搜集的案例中，笔者发现从事环境污染第三方治理的主体除治污企业外，还有"充当治污主体的个人"，所以本书在表述上将治污企业作为"通常情况"下的治污主体（将其表述为"治污企业"），将个人作为"特殊情况"下的治污主体（将其表述为"充当治污主体的个人"），并将"治污主体"作为"治污企业"和"充当治污主体的个人"的上位概念加以使用。

此外，由于环境污染第三方治理具有造成环境污染事故的高风险性，而环境污染事故通常情况下具有影响范围广和损失数额大的特点，排污企业或者治污主体很难独自承担环境侵权责任，因此二者都有可能购买环境污染责任保险，[①] 将自身的风险转移给众多的投保企业，从而使环境污染造成的损害责任由社会共同分担。由此可见，在环境污染第三方治理中，若排污企业或者治污主体已购买环境污染责任保险，当污染事故发生并造成损害时，保险公司理应在保险合同责任范围内承担相应的民事责任。基于此，保险公司在排污企业或者治污主体已购买环境污染责任保险的情况下也可能成为环境污染第三方治理民事责任的承担主体，但由于保险公司

---

① 环境污染责任保险是以企业发生污染事故对第三者造成的损害依法应承担的赔偿责任为标的的保险。2008年9月28日，湖南省株洲市昊华公司发生氯化氢气体泄漏事件，导致周边村民的农田受到污染。这家企业于2008年7月投保了由中国平安集团旗下平安产险承保的环境污染责任险。接到报案后，平安产险立即派出勘察人员赶赴现场，确定了企业对污染事件负有责任以及保险公司应当承担的相应保险责任。依据《环境污染责任险》条款，平安产险与村民们达成赔偿协议，在不到10天的时间内将1.1万元每户赔款给付到村民手中。这起牵涉120多户村民投诉的环境污染事故得以快速、妥善解决。

承担民事责任的情形以保险合同约定为依据，在责任界定上并无特别之处，即若排污企业或者治污主体已购买环境污染责任保险且应当承担民事责任的，其投保的保险公司依约承担相应责任即可，因此即便保险公司可以作为环境污染第三方治理中的责任承担主体，但本书并不对其进行专门研究。

第三节 环境污染第三方治理中的责任性质

概括而言，在环境污染第三方治理中涉及的法律责任除违约责任与缔约过失责任外，主要涉及环境法律责任，由于专门的环境法律责任虽被学者提出但并未达成共识，①因此环境法律责任的性质界定应当分别从环境民事责任、环境行政责任和环境刑事责任三个层面得以展开②。基于此，本书讨论的环境污染第三方治理中的法律责任依然是民事、行政以及刑事这三种性质的法律责任。

一 环境污染第三方治理中的民事责任

民事责任又称为民事法律责任，是指自然人、法人和非法人组织在民事活动中因违反约定义务、违反法定义务或者因法律直接规定而需承担的不利法律后果。民事责任一般具有以下特征：第一，民事责任是一种救济责任，主要是为了救济当事人的权利；第二，民事责任具有一定的惩罚性，但其惩罚功能也是为救济功能服务的；第三，民事责任具有较强的"可通约性"，例如身体健康损害、精神损害、物质损失最后均可通过财产的方式予以赔偿。环境污染第三方治理中的民事责任是指环境污染第三方治理中的主体（环境行政主体、排污企业或者治污主体）因违反约定义务、违反法定义务而承担的不利法律后果，主要包括缔约过失责任、违约责任以及侵权责任等。③其中，环境污染第三方治理中的违约责任存在

---

① 吕忠梅主编：《环境法》，高等教育出版社2017年版，第173—190页。
② 刘艳红：《民法典绿色原则对刑法环境犯罪认定的影响》，《中国刑事法杂志》2020年第6期。
③ 唐绍均、魏雨：《环境污染第三方治理中的侵权责任界定》，《重庆大学学报》（社会科学版）2019年第1期。

于排污企业与治污主体之间,通常情况下属于无过错责任,即过错不是违约方承担违约责任的构成要件,排污企业或者治污主体只要存在违反环境污染第三方治理合同义务的行为,就应当承担违约责任。环境污染第三方治理中的缔约过失责任①也存在于排污企业与治污主体之间,属于过错责任,且只有排污企业或者治污主体在缔约过程中因其过错违反了依据诚实信用原则所需履行的义务,导致对方的信赖利益受损,才会产生缔约过失责任。环境污染第三方治理中的侵权责任可能是过错责任也可能是无过错责任。具言之,环境污染第三方治理中的侵权责任,若由排污企业或者治污主体相互间的侵权行为所导致,则构成一般侵权,该侵权责任属于过错责任,排污企业或者治污主体需存在过错才应对其行为所导致的侵权损害承担责任;若是排污企业或者治污主体的侵权行为导致被侵权人或者环境本身遭受侵害,则构成特殊侵权,该侵权责任属于环境侵权责任,而环境侵权责任实行无过错归责原则,排污企业与治污主体主观上是否有过错不影响环境侵权责任的承担。总体而言,环境污染第三方治理中的民事责任主要产生于排污企业、治污主体中的一方或者两方,排污企业作为环境污染第三方治理合同的一方当事人,只要违反合同约定,就必须向治污主体承担违约责任,反之亦然;排污企业与治污主体在环境污染第三方治理中若导致被侵权人或者环境本身遭受侵害,则侵权人应当承担侵权责任。

二 环境污染第三方治理中的行政责任

行政责任又称为行政法律责任,是指行为人在行政活动中因违反行政法义务或者因法律直接规定而应承担的不利法律后果。承担行政责任的主体主要是环境行政主体和行政相对人,环境行政主体是指具有环境行政管理职权的行政机关和被授权组织,行政相对人是指负有遵守行政法义务的公民、法人和其他组织。行政责任主要包括行政处罚和行政处分两类,行政处罚是指行政机关或者其他环境行政主体依法定职权和程序对违反行政

---

① 缔约过失责任是指在合同订立过程中,一方因违背其依据的诚实信用原则所产生的义务,而致另一方的信赖利益损失,并应承担损害赔偿责任。缔约过失责任只能产生于缔约过程之中,源于行为人对依诚实信用原则所负的先合同义务的违反,是一种行为人造成他人信赖利益损失所负的损害赔偿责任,属于弥补性的民事责任。

法律法规尚未构成犯罪的行政相对人给予行政制裁的具体行政行为；行政处分针对的是行政机关内部违反行政法律法规尚未构成犯罪的有关工作人员。环境污染第三方治理中的行政责任是指环境污染第三方治理的参与者，即环境行政主体和作为行政相对人的排污企业或者治污主体因违反行政法义务或者因法律直接规定而应承担的不利法律后果。环境行政主体、排污企业与治污主体都有可能承担环境污染第三方治理中的行政责任。作为环境污染第三方治理中的监管方，环境行政主体在环境污染第三方治理中可能因滥用职权或者玩忽职守，造成公共财产、国家和人民利益的重大损失，或者严重不负责任、导致发生重大环境污染事故，其中直接负责的主管人员和其他直接责任人员若尚未构成犯罪，则可能需要受到行政处分而承担行政责任。此外，排污企业或者治污主体可能因违反行政法义务或者因法律直接规定而应承担的不利法律后果，例如，没有按照排污许可证载明的种类和数量向外环境排放污染物，则应当受到行政处罚而承担相应的行政责任。

三 环境污染第三方治理中的刑事责任

刑事责任又称为刑事法律责任，是指行为人因违反刑事法律而承担的不利法律后果。刑事责任是一种惩罚性责任，其首要功能是惩罚。作为所有法律责任中最严厉的一种，刑事责任因行为人的行为构成犯罪而产生，其犯罪行为具有严重的社会危害性。按照"四要件说"，刑事责任的构成要件有四个，分别为主体、主观方面、客体与客观方面。环境污染第三方治理中的刑事责任是指参与环境污染第三方治理的环境行政主体（主要是直接负责的主管人员和其他直接责任人员）、排污企业与治污主体因违反刑事法律而承担的不利法律后果。排污企业或者治污主体可能涉嫌的罪名主要有污染环境罪，例如，排污企业或者治污主体擅自将含有放射性的废物、含传染病病原体的废物、有毒物质向国家确定的重要江河、湖泊水域排放、倾倒、处置，情节特别严重的，排污企业或者治污主体的行为可能构成污染环境罪，需要承担相应的刑事责任。环境行政主体或者其直接负责的主管人员和其他直接责任人员在环境污染第三方治理中有可能涉嫌的罪名主要有单位受贿罪、受贿罪、滥用职权罪、玩忽职守罪或者环境监管失职罪。由此可见，在环境污染第三方治理中，环境行政主体、排污企业与治污主体都有可能涉及刑事责任。由于"治污主体"包括"治污企业"

和"充当治污主体的个人",因此环境污染第三方治理中治污主体的刑事责任既包括"治污企业"的刑事责任,也包括"充当治污主体的个人"的刑事责任。[①] 环境行政主体或者其直接负责的主管人员和其他直接责任人员在环境污染第三方治理中有可能涉嫌的罪名主要有单位受贿罪、受贿罪、滥用职权罪、玩忽职守罪或者环境监管失职罪。由此可见,在环境污染第三方治理中,环境行政主体、排污企业与治污主体都有可能涉及刑事责任。

第四节 环境污染第三方治理中的责任种类

一 环境污染第三方治理中的责任种类概览

责任种类是指责任主体承担民事责任、行政责任以及刑事责任的方式或者类别,环境污染第三方治理中的法律责任种类是指环境污染第三方治理参与者环境行政主体（主要是直接负责的主管人员和其他直接责任人员）、排污企业与治污主体在符合法律责任构成要件而成为责任承担主体时承担民事责任、行政责任以及刑事责任的方式或者类别。按照现行法律规定,民事责任的责任种类主要有 11 种,行政责任的责任种类主要有 14 种,刑事责任的责任种类主要有 9 种（见表 1-1）。部分责任种类可以依法并行适用,例如,11 种民事责任可以据案情组合适用,刑事责任中的各种主刑可与附加刑并行适用;部分责任种类依法不可并行适用,比如刑事责任中的各种主刑。

表 1-1　　　　民事责任、行政责任以及刑事责任的责任种类

责任性质	责任种类数量	具体责任种类
民事责任	11 种,可以单独适用,亦可合并适用	停止侵害,排除妨碍,消除危险,返还财产,恢复原状,修理、重做、更换,继续履行,赔偿损失,支付违约金,消除影响、恢复名誉,赔礼道歉

[①] 唐绍均、魏雨:《环境污染第三方治理中的刑事责任界定》,《南通大学学报》（社会科学版）2020 年第 4 期。

续表

责任性质	责任种类数量	具体责任种类
行政责任	行政处分：6 种	警告、记过、记大过、降级、撤职、开除
	行政处罚：13 种	警告，通报批评，罚款，没收违法所得，没收非法财物，暂扣许可证件，降低资质等级，吊销许可证件，限制开展生产经营活动，责令停产停业，责令关闭，限制从业，行政拘留以及法律、行政法规规定的其他行政处罚
刑事责任	主刑：5 种，附加刑：4 种。附加刑可与主刑一并适用，亦可单独适用	主刑：管制，拘役，有期徒刑，无期徒刑，死刑
		附加刑：罚金，剥夺政治权利，没收财产，驱逐出境

二 环境污染第三方治理中的民事责任种类

环境污染第三方治理中的民事责任种类是指环境污染第三方治理参与者环境行政主体（主要是直接负责的主管人员和其他直接责任人员）、排污企业与治污主体在符合法律责任构成要件而成为责任承担主体时承担民事责任的方式或者类别。根据《民法典》总则编第八章第 179 条的规定，民事责任的责任种类主要有 11 种，上表已全部列出。环境污染第三方治理中的民事责任主要有缔约过失责任、违约责任以及侵权责任三种类型，其中缔约过失责任、违约责任与一般侵权责任都可以根据情况选择单独或者并行适用前述 11 种民事责任种类中的一种或者多种。按照《最高人民法院关于审理环境侵权责任纠纷案件适用法律若干问题的解释（2020 修正）》［简称"《环境侵权责任纠纷解释》（2020）"］第 13 条的规定，可用于环境污染第三方治理中的环境侵权责任种类主要有停止侵害、排除妨碍、消除危险、修复生态环境、赔礼道歉、赔偿损失六种。其中，停止侵害、排除妨碍、消除危险、赔礼道歉、赔偿损失既可作一般侵权的责任种类，也可作特殊侵权的责任种类，并无特别之处，此处不再赘述。

而作为典型的环境侵权责任种类，"修复生态环境"是由《民法典》第 179 条规定的 11 种责任种类中的"恢复原状"扩张解释而来，可以说是一种特殊的物的恢复原状责任。从"恢复原状"到"修复生态环境"历经了这样一个漫长的演进历程：《民法通则》第 134 条的"恢复原状"—《民法总则》第 179 条第 1 款的"恢复原状"—原《侵权责任法》第 15 条第 1 款的"恢复原状"—《最高人民法院关于审理环境民事公益诉讼案件适用法律若干问题的解释》第 18 条、第 20 条第 1 款的"恢复原状/无法完全恢复的，替代性修复"—原《环境侵权责任纠纷解释》第 13 条、第 14 条的"恢复原状/恢复责任+修复费用"—原《最高人民法院关于审理生态环境损害赔偿案件的若干规定》第 11 条的"修复生态环境"—《民法典》第 1234 条的"生态环境能够修复的，国家规定的机关或者法律规定的组织有权请求侵权人在合理期限内承担修复责任"—《环境侵权责任纠纷解释》（2020）第 13 条规定的"修复生态环境"。传统的侵权责任承担方式中的"恢复原状"是将受损物恢复到原有的状态，前提是这个受损物存在且具有完全恢复的价值和可能性。但与民法传统意义上的"物"相比，"生态环境"既没有特定的范围和稳定的状态，也没有独立存在的空间，并且修复的标准也难以确定，在此种情况下，对其"恢复原状"在操作性层面较难实现。① 因此，在《民法典》第 1234 条对"修复生态环境"这个特殊的侵权责任种类作出补充性规定，即"违反国家规定造成生态环境损害，生态环境能够修复的，国家规定的机关或法律规定的组织有权请求侵权人在合理期限内承担修复责任"。

三 环境污染第三方治理中的行政责任种类

环境污染第三方治理中的行政责任种类是指环境污染第三方治理参与者环境行政主体（主要是直接负责的主管人员和其他直接责任人员）、排污企业与治污主体在符合法律责任构成要件而成为责任承担主体时承担行政责任的方式或者类别。环境污染第三方治理中环境行政主体与环境行政相对人的行政责任种类并没有太多特别之处，《环境保护法》《水污染防治法》等各环境污染防治单行法以及相关行政法规、地方性法规与部门规章可作为环境行政主体、排污企业与治污主体责任种类的适用依据。环境行政主体的行政责任，主要是针对直接负责的主管人员和其他直接责任人员实施的行政处分，主要包括警告、记过、记大过、降级、撤职、开除等责任种类。环境行政相对人的环境行政责任种类包括警告、罚款、没收违法所得、没收非法财物、责令停产停业、暂扣或者吊销许可证、暂扣或者吊销执照、行政拘留以及法律、行政法规规定的其他行政处罚。

---

① 胡卫：《环境污染侵权与恢复原状的调适》，《理论界》2014 第 12 期；刘超：《环境修复理念下环境侵权责任形式司法适用之局限与补强》，《政法论丛》2020 年第 3 期。

值得强调的是，根据《行政处罚法》第 9 条规定，适用于行政相对人的行政责任种类达 13 种，即在原《行政处罚法》规定的 8 种行政责任的基础上，增加了通报批评、降低资质等级、限制开展生产经营活动、责令关闭、限制从业 5 种行政责任。因此，环境污染第三方治理中的排污企业与治污主体的环境行政责任种类为 13 种，加上可适用于环境行政主体中直接负责的主管人员和其他直接责任人员的 6 种行政处分，环境污染第三方治理中的行政责任种类达 19 种。

四 环境污染第三方治理中的刑事责任种类

环境污染第三方治理中的刑事责任种类是指环境污染第三方治理参与者环境行政主体（主要是直接负责的主管人员和其他直接责任人员）、排污企业与治污主体在符合法律责任构成要件而成为责任承担主体时承担刑事责任的方式或者类别。环境污染第三方治理中的刑事责任种类应当根据责任主体的行为所构成犯罪加以确定。我国《刑法》第 338—345 条规定了"破坏环境资源保护罪"的 16 种具体罪名[①]，在第 346 条规定了单位犯破坏环境资源罪的处罚。排污企业与治污主体在环境污染第三方治理中最有可能触犯的罪名是《刑法》第 338 条规定的污染环境罪，责任种类的规定为："处三年以下有期徒刑或者拘役，并处或者单处罚金"；"情节严重的，处三年以上七年以下有期徒刑，并处罚金"；情节特别严重的，"处七年以上有期徒刑，并处罚金"。根据《刑法》第 346 条的规定"单位犯本节第三百三十八条规定之罪的，对单位判处罚金，并对其直接负责的主管人员和其他直接责任人员，依照本节各该条的规定处罚"可知，我国对单位犯污染环境罪的实行"双罚制"，即作为单位的排污企业或者治污主体的责任种类为罚金，对排污企业或者治污主体中直接负责的主管人员和其他直接责任人员的责任种类为有期徒刑、拘役以及罚金。

对于环境行政主体及其直接负责的主管人员和其他直接责任人员而

---

① 《刑法》第 338—345 条规定了"破坏环境资源保护罪"的 16 种具体罪名，具体包括：污染环境罪；非法处置进口的固体废物罪；擅自进口固体废物罪；非法捕捞水产品罪；危害珍贵、濒危野生动物罪；非法猎捕、收购、运输、出售陆生野生动物罪；非法狩猎罪；非法占用农用地罪；破坏自然保护地罪；非法采矿罪；破坏性采矿罪；危害国家重点保护植物罪；非法引进、释放、丢弃外来入侵物种罪；盗伐林木罪；滥伐林木罪；非法收购、运输盗伐、滥伐的林木罪。

言，其在环境污染第三方治理中所涉及的犯罪是《刑法》第387条规定的单位受贿罪、第385条和第388条规定的受贿罪、第397条规定的滥用职权罪和玩忽职守罪和第408条规定的环境监管失职罪等，责任种类主要包括有期徒刑或者拘役。因此，环境污染第三方治理中的刑事法律责任种类仅包括两种主刑（有期徒刑、拘役）与一种附加刑（罚金）。对于环境行政主体而言，只适用附加刑罚金，对于其中的直接负责的主管人员或者其他直接责任人员，则适用主刑有期徒刑和拘役。

对作为单位的排污企业或者治污企业而言，根据《刑法》第346条有关"单位犯破坏环境资源罪的处罚规定"：单位犯《刑法》第338条规定之罪的，对单位判处罚金，并对其直接负责的主管人员和其他直接责任人员，依照该条的规定处罚，《刑法》对单位犯污染环境罪实行"双罚制"，即对排污企业或者治污企业只能适用附加刑罚金，对其直接负责的主管人员和其他直接责任人员"处三年以下有期徒刑或者拘役，并处或者单处罚金"；"情节严重的，处三年以上七年以下有期徒刑，并处罚金"；情节特别严重的，"处七年以上有期徒刑，并处罚金"。对环境污染第三方治理中"充当治污主体的个人"而言，虽不适用"双罚制"，但按照单位的直接负责的主管人员和其他直接责任人员定罪量刑，刑事责任种类亦无差异。由于"治污主体"包括"治污企业"和"充当治污主体的个人"，因此"充当治污主体的个人"的刑事责任，应按照单位的直接负责的主管人员和其他直接责任人员定罪量刑。

第五节 环境污染第三方治理中的责任履行

一 环境污染第三方治理中责任的一般履行方式

责任履行是指责任主体通过可行的承担方式将不同性质的责任予以实现的过程。环境污染第三方治理中的责任履行是指环境污染第三方治理中的环境行政主体（承担责任的主体主要应为直接负责的主管人员和其他直接责任人员）、排污企业与治污主体通过可行的承担方式将不同性质的责任予以实现的过程。以环境污染第三方治理中民事性质责任"消除危险"为例，行为人的环境污染行为具有威胁他人人身或者财产安全的危险，或者存在侵害他人人身或者财产的可能性，消除危险责任的履行就需要行为人采取具体的消除危险措施，以有效减小损害发生的可能性。实践中，假如排污企业不慎将污染物排放至渔民的鱼塘，具有造成渔民鱼塘中鱼虾死亡的危险，则排污企业积极采取具体措施（如化学降解、中和等），消除污染物对鱼塘中鱼虾的危险，责任主体通过可行的承担方式将消除危险责任予以实现的过程，就是民事责任主体对于消除危险责任的履行。以环境污染第三方治理中行政性质责任的"罚款"为例，责任承担主体应当在规定的时间内将行政处罚决定书中载明的罚款汇入指定账户，责任主体通过可行的承担方式将罚款责任予以实现的过程，就是行政责任主体对于罚款责任的履行。以环境污染第三方治理中刑事性质责任的"有期徒刑"为例，责任承担主体应当按照刑事判决书中载明的刑期被接收到监狱（特殊情形下在看守所）执行刑罚，责任主体通过可行的承担方式将有期徒刑责任予以实现的过程，就是刑事责任主体对有期徒刑责任的履行。

前述列举的均是环境污染第三方治理中责任主体对于其所承担法律责任采取的传统履行方式，即只是责任主体通过可行的承担方式将特定的法律责任在通常情况下予以实现的过程，但笔者认为：基于环境污染第三方治理的特殊性，环境污染第三方治理中的法律责任及其履行方式也应具有特殊性。前述所称"特殊性"是指行为人在对受害人的人身、财产造成损害之前势必会对生态环境造成损害，但由于法律责任的传统履行方式"重惩罚、轻教化、轻激励、轻生态修复"，对受损生态环境的修复关注不够，所以亟须在原有责任履行方式的基础上探索一些更加符合生态规律，更加有助于修复受损生态环境的责任履行方式，尽最大可能促进受损生态环境得到修复，弥合法律责任惩治环境违法行为与修复生态环境之间的裂痕，推动生态法益的有效保护，实现人与自然的和谐共生，达到法律效果与社会效果的有机统一。

二　环境污染第三方治理中责任的替代履行方式

（一）用"修复生态环境"责任替代"恢复原状"责任

以环境污染第三方治理中民事责任之"修复生态环境"看，该责任的承担方式由传统民事责任"恢复原状"扩张解释而来，"仅从文义表达看，恢复原状就有'作为损害赔偿标准的恢复原状'与'作为责任承担方式的恢复原状'两层含义，前者实际上代表的是完全赔偿、全面救济的原则,后者代表的是以修理、修复、治理等方式来实现物理状态、功能等的恢复,并最终接近于事物本来的面目"①。而环境污染第三方治理中的"恢复原状",即修复生态环境,更偏向于"作为责任承担方式的恢复原状",因为对于被污染的环境而言,完全赔偿与全面救济的金钱赔偿并不能改变其被污染的状态,换言之,通过修复、治理等方式实现物理状态、功能等的恢复才是最需要的。不可否认,民法中的"恢复原状"过于模糊且原则化,所以在环境司法实践中"恢复原状"通常被具体表达为生态修复、环境修复、生态环境修复、环境治理、环境恢复责任、环境修复义务等。传统民法中的"恢复原状"一般只需对被损害的静态的、单一的、三维的物进行修理或者更换,这显然并不符合环境污染第三方治理中针对自然环境这个特殊的"物"(系统)责任承担的需要,因为生态环境欲要恢复原状并非简单的修理能够做到的,且无法进行更换。生态环境恢复要求对动态的、复合的、多维的生态系统进行复原,清除污染物、恢复环境外观仅是其初级阶段,还应逐步恢复已恶化或者破坏的生态系统的经济、生态服务等功能,并充分回应相关群体的利益关切,而这靠传统民法上的"恢复原状"是难以做到的。基于此,《环境侵权责任纠纷解释》(2020)第13条"人民法院应当根据被侵权人的诉讼请求以及具体案情,合理判定侵权人承担停止侵害、排除妨碍、消除危险、修复生态环境、赔礼道歉、赔偿损失等民事责任"的规定,明确了"修复生态环境"作为环境侵权责任承担方式的法律地位,用"修复生态环境"替代"恢复原状"。具言之,环境污染第三方治理中民事责任"修复生态环境"所针对的是被破坏的生态、被污染的环境,是动态的、复合的、多维的系统,包含诸多元素,而非静态的、单一的、三维的物,不可能加以修理或者更换。因此,环境污染第三方治理中的责任承担,不管是民事责任的承担,还是行政责任或者刑事责任的承担,均应积极探索更符合生态环境修复的履行方式。在环境污染第三方治理中用"修复生态环境"责任替代"恢复原状"责任的意义在于:一方面,将"修复生态环境"责任适用于生态破坏或者环境污染侵权,弥补了民法上"恢复原状"责任在救济生态环境损害上的不足;另一方面,使"修复生态环境"责任能在环境污染第三方治理中对修复受损生态环境发挥有效作用,为"恢复原状"责任

---

① 胡卫:《民法中恢复原状的生态化表达与调适》,《政法论丛》2017年第3期。

在环境污染第三方治理中的实质性承担提供了有效方式。

(二) 在环境污染第三方治理中新增责任的替代履行方式

1. 通过易科制度新增刑事责任的替代履行方式

易科可分为行政处罚易科与刑事处罚易科。行政处罚易科为易科这一方式在行政处罚领域的运用，是指行政相对人在某一行政处罚不能被执行或者不宜被执行时申请行政机关在法律、法规规定的处罚种类内改科其他行政处罚。① 刑事处罚易科为易科这一方式在刑事司法领域的运用，主要包括处于刑事审判阶段的易科罚金刑与处于刑罚执行阶段的罚金刑易科两种类型。② 刑事处罚易科制度一般是指被判处短期自由刑的罪犯在符合刑法规定条件的情况下，向司法机关申请依法改科罚金刑替代自由刑执行，折抵的罚金缴纳后，原判自由刑视为已经执行的制度。③ 虽然刑事处罚易科一般用于短期自由刑易科罚金刑或者罚金刑易科为短期自由刑，但是笔者认为在环境污染第三方治理中，为了充分修复被污染的生态环境，可以通过易科制度实现责任的替代履行方式的新增。例如，通过立法创设短期自由刑、罚金刑的"修复性易科执行制度"，在短期自由刑、罚金刑不能被执行或者不宜被执行时，罪犯可向司法机关申请将短期自由刑、罚金刑依法改科为补种复绿、增殖放流、护林护鸟、巡江巡河等非刑罚生态环境修复措施，以替代原短期自由刑、罚金刑的执行。④

2. 通过司法探索新增民事责任的替代履行方式

在环境污染第三方治理中，排污企业或者治污主体因为环境侵权而在环境民事公益诉讼中被判处巨额民事赔偿，若赔偿款数额巨大而导致其无经济能力承担，则可能会使该生效判决陷入"执行难"困境，进而使受到污染的生态环境无法得到及时治理。但是，人民法院如果能够通过司法探索新增民事责任的替代履行方式，引导侵权人通过技术改造对污染物进

---

① 在中国内地现行的法律规范中规定行政处罚易科的情形极少，笔者仅在《外国人入境出境管理法实施细则》第 48 条第 2 款中检索到相关规定："外国人无力缴纳罚款的，可以改处拘留。"

② 唐绍均、黄东：《环境罚金刑"修复性易科执行制度"的创设探索》，《中南大学学报》（社会科学版）2021 年第 1 期。

③ 赵廷光：《易科罚金制度及其积极意义》，《人民检察》1995 第 7 期。

④ 唐绍均、黄东：《环境罚金刑"修复性易科执行制度"的创设探索》，《中南大学学报》（社会科学版）2021 年第 1 期。

行循环利用，确实减少环境污染物的产生与排放，促使环境风险明显降低，则可以允许其通过"技改"来承担部分"赔偿损失"的民事责任①，即将"超量技改抵扣"作为侵权人环境民事责任的替代履行方式。② 此外，排污企业或者治污主体还可以根据实际情况采取异地补植、补种复绿、固土复绿、增殖放流、劳务代偿等方式，以实现环境民事公益诉讼中民事责任的替代履行。事实上，在环境民事私益诉讼中，劳务代偿也可作为排污企业或者治污主体民事责任的替代履行方式，只是司法实践中的案例较为罕见而已。

申言之，可以依据环境污染第三方治理中被损害对象的不同而采取不同的民事责任替代履行方式，若造成损害的对象是土壤，则可以采取异地补植、复种补绿或者固土复绿等替代履行方式；若损害对象是水域，则可采取增殖放流等替代履行方式；基于劳务代偿方式适用对象的广泛性，则没有区分受损对象的必要。③ 采用民事责任替代履行方式的目的不仅在于促进被污染环境得到及时有效的修复，还在于使无经济能力的排污企业或者治污主体以其具备的能力履行责任，从而破解"执行难"困境。④

综上所述，笔者仅就环境污染第三方治理中新增责任的替代履行方式提供了简单而粗浅的建议，在具体的实践中还应当对环境污染第三方治理中的民事责任、行政责任与刑事责任的履行方式多加探索，创新责任履行方式，使责任的履行不再局限于金钱赔偿、行政处罚与判处刑罚等传统形式，不断探索更符合保护生态环境、建设生态文明需要的责任履行方式，使受到损害的生态环境尽可能恢复到被污染破坏之前的状态。

---

① 例如，江苏省高级人民法院于 2014 年 12 月 29 日在〔2014〕苏环公民终字第 00001 号民事判决中作出"生效之日起一年内，如常隆等六家公司能够通过技术改造对副产酸进行循环利用，明显降低环境风险，且一年内没有因环境违法行为受到处罚的，其已支付的技术改造费用可以凭环保行政主管部门出具的企业环境守法情况证明、项目竣工环保验收意见和具有法定资质的中介机构出具的技术改造投入资金审计报告，向泰州市中级人民法院申请在延期支付的 40% 额度内抵扣"的判决。

② 唐绍均、魏雨：《环境民事公益诉讼中"技改抵扣"的淆乱与矫正》，《中州学刊》2020 年第 8 期。

③ 唐绍均、黄东：《环境罚金刑"修复性易科执行制度"的创设探索》，《中南大学学报》（社会科学版）2021 年第 1 期。

④ 唐绍均、魏雨：《环境民事公益诉讼中"技改抵扣"的淆乱与矫正》，《中州学刊》2020 年第 8 期。

第三章

环境污染第三方治理中责任界定的理论基础

第一节 责任聚合理论

一 责任聚合理论简介

法律责任作为一个基本概念，是法学范畴体系的要素；[1] 法律责任制度保障法律的实施，法律责任追究是法制保障不可缺少的环节。一般而言，按照行为所违反的部门法的差异可将法律责任划分为宪法责任、刑事责任、行政责任与民事责任，[2] 这四种性质的法律责任可对应不同的法律部门。然而，随着社会生活的不断发展变化，法律所调整的对象也日益错综复杂，一个行为或者一个事件往往涉及多个法律部门，其所对应的法律责任往往就具有多种性质，因而难免发生责任的聚合。责任聚合理论是一种关于同种性质或不同性质的法律责任并行承担的责任处断理论。所谓责任聚合是指由于法律规定和损害后果的多元性，同一法律事实的发生导致民事、行政或者刑事等不同性质法律责任得以并行承担的状态。从权利人

---

[1] 张文显：《法律责任论纲》，《吉林大学社会科学学报》1991年第1期。
[2] 李龙主编：《法理学》，武汉大学出版社2011年版，第319页。

角度看，责任聚合在民事领域表现为请求权聚合，① 即当事人对数种以不同的给付为内容的请求权可以同时主张②。法律责任的聚合源于法规竞合，法规竞合作为法律专门术语，是指同一事实符合数个法律规范之要件，致该数个规范皆得适用的现象。③ "法律作为一种抽象的行为规范，往往从不同的角度对各种具体社会生活关系进行多元、多维、多层次的综合调整"④，在调整过程中，给予社会成员多重法律义务，既包括公法上的义务，又包括私法上的义务，相互之间并不冲突。"从本质上说，法律责任的重合是现行法律制度区分不同部门法的结果，是当事人具有任意性的行为与高度理性的法律部门划分的法制状况相碰撞的产物。"⑤ 谈到法律责任的聚合，就不得不谈法律责任的竞合，法律责任的竞合是指某一法律事实被数个法律规范调整，导致两种或者两种以上法律责任的产生，且彼此之间相互冲突，无法并存。法律责任的聚合与法律责任的竞合之间最大的区别在于：法律责任的聚合允许不同性质（或者类型）法律责任的并存和同时适用，而法律责任的竞合则不允许。

法律部门间的责任聚合主要有以下两个特征。第一，同一法律事实侵害了不同法律部门所保护的对象。如果是多个法律事件或者多个法律行为（即非同一法律事实）牵涉不同法律部门所保护的对象，此时不成立责任聚合，而应当分别承担责任。例如，行为人首先实施盗窃车辆的行为，此后又驾驶盗窃的车辆毁坏他人财物，此时存在"两个行为"，一个是盗窃车辆的行为，可能承担相应的刑事责任；另一个是毁坏财物的行为，可能承担相应的民事赔偿责任，这两个行为并存，应当分别进行评价而不成立

---

① 肖建国、宋春龙在期刊论文《责任聚合下民刑交叉案件的诉讼程序——对"先刑后民"的反思》中参考王泽鉴在著作《法律思维与民法实例》中"请求权聚合"的表达，提出"责任聚合亦被称为请求权聚合"，但其实不然，原因在于"请求权"专属于民事领域，而"责任"同时存在于民事、行政与刑事领域。因此，不能"将请求权聚合等同于责任聚合"予以运用。参见肖建国、宋春龙《责任聚合下民刑交叉案件的诉讼程序——对"先刑后民"的反思》，《法学杂志》2017年第3期；王泽鉴《法律思维与民法实例》，法律出版社2001年版，第166页。

② 王泽鉴：《法律思维与民法实例》，法律出版社2001年版，第166页。

③ 肖建国、宋春龙：《责任聚合下民刑交叉案件的诉讼程序——对"先刑后民"的反思》，《法学杂志》2017年第3期。

④ 蓝承烈：《民事责任竞合论》，《中国法学》1992年第1期。

⑤ 马俊驹、白飞鹏：《第三人侵害合同缔结的侵权责任论纲》，《法商研究》2000年第5期。

责任聚合。第二，违反了不同的法律部门规定的义务，符合两个和两个以上的责任构成要件。例如，行为人醉酒驾驶致多人死亡，肇事者的"一个行为"既构成了交通肇事罪，要承担相应的刑事责任，又符合《民法典》侵权责任编中的法律规定，需对受害人承担民事责任。

民事责任、行政责任和刑事责任同属于法律责任的下位概念，它们在保障法律实施方面各自扮演着重要的角色。① 实践中的责任聚合多表现为民事责任、行政责任与刑事责任三者的聚合或者任意二者的聚合。民事责任、行政责任与刑事责任的聚合是指行为人的一个行为同时具有民事违法、行政违法和刑事违法等两种以上的属性，涉及两种以上不同性质法律责任的情况。② 法律责任的聚合不仅包括同种性质责任的聚合，例如，民事责任中侵权责任与无因管理责任的聚合、侵权责任与不当得利责任的聚合等，还包括不同种性质责任的聚合，例如，民事责任与刑事责任的聚合、行政责任与刑事责任的聚合以及民事责任、行政责任与刑事责任的聚合等。例如，我国《行政处罚法》第8条规定："公民、法人或者其他组织因违法行为受到行政处罚，其违法行为对他人造成损害的，应当依法承担民事责任。违法行为构成犯罪，应当依法追究刑事责任的，不得以行政处罚代替刑事处罚。"此外，"《刑法》分则中第三章破坏社会主义市场经济秩序罪和第六章妨害社会管理秩序罪，两章共计183个条文都属于行政刑法内容，其规定的行政犯罪的可罚性往往依赖于相关行政法规范，反映了行政法对刑法的规范效应，作为犯罪主体的行为人违反相关行政法律法规，具备行政责任的构成要件，形成刑事责任与行政责任的聚合"③。

在责任发生聚合后应当如何处断呢？根据《民法典》第187条的规定："民事主体因同一行为应当承担民事责任、行政责任和刑事责任的，承担行政责任或者刑事责任不影响承担民事责任；民事主体的财产不足以支付的，优先用于承担民事责任"，又根据《刑法》第36条第2款的规定："若犯罪分子在承担民事赔偿责任的同时还被判处罚金，但是其财产不足以全部支付，或者被判处没收财产的，应当优先承担对被害人的民事

---

① 张旭：《民事责任、行政责任和刑事责任——三者关系的梳理与探究》，《吉林大学社会科学学报》2012年第2期。

② 陈小炜：《论寻衅滋事罪"口袋"属性的限制和消减》，《政法论丛》2018年第3期。

③ 张旭、顾阳：《行政犯罪中刑事责任与行政责任聚合之处断规则》，《辽宁大学学报》（哲学社会科学版）2012年第3期。

赔偿责任"可知：在责任财产不足以同时清偿的情况下，民事责任的承担要优先于行政责任与刑事责任的承担。换言之，在有关金钱的民事责任、行政责任与刑事责任聚合时，若责任人的财产不足以同时全部清偿，则应当坚持民事责任优先，也有学者将其称为"财产性民事责任优先承担规则"①。民事责任优先承担"并非适用于所有的责任聚合，而只是限于以财产责任为内容的责任的聚合"②。有学者认为：如果这三种性质的法律责任虽存在聚合，但并不涉及财产，则三者应独立、并列存在，分别、同时承担，不应出现承担法律责任顺序上的先后问题。③ 根据《行政处罚法》第 8 条的规定，公民、法人或者其他组织因违法受到行政处罚，其违法行为对他人造成损害又构成犯罪的，应当依法承担行政责任、民事责任与刑事责任；又根据《最高人民法院关于适用〈中华人民共和国刑事诉讼法〉的解释》第 523 条第 2 款④与《行政处罚法》第 35 条第 2 款的规定可知：罚款可折抵相应罚金。因此，当行政责任与刑事责任发生聚合且均涉及财产内容，当人民法院判处罚金时，行政机关已经给予当事人罚款的，罚款应当折抵相应罚金。根据《行政处罚法》第 35 条第 1 款的规定，行政拘留可折抵拘役或者有期徒刑，则人民法院判处拘役或者有期徒刑时，行政机关已经对当事人行政拘留的，应当依法折抵相应刑期。若行政责任与刑事责任虽然聚合但各自实现内容不同的，比如行政罚款与有期徒刑，二者可以并用，⑤ 分别执行即可。

二　责任聚合理论与环境污染第三方治理中的责任界定

环境污染第三方治理中的法律责任可能包含民事性质的法律责任、行政性质的法律责任与刑事性质的法律责任，在同一环境污染第三方治理案

---

① 李建华、麻锐：《论财产性民事责任优先承担规则》，《社会科学战线》2011 年第 8 期。

② 王利明、周友军、高圣平：《中国侵权责任法教程》，人民法院出版社 2010 年版，第 25 页。

③ 李建华、麻锐：《论财产性民事责任优先承担规则》，《社会科学战线》2011 年第 8 期。

④ 《最高人民法院关于适用〈中华人民共和国刑事诉讼法〉的解释》第 523 条第 2 款："行政机关对被告人就同一事实已经处以罚款的，人民法院判处罚金时应当折抵，扣除行政处罚已执行的部分。"

⑤ 张旭、顾阳：《行政犯罪中刑事责任与行政责任聚合之处断规则》，《辽宁大学学报》（哲学社会科学版）2012 年第 3 期。

件中，行为人的行为可能涉及一种性质的法律责任，可能同时涉及两种性质的法律责任，也可能同时涉及三种性质的法律责任。如果行为人的行为仅仅涉及一种性质（或者类型）的法律责任，自然不会产生法律责任的聚合，但是，如果行为人的行为同时涉及两种或者三种性质（或者类型）的法律责任，则会产生法律责任的聚合。例如，排污企业将产生的污染物交由治污主体进行治理，但是，由于治污主体的治污能力不足，治理后的污染物向外环境排放后造成了第三人人身或者财产的损害，可能产生民事责任；后经查发现排污企业所产生的污染物为危险废物，根据《固体废物污染环境防治法》第 80 条①的规定，危险废物应交由有危险废物经营许可证的单位处置，但治污主体并不持有危险废物经营许可证，则排污企业与治污主体的行为涉嫌行政违法，可能产生行政责任；若此次污染不仅给第三人的人身或者财产造成了损害，还严重污染了环境，则可能构成污染环境罪，且根据《最高人民法院关于办理环境污染刑事案件适用法律若干问题的解释》（简称《环境污染刑事案件解释》）第 7 条的规定，排污企业与治污主体属于共同犯罪，可能承担刑事责任。由此可见，责任聚合理论可对环境污染第三方治理中的责任界定提供理论指引，有助于厘清环境污染第三方治理中责任聚合情形下不同性质（或者类型）法律责任的并行承担规则以及明确并行承担时的共存处断规则。

（一）刑事责任与民事责任聚合的处断规则

刑事责任与民事责任聚合的处断规则体现于《民法典》第 187 条与《刑法》第 36 条第 2 款的规定，按照前述规定，在涉及财产的民事责任与刑事责任发生聚合后，若责任人的财产不足以同时支付的，则优先承担民事责任，对受害人进行赔偿，前述规定既体现了保护受害人利益的理念，也反映了"国不与民争利"的民本思想。② 具言之，在环境污染第三方治理中，当涉及财产的刑事责任与民事责任出现聚合时，责任财产不足以同时支付的，当然也应该坚持民事赔偿优先原则。例如在环境污染第三方治理中，行为人因同一行为既构成刑事犯罪，又造成民事侵权；既被人民法

---

① 《固体污染废物防治法》（2020）第 80 条："从事收集、贮存、利用、处置危险废物经营活动的单位，应当按照国家有关规定申请取得许可证。许可证的具体管理办法由国务院制定。禁止无许可证或者未按许可证规定从事危险废物收集、贮存、利用、处置的经营活动。禁止将危险废物提供或者委托给无许可证的单位或者其他生产经营者从事收集、贮存、利用、处置活动。"

② 兰跃军：《论被害人民事赔偿优先执行》，《甘肃政法学院学报》2010 年第 4 期。

院判处罚金，又被判处民事赔偿，但其责任财产不足以同时支付罚金和民事赔偿金，责任人应优先承担民事赔偿责任。如果环境污染第三方治理中行为人的同一行为所产生的民事责任与刑事责任并不涉及财产或者并不同时涉及财产的，则这两种性质的法律责任不会出现共存处断问题，行为人分别、同时承担相应法律责任即可。

（二）行政责任与民事责任聚合的处断规则

行政责任与民事责任聚合的处断规则体现于《民法典》第187条以及《行政处罚法》第8条①的规定，按照前述规定，在涉及财产的侵权责任与行政责任发生聚合时，若责任人的财产不足以同时支付的，则优先承担侵权责任，对受害人进行赔偿。虽然该规定只体现了民事责任中的侵权责任与行政责任聚合且同时涉及财产、不足以支付时应当优先承担民事责任，但是刑事责任与行政责任均是属于公法性质的法律责任，以此类推，除侵权责任外，其他类型的民事责任与行政责任聚合且同时涉及财产且不足以支付的，同样应当坚持民事赔偿优先原则。具言之，在环境污染第三方治理中，在涉及财产的行政责任与民事责任出现聚合时，责任财产不足以同时支付的，应该坚持民事赔偿优先原则。②例如，在环境污染第三方治理中，行为人因同一行为既构成行政违法，也构成民事侵权，既被行政机关处以罚款，又被人民法院判处民事赔偿，但其责任财产不足以同时支付罚款和民事赔偿金，责任人应优先承担民事赔偿责任。如果环境污染第三方治理中行为人的同一行为所产生的民事责任与行政责任并不涉及财产或者并不同时涉及财产的，则不会出现共存处断问题，行为人分别、同时承担相应法律责任即可。

（三）行政责任与刑事责任聚合的处断规则

行政责任与刑事责任同属公法性质的法律责任，其聚合的处断规则体现于《行政处罚法》第8条、第35条的规定，按照前述规定，若责任的种类实质内容相同，如罚款和罚金均涉及财产，行政拘留和有期徒刑、拘役均涉及限制责任人的人身自由，如前所述，在行政机关已对责任人处以

---

① 《行政处罚法》（2021）（2021年7月15日生效）第8条规定："公民、法人或者其他组织因违法行为受到行政处罚，其违法行为对他人造成损害的，应当依法承担民事责任。违法行为构成犯罪，应当依法追究刑事责任的，不得以行政处罚代替刑事处罚。"

② 袁义龙：《论民事赔偿责任优先规则的适用》，硕士学位论文，安徽大学，2014年，第23页。

罚款的情况下，法院在判处罚金时应当进行相应折抵；在行政机关已经对责任人处以行政拘留的情况下，法院在判处有期徒刑或者拘役时应当进行相应折抵；若行政责任与刑事责任的种类实质内容不同，比如行政罚款与有期徒刑，则不会出现共存处断问题，行为人分别、同时承担相应责任即可。比如根据《固体废物污染环境防治法》第80条第2款与第3款的规定，排污企业不能将危险废物交由不具备资质的治污主体进行处置，而不具备资质的治污主体同样不能接受排污企业的委托对危险废物进行处置，如果排污企业明知治污主体不具备处置危险废物的资质仍将危险废物交由其进行处置，则显然违反行政法上的义务，应当承担行政责任。在排污企业与治污主体承担行政责任的同时，根据《环境污染刑事案件解释》第7条的规定："明知他人无危险废物经营许可证，向其提供或者委托其收集、贮存、利用、处置危险废物，严重污染环境的，以共同犯罪论处。"此种情形下，排污企业将危险废物委托给无危险废物经营许可证的治污主体进行处置这一行为，若未造成严重环境污染，则只需承担行政责任即可；若造成严重环境污染，则不仅应当承担行政责任，还应当承担刑事责任，就可能产生行政责任与刑事责任的聚合。

根据《固体废物污染环境防治法》第112条[①]、第114条[②]的规定，排污企业可能承担的行政责任包括：责令改正、罚款、没收违法所得、责令停业或者关闭；治污主体可能承担的行政责任包括：责令改正，罚款，限制生产、停产整治，责令停业或者关闭，吊销许可证等。根据《刑法》

[①] 《固体废物污染环境防治法》第112条："违反本法规定，有下列行为之一，由生态环境主管部门责令改正，处以罚款，没收违法所得；情节严重的，报经有批准权的人民政府批准，可以责令停业或者关闭……（四）将危险废物提供或者委托给无经营许可证的单位从事经营活动的……"

[②] 《固体废物污染环境防治法》第114条："无许可证从事收集、贮存、利用、处置危险废物经营活动的，由生态环境主管部门责令改正，处一百万元以上五百万元以下的罚款，并报经有批准权的人民政府批准，责令停业或者关闭；对法定代表人、主要负责人、直接负责的主管人员和其他责任人员，处十万元以上一百万元以下的罚款。未按照许可证规定从事收集、贮存、利用、处置危险废物经营活动的，由生态环境主管部门责令改正，限制生产、停产整治，处五十万元以上二百万元以下的罚款；对法定代表人、主要负责人、直接负责的主管人员和其他责任人员，处五万元以上五十万元以下的罚款；情节严重的，报经有批准权的人民政府批准，责令停业或者关闭，还可以由发证机关吊销许可证。"

第338条①、第346条②的规定，排污企业与治污主体可能承担的刑事责任包括：罚金；其直接负责的主管人员和其他直接责任人员会被判处有期徒刑或者拘役，并处或者单处罚金。排污企业与治污主体的行政责任与刑事责任可能承担的责任种类有实质相同的部分，即罚款和罚金，若行政机关已对责任人处以罚款，则法院在判处罚金时应进行折抵；其他行政责任与刑事责任可能承担的责任种类无实质相同的部分，不会出现共存处断问题，行为人分别、同时承担相应责任即可。

（四）民事责任、行政责任与刑事责任聚合的处断规则

民事责任、行政责任与刑事责任聚合的处断规则体现于《民法典》第187条、《行政处罚法》第8条与第35、《刑法》第346条第2款的规定，根据上文的分析，若前述三种性质法律责任的承担均涉及财产且责任人的财产不足以同时支付的，则应优先进行民事赔偿，已缴纳行政罚款的可抵扣相应罚金，已被行政拘留的期限可抵扣相应的拘役或者有期徒刑，其他种类的责任不会出现共存处断问题，行为人分别、同时承担即可。

综合所述，根据责任聚合理论，在环境污染第三方治理中，若排污企业或者治污主体的民事责任、行政责任与刑事责任出现聚合，应当遵循如下处断规则。第一，民事责任与刑事责任、民事责任与行政责任的聚合，若不同时涉及财产，或者虽同时涉及财产但责任人的财产足以全部支付的，则不会出现共存处断问题，行为人分别、同时承担相应责任即可；反之，应优先承担民事赔偿责任，刑事罚金或者行政罚款责任的承担顺位在后。第二，行政责任与刑事责任的聚合，若行政责任与刑事责任可能承担的责任种类实质相同的，例如，责任人要承担行政罚款和刑事罚金的，可以行政罚款折抵刑事罚金；再如责任人须承担行政拘留和拘役或者有期徒刑的，可以行政拘留折抵拘役或者有期徒刑；若行政责任与刑事责任可能承担的责任种类实质不同的，如行政罚款和有期徒刑，则不会出现共存处断问题，行为人分别、同时承担相应责任即可。

---

① 《刑法》第338条："……处三年以下有期徒刑或者拘役，并处或者单处罚金；后果特别严重的，处三年以上七年以下有期徒刑，并处罚金。"

② 《刑法》第346条："……对单位判处罚金，并对其直接负责的主管人员和其他直接责任人员，依照本节各该条的规定处罚。"

第二节 因果关系理论

一 因果关系理论简介

因果关系理论是一种包含无因果关系理论、盖然性因果关系理论、优势证据理论、疫学因果关系说、间接反证说、设备责任说等理论在内的有关因果关系认定的理论。① 因果关系（causality 或者 causation）是一个事件（"因"）和另一个事件（"果"）之间的作用关系，其中后一事件被认为是前一事件的结果。一般而言，一个事件是众多原因综合产生的结果，而且原因都发生在较早时间点，而该事件又可以成为其他事件的原因。因果关系具有客观性、特定性、时间序列性、条件性与复杂性等特征。从哲学意义上讲，一个行为的原因可不断向前追溯，如此将导致因果链条过长，不利于公共利益和社会秩序的维护，因此，必须采用一定的方法为原因追溯设置一定的界限，使法律追究责任的行为只限于与损害结果具有紧密关系以及为了维护社会正义和公共利益而必须对其施以责任的行为，法律因果关系理论就是确认行为和结果是否存在这种关系的方法。② 在法学领域，"因果关系是将违法行为和结果予以连接的归结法律责任的前提条件"③，法律因果关系是我们在立法或者司法活动中创制或者确认的、作为承担责任前提的、存在于加害行为与危害结果之间的联系。④ 如前所述，法律责任一般包括主体、违法行为或者违约行为、损害结果、因果关系、主观过错（当然，部分法律责任的构成不要求主体具有主观过错，如特定情形下的违约责任）五个构成要件，其中因果关系是法律责任的构成要件之一。法律上的因果关系是指损害结果和造成损害的原

---

① 丁凤楚：《论国外的环境侵权因果关系理论——兼论我国相关理论的完善》，《社会科学研究》2007 年第 2 期。
② 李川、王景山：《论法律因果关系》，《山东大学学报》（哲学社会科学版）1999 年第 4 期。
③ 孙晓东、曾勉：《法律因果关系研究》，知识产权出版社 2010 年版，第 1 页。
④ 李川、王景山：《论法律因果关系》，《山东大学学报》（哲学社会科学版）1999 年第 4 期。

因之间的关联性，它是各种法律责任确定责任归属的基础。在不同法律部门中，基于各种责任的形态及其构成要件的不同，因果关系在归责中的内容、判断标准及其作用各有差异。

法律上的因果关系体现了损害原因和损害结果之间的联系，是自然界和人类社会的各种因果关系中一种特殊形式的因果关系。法律上因果关系的确定需从已发生的损害结果出发，追溯造成损害的原因，具有逆向性。法律上因果关系的认定是司法审判人员在一定的规则和理论指引下，对行为、特定环境以及损害结果等诸因素的分析判断过程。因此，即使法律上的因果关系是客观存在的，对其认定依然无法避免主观因素的介入。"法律上探讨因果关系，多在于为已发生的结果找到相应的责任人。这种归责目的，使得法律上，尤其是刑法上探讨因果关系与其他学科似乎有所不同，但并不影响其本质，也不会影响'因果关系存在与否'的判断。"[1]

法律上的因果关系的主要类型是民法上的因果关系和刑法上的因果关系，二者主要存在以下五方面的区别。第一，确定因果链条的基点不同。民法中研究因果关系首先以明确的损害后果为基点截出因果链条，再向前追溯引起这一损害后果的原因；刑法中研究因果关系首先是以明确的危害行为为基点截出客观现象之间的因果链条。第二，确定因果关系的目的有差异。民法中的因果关系以受害人保护为中心，以归责为主要目的而非排除行为人的责任；刑法中的因果关系坚持罪刑法定原则，避免无辜的人承担刑事责任。以因果关系中断为例，刑法中的因果关系中断在于排除责任，而民法中因果关系中断仅为确定原因力的大小。第三，因果关系认定中的侧重点有差异。民法中的因果关系往往依赖法官进行判断，譬如民法中相当因果关系的"相当性"判断基本依靠法官根据社会的通常观念确定；刑法中的因果关系更注重原因和结果之间的逻辑性以及关联的准确性。第四，因果关系难以认定时的法律后果不同。民法中因果关系难以认定时，加害人的责任并非当然免除；刑法中在认定因果关系时，如果是否具有因果关系难以认定，只能认为没有因果关系。第五，举证责任设置不同。民法中因果关系认定时多实行举证责任倒置，刑法中被告人原则上不需要对不存在因果关系承担举证责任。

---

[1] 王利明：《侵权行为法研究》（上），中国人民大学出版社2004年版，第389页。

因果关系是法律责任的构成要件之一，无论是在民事责任还是在刑事责任的认定中，都是必不可少的因素。① 因果关系对归责而言具有三方面的重要意义。第一，确定责任的成立。确定因果关系的首要目的是确定责任成立的因果关系，这是责任承担的前提。第二，排除责任的承担。因果关系的确定在于明确谁的行为与结果具有因果联系并对结果负责。确定责任必须先确定引起损害后果发生的原因，如果某人的行为与结果之间没有因果关系，则其不应对损害结果承担责任，因此因果关系具有排除责任承担的功能，具体表现在以下三方面：①因果关系的认定既可确定应当承担责任的主体，也可排除不应承担责任的主体。②对财产损害的可补救性予以限制，即只有在损害结果和行为人的行为之间具有因果关系时，行为人才对相关损害后果承担赔偿责任。③截断现实生活中无限延伸的因果链条以正确认定责任，例如，普通法确立了"延伸的损害后果不能太遥远"② 规则，即法律上的因果关系不能像哲学上的因果关系被无限延长，必须要从归责的需要出发正确阻断因果关系链条，排除不应承担责任的主体。第三，确定责任的范围。因果关系对于损害赔偿范围确定的重要意义不仅表现在因果关系决定着直接损害与间接损害的区分，而且表现在对损害赔偿范围确定了限制标准。

二 因果关系理论与环境污染第三方治理中的责任界定

诚然，因果关系不仅对确定责任的成立，排除责任的承担，还是确定责任的范围具有非常重要的意义。在环境污染第三方治理中，因果关系理论对环境污染第三方治理中民事责任、行政责任与刑事责任的确定与排除亦有着关键作用。

(一) 环境污染第三方治理中的民事责任与因果关系

如前所述，环境污染第三方治理中的民事责任包括违约责任、缔约过失责任、一般侵权责任以及环境侵权责任。其中违约责任是由于排污企业或者治污主体违反环境污染第三方治理合同中约定的义务所导致，其构成要件包

---

① 毫无疑问，因果关系是民事责任构成要件之一；对于刑事责任而言，虽然因果关系只是犯罪构成客观要件的一个因素或一个内容，本身并不可能作为犯罪构成的一个独立的，甚至等同于犯罪客观方面一样的构成要件，但是笔者认为其可以作为一个犯罪构成的子要件或者次要件存在。

② 王利明：《侵权行为法研究》（上），中国人民大学出版社2004年版，第393页。

括违约行为、损害后果以及违约行为与损害后果之间的因果关系。其中的缔约过失责任是由于排污企业或者治污主体在环境污染第三方治理合同缔结过程中因自己的过错而导致合同不成立、无效或者被撤销而产生,其构成要件包括行为人违反法定附随义务或者先合同义务的行为、信赖利益的损失、违反法定附随义务或者先合同义务的行为与信赖利益损失之间存在因果关系以及行为人的主观过错。其中的一般侵权责任是由于排污企业或者治污主体的行为侵害了对方的合法权益所导致,其构成要件包括行为人的侵权行为、损害事实、侵权行为与损害事实之间的因果关系、行为人的主观过错。其中的环境侵权责任是由于排污企业或者治污主体的行为引起了环境的损害所导致,其构成要件包括侵权行为、损害事实、侵权行为与损害事实之间的因果关系。由此可见,因果关系是环境污染第三方治理中违约责任、缔约过失责任、一般侵权责任以及环境侵权责任中必备的构成要件,排污企业或者治污主体的民事责任界定都离不开因果关系的认定,如果排污企业或者治污主体的行为与损害之间没有因果关系,则排污企业或者治污主体无须承担民事责任;只有在排污企业或者治污主体的行为与损害之间有因果关系的情况下,排污企业或者治污主体才可能成为民事责任的承担主体。

(二) 环境污染第三方治理中的行政责任与因果关系

如前所述,行政责任的构成要件一般不包括因果关系,但是环境污染第三方治理中的行政责任主要是环境行政责任,"环境行政责任是指环境行政法律关系的主体违反环境行政法律规范或者不履行环境行政法律义务所应承担的否定性的法律后果,以当事人违法或者不履行环境行政法律义务、主观上存在故意或者过失为前提"①。有学者认为,环境行政责任的构成要件包括行为违法、行为有危害后果、违法行为与危害结果之间有因果联系以及行为人有过错。② 换言之,环境污染第三方治理中的行政责任是由于环境行政主体、排污企业或者治污主体违反环境行政法律规范或者不履行环境行政法律义务所导致,因果关系仍然是界定环境污染第三方治理中行政责任的一个关键因素,即环境行政主体、排污企业或者治污主体这三个环境行政法律关系的主体中,只有前述主体存在违法行为、造成了损害后果、存在过错,且违法行为与损害后果之间存在因果关系,才应当

---

① 解振华主编:《中国环境执法全书》,红旗出版社1997年版,第189页。
② 韩德培主编:《环境保护法教程》,法律出版社2015年版,第352页。

承担环境行政责任。

（三）环境污染第三方治理中的刑事责任与因果关系

如前所述，环境污染第三方治理中的刑事责任主体包括环境行政主体、排污企业与治污主体，其中环境行政主体的直接负责的主管人员或者其他直接责任人员可能触犯的罪名主要有滥用职权罪、玩忽职守罪以及环境监管失职罪，排污企业与治污主体可能触犯的罪名主要是污染环境罪。关于因果关系是不是刑事责任的构成要件之一在理论界尚有争议，有学者认为："刑法因果关系问题被普遍认为属于犯罪构成要件中的犯罪客观方面的问题"[1]，但学界通说认为："因果关系的问题是作为讨论个别的、具体责任的前提的、类型化的构成要件该当性的问题，在判断结果犯的构成要件该当性时，必须结合因果关系的有无问题。因而因果关系应当属于构成要件该当性的一个要素，应放在构成要件论中考虑"[2]，即因果关系仅作为是结果犯的构成要件之一。但不论因果关系是否必须是刑事责任的构成要件，从我国《刑法》第14—16条[3]的规定中可以看出因果关系对刑事责任的认定具有重要作用。具言之，我国《刑法》第14条通过因果关系的存在之于犯罪的完成或者既遂的成立以及第15条通过因果关系的存在之于犯罪本身的成立，从正面认可了因果关系，而第16条则通过否定犯罪本身的成立从反面认可了因果关系。由此可见，因果关系的判断不管对犯罪的完成或者既遂的成立，还是对犯罪本身的成立，都具有关键作用。因果关系是犯罪行为与犯罪结果间的客观联系，是追究刑事责任的前提，只有证明犯罪行为与犯罪结果之间具有刑法上的因果关系，才能追究行为人的刑事责任。以环境污染第三方治理中排污企业或者治污主体的行为最有可能触犯的污染环境罪为例，污染环境罪的因果关系问题即"排放、倾倒或者处置"行为与"严重污染环境"的后果之间引起与被引起

---

[1] 马荣春：《再论刑法因果关系》，《当代法学》2010年第3期。

[2] 赵秉志：《外国刑法原理（大陆法系）》，中国人民大学出版社2000年版，第109—110页。

[3] 《刑法》第14条："明知自己的行为会发生危害社会的结果，并且希望或放任这种结果发生，因而构成犯罪的，是故意犯罪"；第15条："应当预见自己的行为可能发生危害社会的结果，因为疏忽大意而没有预见，或者已经预见而轻信能够避免，以致发生这种结果的，是过失犯罪"；第16条："行为在客观上虽然造成了损害结果，但是不是出于故意或者过失，而是由于不能抗拒或者不能预见的原因所引起的，不是犯罪。"

的关系,① 不管对污染环境罪的完成或者既遂的成立,还是对污染环境罪本身的成立,都具有关键作用。但值得强调的是,污染环境罪诉讼中的证据认定常涉及复杂的专业知识,与其他犯罪的因果关系认定相比较,该罪因果关系的复杂性主要有以下三方面的体现。第一,从行为上看,大多数涉嫌污染环境罪的案件损害结果由多个主体或者多个行为综合作用导致。第二,从时间上看,涉嫌污染环境罪的案件损害结果呈现的滞后性增加了从损害结果回溯污染行为的难度。第三,从空间上看,涉嫌污染环境罪的案件中被非法排放、倾倒、处置的污染物通常扩散性强。基于污染环境罪因果关系在行为、时间、空间上的复杂性,污染损害结果是否是某个具体主体的具体污染行为所致,在污染物潜伏的时间内是否有其他介入因素影响,污染物的空间扩散是否受到自然因素的影响等,都直接或者间接增加了污染环境罪因果关系认定的复杂性。毋庸置疑,不管污染环境罪中的因果关系认定如何复杂,但要证明排污企业或者治污主体触犯了污染环境罪,必须认定排污企业或者治污主体的行为与造成的环境损害后果之间存在因果关系。由此可见,因果关系的认定是环境污染第三方治理中刑事责任界定的关键因素。

综上所述,对于民事责任而言,因果关系是环境污染第三方治理中民事责任的构成要件之一;对于行政责任而言,因果关系虽非惯常考虑之构成要件,却是环境污染第三方治理主要涉及的环境行政责任的构成要件之一;对于刑事责任而言,虽然因果关系是否为其构成要件之一尚存争议,且通说认为因果关系仅是结果犯的构成要件之一,而环境污染第三方治理中涉及的罪名并非全是结果犯,但是,从我国《刑法》第14—16条的规定可以看出因果关系的认定依然是环境污染第三方治理中刑事责任界定的关键因素。概言之,因果关系理论与环境污染第三方治理中的责任界定具有密切联系。

第三节 "损害担责"原则

一 "损害担责"原则简介

"损害担责"原则是指"只要有环境污染和生态破坏的行为发生即

---

① 张明楷:《刑法学》,法律出版社2003年版,第174页。

为损害发生，行为人就要承担责任"的一项环境法基本原则。① "损害担责"原则目前常被理解为"环境污染者担责"原则与"生态破坏者担责"原则的结合，与"污染者担责"原则是包含与被包含关系。笔者认为，要厘清"损害担责"原则与"污染者担责"原则间的"包含与被包含"关系必须首先界定清楚"环境"与"生态"间的关系。所谓"生态"即生态系统，是指在一定时间和空间内生物与其生存环境以及生物与生物之间相互作用，彼此通过物质循环、能量流动和信息交换，形成的不可分割的自然整体，② 是自然界的基本单元，由生物群落和环境条件在一定范围内共同组成了一个动态的平衡系统③。"环境"概念包括广义上的"环境"概念和狭义上的"环境"概念。广义的"环境"即环境科学中界定的"环境"，是指人群周围的境况及其中可以直接、间接影响人类生活和发展的各种自然因素和社会因素的总体，包括自然因素的各种物质、现象和过程及在人类历史中的社会、经济成分，④ 结合前述"生态"的定义可知广义的"环境"概念包含了"生态"；狭义上的"环境"即我国《环境保护法》第2条规定的"环境"，是指影响人类生存和发展的各种天然的和经过人工改造的自然因素的总体，包括大气、水、海洋、土地、矿藏、森林、草原、湿地、野生动物、自然遗迹、人文遗迹、自然保护区、风景名胜区、城市和乡村等，结合前述"生态"的定义可知狭义的"环境"与"生态"属并列关系，即狭义的"环境"无法包含"生态"。在广义的"环境"概念下，"环境"包含"生态"，"环境污染者担责"原则自然就包含了"生态破坏者担责"原则，广义上的"污染者担责"原则就等同于"损害担责"原则，两者在内涵上根本不存在差别；在狭义的"环境"概念下，"环境"无法包含"生态"，狭义上的"污染者担责"原则自然就无法包含"生态破坏者担责"原则，只能体现"损害担责"原则的部分内涵，两者不能等同。但就其实质内容而言，演变中的"污染者负担"原则提出伊始就采

---

① 汪劲：《环境法学》，北京大学出版社2018年版，第60页。
② 胡乔木主编：《中国大百科全书·环境科学》，中国大百科全书出版社2002年版，第328页。
③ 汪劲：《环境法学》，北京大学出版社2018年版，第3页。
④ 胡乔木主编：《中国大百科全书·环境科学》，中国大百科全书出版社2002年版，第134页。

用了广义上的"环境"概念以及广义上的"污染者担责"原则,并未使用狭义上的"环境"概念以及狭义上的"污染者担责"原则。基于此,笔者认为,广义上的"污染者担责"原则包含了"生态破坏者担责"原则,"损害担责"原则就是广义上的"污染者担责"原则,若无特别说明,笔者后文提及的"污染者担责"原则均为广义上的"污染者担责"原则,与"损害担责"原则的内涵并无差别。

"污染者担责"是指对环境造成污染的单位和个人必须按照法律的规定采取有效措施对污染源和被污染的环境进行治理,并赔偿或者补偿因此造成的损失①。"污染者担责"原则也被称作"污染者负担"原则,经济合作与发展组织于1972年5月在一份名为《关于国际环境政策贸易方面的指导原则》文件中首次将其提出。②"污染者担责"原则提出的目的在于对预防和控制污染措施费用的分配进行指导,对稀缺环境资源的合理利用予以鼓励,从而避免国际贸易和投资的扭曲。1972年6月,联合国人类环境大会通过的《联合国人类环境宣言》(又称《斯德哥尔摩人类环境宣言》)第22条规定:"各国应进行合作,进一步发展'有关他们管辖或者控制之内的活动对他们管辖以外的环境和其他环境损害的受害者承担责任和赔偿问题'的国际法。"1992年6月,联合国环境与发展大会通过的《里约环境与发展宣言》第16条规定:"各国政府应努力促进环境成本的内在化和经济手段的利用,考虑原则上应由污染者承担污染成本,适当尊重公众的利益且不扭曲国际贸易和投资。""污染者担责"原则历经40余年已成为国际环境法和不少国家国内环境法的基本原则之一,在环境保护的法治化和经济社会的可持续发展进程中意义重大。"污染者担责"原则意味着污染者应当承担由公共机构决定实施的污染治理和控制措施的相关费用,以确保一种可接受的环境状态。③ 从经济原则到环境原则,从政策原则到法律原则,"污染者担责"原则见证了环境保护的重大价值和意义,即就整体而言"污染者担责"原则动态地跨越了环境法的整个横切面。④

---

① 陈泉生等:《环境法基本理论》,中国环境科学出版社2004年版,第145—146页。

② 1972年,经济合作与发展组织在一份名为《关于国际经济中的环境政策指导原则》的文件中正式提出"污染者担责"原则。参见徐正祥《中国的污染者负担原则演变综述》,《上海环境科学》2000年第3期。

③ 柯坚:《论污染者负担原则的嬗变》,《法学评论》2010年第6期。

④ 陈慈阳:《环境法总论》,中国政法大学出版社2003年版,第176页。

"污染者担责"原则在我国相关法律及规范性文件中的表述经历了一个发展演变过程,最初被表述为"谁污染谁治理"原则并在《环境保护法(试行)》(1979)中得以体现,①"谁污染谁治理"原则旨在表明造成环境污染的主体应当对其所污染的环境进行治理;②而后被表述为"污染者治理"原则并在《环境保护法》(1989)中得以体现,③"污染者治理"原则是对"谁污染谁治理"原则的简化,两者所表达含义并无差异;此后被表述为"污染者付费"原则并在《国务院关于环境保护若干问题的决定》(1996)中得以体现,④"污染者付费"原则将"污染者治理"原则中的"治理"改为"付费",旨在表明要将作为"行为义务"的"治理"变为作为"金钱义务"的"付费"。"污染者付费"原则多被等同于"污染者负担"原则,但实际上"付费"与"负担"是两个不同的概念,因为"污染者付费"仅仅意味着污染者只需承担金钱义务,而"负担"的内涵相对而言更为广泛,除包括金钱义务外,还可能包括环境影响评价、污染治理、"三同时"等义务,可为多种义务的集合。现行《环境保护法》在修订过程中,"污染者负担"原则又被称作"污染者担责"原则,且在草案二次审议稿、三次审议稿中均使用了"污染者担责"原则这一表述,但在四审中有专家对"污染者担责"原则的全面性提出质疑,认为将"污染者"的范围限于对环境造成污染的主体,体现了环境污染者的责任却未涵盖生态破坏者的责任。因此,现行《环境保护法》

---

① 《环境保护法(试行)》(1979)第 6 条规定:"已经对环境造成污染和其他公害的单位,应当按照谁污染谁治理原则,制定规划,积极治理,或者报请主管部门批准转产、搬迁";国务院《关于国民经济调整时期加强环境保护工作的决定》(1981)规定:"工厂企业及其主管部门,必须按照谁污染谁治理的原则,切实负起污染治理责任"。

② 唐绍均、魏雨:《论第三方治理合同无效情形下的环境侵权责任界定》,《重庆大学学报》(社会科学版)2020 年第 5 期。

③ 1989 年的《环境保护法》(1989)第 24 条:"产生环境污染和其他公害的单位,必须把环境保护工作纳入计划,建立环境保护责任制度;采取有效措施,防治在生产建设或者其他活动中产生的废气、废水、废渣、粉尘、恶臭气体、放射性物质以及噪声振动、电磁波辐射等对环境的污染和危害。"第 28 条:"排放污染物超过国家或者地方规定的污染物排放标准的企业事业单位,依照国家规定缴纳超标准排污费,并负责治理。水污染防治法另有规定的,依照水污染防治发的规定执行。"

④ 《国务院关于环境保护若干问题的决定》(1996)第七部分:"国务院有关部门要按照'污染者付费、利用者补偿、开发者保护、破坏者恢复'的原则……"

四审将"污染者担责"原则修改为"损害担责"原则。① 具言之,"损害担责"原则是"污染者担责"原则与"破坏者担责"原则的结合,主体范围更加广泛,不仅包括环境的污染者还包括生态的破坏者。当然,也有学者认为之所以《环境保护法》中不使用"污染者担责"原则而使用"损害担责"原则,其实是为了与"保护优先、预防为主、综合治理、公众参与"在文字表述上形成工整的"四字词组",仅是一个立法技术问题。

二 "损害担责"原则与环境污染第三方治理中的责任界定

环境污染第三方治理"从本质而言就是'污染者担责原则'的延伸与拓展,其将污染者的直接治理责任转变为一种间接责任,但污染者要承担污染治理费用,只是其利用合同将污染治理委托给第三方治污主体,这样双方就形成了委托代理关系"②,故"'污染者担责原则'为环境污染第三方治理模式的构建和完善提供了坚实的理论基础"③。如前所述,前述有关环境污染第三方治理中所体现的"污染者担责"原则实质上就是广义上的"污染者担责"原则,与"损害担责"原则的内涵并无差别。不管是《环境保护法(试行)》(1979)中体现的"谁污染谁治理"原则,《环境保护法》(1989)中体现的"污染者治理"原则,还是《国务院关于环境保护若干问题的决定》(1996)中体现的"污染者付费"原则,与现行《环境保护法》中体现的"损害担责"原则一样,或曾经是或当前是开展环境保护工作的重要指导原则,我国目前正大力推行的环境污染第三方治理实质上也是一项环境保护工作,当然也应以"损害担责"原则或者广义的"污染者担责"原则为重要指导原则。此外,《民法典》第七章中的"环境污染和生态破坏责任"部分与《环境侵权责任纠纷解释》(2020)中均用"侵权人"替代了原《侵权责任法》与原《环境侵权责任纠纷解释》中使用的"污染者",这一改变旨在表明"侵权人"不仅包

---

① 《环境保护法》第5条:"环境保护坚持保护优先、预防为主、综合治理、公众参与、损害担责的原则。"

② 刘加林等:《西部生态脆弱区环境污染第三方治理机制优化探析》,《生态经济》2017年第10期。

③ 张林鸿:《生态文明视野下环境污染第三方治理法治化》,《社会科学家》2018年第12期。

括环境的污染者还包括生态的破坏者，也体现了"损害担责"原则或者广义的"污染者担责"原则已经成为我国环境侵权法律修改与完善的重要指导原则。基于此，明确广义的"污染者"（包括生态破坏者与狭义的环境污染者）身份，细化"损害担责"原则或者细化广义的"污染者担责"原则，有助于优化环境污染第三方治理制度的顶层设计，为环境污染第三方治理制度的推广和发展提供理论指导。具言之，确定环境污染第三方治理中排污企业与治污主体谁为广义的"污染者"是明确环境侵权责任、行政责任以及刑事责任承担主体的关键。

广义的"污染者"是指污染源的控制与排放者，相当于《水污染防治法》中的"排污方"或者《固体废物污染环境防治法》中产生固体废物的"产品的生产者、销售者、进口者、使用者"或者"收集、贮存、运输、利用、处置体废物的单位和个人"。换言之，要符合广义的"污染者"的特点，必须兼具污染源的控制者与排放者的双重身份。值得注意的是，此处所称的"排放"是指污染物脱离排污企业或者治污主体的控制并进入外环境，根据《环境保护法》第 2 条的规定，环境是指影响人类生存和发展的各种天然的和经过人工改造的自然因素的总体，包括大气、水、海洋、土地、矿藏、森林、草原、湿地、野生生物、自然遗迹、人文遗迹、自然保护区、风景名胜区、城市和乡村等。因此，如果排污企业或者治污主体仅仅是将污染物排入管道、装入货车等工具进行运送而并未进入大气、水或者海洋等外环境，就不属于此处所称的"排放"。在传统的环境污染治理模式中，排污企业要亲自对自身所产生的污染物进行治理并排放，所以其无疑既是污染物的原始产生者，也是污染物的最终排放者，且其排放的污染物与环境污染之间存在因果关系，是绝对的"污染者"，应当承担因为环境污染而产生的各种责任。但是在环境污染第三方治理中，排污企业不再直接承担污染物的治理义务，而是通过环境污染第三方治理合同将污染物转移给治污主体进行治理，排污企业对治污主体的治污行为进行必要的监督。排污企业在某些情况下有可能并非污染物的最终排放者，而在治污主体成为污染物最终排放者的情况下，治污主体可能成为"污染者"。细化"损害担责"原则或者细化广义的"污染者担责"原则，有助于明确排污企业与治污主体何种情形下才是名副其实的"污染者"，甄别排污企业与治污主体中的一方是"污染者"还是双方皆为"污染者"，对于确定排污企业与治污主体在环境污染治理中的责任至为关键。依前文所述,环境污染第三方治理中存在多种模式的分类,例如委托治理模式与托管运营模式,集中治理模式与分散治理模式[①]以及独立型治理模式与嵌入型治理模式[②]等,由于这些模式的分类较为复杂,因此笔者在分析"损害担责"原则或者广义的"污染者担责"原则时并不打算采用这些分类,而是将其统一分为两类,即在排污企业场所内的环境污染第三方治理与在治污主体场所内的环境污染第三方治理,并以此分类为基础,对排污企业或者治污主体的"污染者"身份进行甄别,分别对其所应承担环境侵权责任、行政责任以及刑事责任予以"层进式"界定。

综上所述,细化"损害担责"原则或者广义的"污染者担责"原则,甄别环境污染第三方治理中排污企业与治污主体的"污染者"身份,对于界定环境污染第三方治理中的环境侵权责任、行政责任以及刑事责任均具有重要的指导作用。

[①] 邓可祝:《第三方治理中排污企业与第三方的责任分配》,《山东工商学院学报》2016年第3期。

[②] 刘宁、吴卫星:《"企企合作"模式下环境污染第三方治理民事侵权责任探究》,《南京工业大学学报》(社会科学版)2016年第3期。

第四章

环境污染第三方治理中责任界定的现存问题

第一节 环境污染第三方治理中责任界定的法源与实践

一 环境污染第三方治理中责任界定的法源

(一) 环境污染第三方治理中责任界定的立法概况

由于我国尚无专门法律规定环境污染第三方治理，因此有关环境污染第三方治理中的责任界定自然也没有专门规定，但是笔者认为，并不能据此得出环境污染第三方治理中的责任界定在我国"尚处于无法可依状态"的结论。环境污染第三方治理中可能存在的法律责任，即民事责任、行政责任与刑事责任，可以分别从《民法典》《环境保护法》与《刑法》等法律法规以及相关司法解释中找到部分依据，笔者将环境污染第三方治理中民事责任、行政责任与刑事责任界定的正式法源作如下梳理。

1. 环境污染第三方治理中民事责任界定的正式法源概览

环境污染第三方治理中主要可能存在四种类型的民事责任，包括两种与环境污染第三方治理合同相关的民事责任，即缔约过失责任与违约责任；两种与侵权相关的民事责任，即一般侵权责任（过错责任）与环境侵权责任（无过错责任）。

第一，与环境污染第三方治理中缔约过失责任相关的正式法源概览。基于环境污染第三方治理中的缔约过失责任因只涉及环境污染第三方治理中的合同主体,即排污企业与治污主体间因订立环境污染第三方治理合同所产生的缔约过失责任,与一般的民事合同缔约过失责任并无区别,① 因此,环境污染第三方治理中的缔约过失责任的正式法源包括但不限于《民法典》第500条、第501条规定,缔约过失责任的承担方式为赔偿损失。

第二,与环境污染第三方治理中违约责任相关的正式法源概览。环境污染第三方治理中的违约责任因只涉及环境污染第三方治理中的合同主体,即排污企业与治污主体间因订立环境污染第三方治理合同所产生的违约责任,与一般的民事合同违约责任并无区别,因此,环境污染第三方治理中的违约责任的正式法源包括但不限于《民法典》合同编第八章中的相关规定。

第三,与环境污染第三方治理中一般侵权责任相关的正式法源概览。与环境污染第三方治理中一般侵权责任通常产生于排污企业与治污主体之间,表现为排污企业侵犯治污主体的非环境权益或者治污主体侵犯排污企业的非环境权益,由于两者在环境污染第三方治理中相互侵犯的均为非环境权益,与一般的侵权责任并无区别,因此,环境污染第三方治理中的一般侵权责任的正式法源包括但不限于《民法典》侵权责任编第七章中有关一般侵权的规定。

第四,与环境污染第三方治理中环境侵权责任相关的正式法源概览。与环境污染第三方治理中环境侵权责任通常产生于排污企业或者治污主体与受害人之间,表现为排污企业或者治污主体侵犯受害人的环境权益,由于两者在环境污染第三方治理中侵犯了环境权益,与环境侵权责任并无区别②,因此,环境污染第三方治理中的环境侵权责任的正式法源包括但不限于《民法典》《环境侵权责任纠纷解释》(2020)以及《环境保护法》第65条中有关环境侵权责任的规定。根据《民法典》侵权责任编第七章中有关"环境污染和生态破坏责任"的规定,可以确定广义的"污染者"(包括"环境污染者"与"生态破坏者")应当承担环境侵权责任,但是尚不能据此直接确定应当由排污企业或者治污主体来承担相应的环境侵权

---

① 唐绍均、魏雨:《环境污染第三方治理中的侵权责任界定》,《重庆大学学报》(社会科学版) 2019 年第 1 期。

② 唐绍均、魏雨:《环境污染第三方治理中的侵权责任界定》,《重庆大学学报》(社会科学版) 2019 年第 1 期。

责任。根据《环境侵权责任纠纷解释》(2020)中的相关规定，可以进一步确定广义的"污染者"(包括"环境污染者"与"生态破坏者")所应承担的环境侵权责任，但囿于这些规定并未给出排污企业或者治污主体"污染者"身份的认定标准，按照《环境侵权责任纠纷解释》(2020)中的相关规定仍然无法确定环境侵权责任的承担主体是排污企业还是治污主体或者二者均为环境侵权责任的承担主体。此外，《环境保护法》第65条明确规定了从事防治污染设施维护、运营的机构在有关服务活动中弄虚作假，对造成的环境污染和生态破坏负有责任的"还应当与造成环境污染和生态破坏的其他责任者承担连带责任"。由于该规定涉及的从事防治污染设施维护、运营的机构可能是治污主体，似乎可以用于环境污染第三方治理的环境侵权责任界定，但是，该规定中只列举了从事防治污染设施维护、运营的机构"弄虚作假"这一种情形，加之《环境保护法》第64条明确规定："因污染环境和破坏生态造成损害的，应当依照《中华人民共和国侵权责任法》的有关规定承担侵权责任"，且《环境保护法》总体上属于行政法范畴，该规定能否用于界定治污主体的环境侵权责任还值得商榷。在环境污染第三方治理中，排污企业或者治污主体因为造成环境污染而应当承担的责任属于环境侵权责任，往往具有一定的特殊性。首先，在行为人主观方面，不以过错为归责原则，而采用无过错归责原则。其次，在行为方面，不以违法性为必要前提，而更加注重损害事实的客观性，即使行为没有违法，但造成了损害也要承担环境侵权责任，[①]例如，排放污染物没有超过标准，但造成损害。最后，在举证责任的分配方面，对加害行为与损害后果间因果关系的举证责任采用举证责任倒置，由被告负责举证证明其行为与损害后果之间不存在因果关系。

2. 环境污染第三方治理中行政责任界定的正式法源概览

环境污染第三方治理中行政责任的主体是环境行政主体（承担责任的主体主要应为直接负责的主管人员和其他直接责任人员）和环境行政相对人（排污企业或者治污主体）。环境行政主体直接负责的主管人员或者其他直接责任人员的行政责任应通过行政处分来追究，环境行政相对人的行政责任应通过行政处罚予以追究。基于此，环境污染第三方治理中环境行

---

① 唐绍均、魏雨：《环境污染第三方治理中的侵权责任界定》，《重庆大学学报》（社会科学版）2019年第1期。

政主体（承担责任的主体主要应为直接负责的主管人员和其他直接责任人员）行政责任的正式法源包括但不限于《环境保护法》第68条以及各环境污染防治单行法（如《水污染防治法》《大气污染防治法》《土壤污染防治法》《固体废物污染环境防治法》《放射性污染防治法》等）中有关行政处分的相关规定。与此同时，环境污染第三方治理中环境行政相对人（排污企业与治污主体）行政责任的正式法源包括但不限于《环境保护法》第五章法律责任中的相关规定以及各环境污染防治单行法（如《水污染防治法》《大气污染防治法》《土壤污染防治法》《固体废物污染环境防治法》《放射性污染防治法》等）中有关行政处罚的相关规定，但仅根据这些规定，并不能直接界定环境污染第三方治理中承担行政责任的主体究竟应为排污企业还是治污主体。

3. 环境污染第三方治理中刑事责任界定的正式法源概览

环境污染第三方治理中刑事责任的承担主体包括环境行政主体（承担责任的主体主要应为直接负责的主管人员和其他直接责任人员）、排污企业与治污主体。其中环境行政主体（承担责任的主体主要应为直接负责的主管人员和其他直接责任人员）的刑事责任的正式法源包括但不限于《刑法》第338条的污染环境罪、第385条和第388条的受贿罪、第387条的单位受贿罪、第397条的滥用职权罪和玩忽职守罪、第408条的环境监管失职罪的规定。至于排污企业或者治污主体的刑事责任的正式法源包括但不限于《环境保护法》第69条与《刑法》第六节破坏环境资源保护罪中第338条（污染环境罪）的规定，但是，根据这些规定，并不能直接判断环境污染第三方治理中承担刑事责任的主体究竟应为排污企业还是治污主体。

（二）环境污染第三方治理中责任界定的政策概况

国务院办公厅、原环保部、部分地方人民政府及相关主管部门制定了推行环境污染第三方治理的规范性文件，其中有关环境污染第三方治理中排污企业与治污主体责任界定的部分从政策层面对环境污染第三方治理中的责任界定进行了原则性规定。例如，国务院办公厅发布的《意见》指出："排污企业承担污染治理的主体责任，第三方治理企业按照有关法律法规和标准以及排污企业的委托要求，承担约定的污染治理责任"，原环保部发布的《实施意见》也有类似规定。但《意见》《实施意见》等规范性文件虽然对排污企业的"主体责任"与治污主体的"污染治理责任"

作了明确规定,但是,"主体责任"与"污染治理责任"并非专业法律术语,且前述规范性文件仅有原则性规定而欠缺可操作性,再加之这些规范性文件并非正式的法律渊源,导致实践中不管是行政主管部门还是司法机关均无法将其用于界定排污企业与治污主体的环境侵权责任、行政责任或者刑事责任。各省、自治区、直辖市人民政府以及其他地方人民政府或者其相关主管部门制定的推行环境污染第三方治理的规范性文件,要么照搬《意见》的规定,要么重申《环境保护法》和《民法典》中的相关内容,对环境污染第三方治理中的责任界定基本不具有实质性指导作用。

二 环境污染第三方治理中责任界定的实践

(一) 环境污染第三方治理中责任界定的行政处罚概况

行政处罚是指"行政主体为达到对违法者予以惩戒,促使其以后不再犯,有效实施行政管理,维护公共利益和社会秩序,保护公民、法人或其他组织的合法权益的目的,依法对行政相对人违反行政法律规范尚未构成犯罪的行为(违反行政管理秩序的行为),给予人身的、财产的、名誉的及其他形式的法律制裁的行政行为"[①]。行政处罚是行政行为中的行政执法行为,属于具体行政行为范畴。环境污染第三方治理中的行政处罚是指环境行政主体(主要是生态环境主管部门)依照法定职权和程序对违反行政法规范但尚未构成犯罪的排污企业或者治污主体给予的行政处罚。据不完全统计,2013年1月至2018年12月,[②]排污企业或者治污主体因为环境污染第三方治理被处以行政处罚的案件一共有263件。[③]其中,2013年有21件,2014年有19件,2015年有20件,2016年有108件,2017年有50件,2018年有45件。由此可见,环境污染第三方治理中排污企业或者治污主体被行政处罚的案件数量在2013—2015年都比较少且处于持平状态,在2016年案件数量激增,达到一个高峰期,2017年大幅度下跌,2018年与2017年的案件数量处于相对持平状态。

在前述环境污染第三方治理的行政处罚案例中,出具行政处罚决定书

[①] 姜安明:《行政法与行政诉讼法》,北京大学出版社1999年版,第220页。
[②] 因为环境污染第三方治理被正式命名于2013年,且诉讼周期较长,所以本书搜集的有关环境污染第三方治理中的民事案例、行政案例与刑事案例的起始年份均为2014年。
[③] 数据来源:威科先行法律信息库(行政处罚决定书)。

最多的行政主管部门是深圳市龙岗区环境保护局;行政处罚的种类主要包括罚款、责令停产停业、没收违法所得等;其中,环境污染第三方治理中最高频的行政处罚种类为罚款,罚款的额度大致为 300 元至 220 万元。在前述环境污染第三方治理的行政处罚案例中,行政处罚的对象是排污企业的案件有 216 件,行政处罚的对象是治污主体或者其他治污主体的案件有 47 件。[①] 由此可见,在环境污染第三方治理中,排污企业被行政处罚的案件数量远远超过治污主体被行政处罚的案件数量。[②] 环境污染第三方治理中行政处罚的事由主要包括:将危险废物交由无危险废物经营许可证的主体进行处置、无危险废物经营许可证处置危险废物、违法排污等,最高频的行政处罚事由是将危险废物交由无危险废物经营许可证的主体进行处置。行政处罚的法律依据主要有《固体废物污染环境防治法》第 39 条、第 80 条第 2 款与第 3 款、第 82 条第 1 款与第 2 款、第 102 条、第 112 条;《水污染防治法》第 9 条、第 21 条第 2 款;《北京市水污染防治条例》第 7 条等。

从以上数据可以看出:第一,总体而言,环境污染第三方治理中的行政处罚案件数量较多,尤以 2016 年的案件数量为最;第二,行政处罚的对象为排污企业的案件占据绝大多数;第三,最高频的行政处罚事由是排污企业将危险废物交由无危险废物经营许可证的主体进行处置。

(二) 环境污染第三方治理中责任界定的司法裁判概况

司法又称法的适用,通常是指国家司法机关及其司法工作人员依照法定职权和法定程序,具体运用法律处理案件的专门活动,主要包括民事司法、行政司法与刑事司法三大类。[③] 环境污染第三方治理中的司法是指司法机关依照法定职权和法定程序,具体运用有关环境污染第三方治理的民事法律、行政法律与刑事法律处理环境污染第三方治理中发生的民事案

[①] 其中被处罚主体为治污主体的案件 26 件,被处罚主体为治污企业或者"充当治污主体的个人"的案件 21 件。

[②] 其中不乏环境污染第三方治理中的排污企业与治污主体被分别立案并受到行政处罚的案件,比如根据《固体废物污染环境防治法》第 80 条第 2 款和第 3 款的规定,不管是不具备危险废物经营许可证的治污主体接受排污企业的委托处置危险废物,还是排污企业明知治污主体不具备危险废物经营许可证而将危险废物交由其处置,均可能受到行政处罚。

[③] 张式军、田亦尧:《后民法典时代民法与环境法的协调与发展》,《山东大学学报》(哲学社会科学版) 2021 年第 1 期。

件、行政案件与刑事案件的专门活动。

据不完全统计，2014年1月至2018年12月，环境污染第三方治理①案件共有271件②，其中包括民事案件74件，行政案件70件，刑事案件127件。由此可见，在环境污染第三方治理中，刑事案件数量最多，行政案件数量次之，③民事案件的数量相对最少。在涉及环境污染第三方治理的案件中，裁判于2014年的共19件，裁判于2015年的共21件，裁判于2016年的共24件，裁判于2017年的共26件，裁判于2018年的共24件，裁判于2019年的共55件，裁判于2020年的共102件。由此可见，涉及环境污染第三方治理的案件，2014—2018年每年的案件数量基本持平，2019年的案件数量较2018年增长超过一倍，2020年的案件数量较2019年增长近一倍。

在涉及环境污染第三方治理的民事案件中，审级最高的法院为高级人民法院，审理民事案件最多的法院为中级人民法院。司法裁判的法律依据主要有原《侵权责任法》第65条、第66条，《环境保护法》第64条等。案件的事由主要包括：治污主体（含企业和个人）无危险废物经营许可证，未妥善处置工业固体废物，随意排放碱性污水等；其中最高频的事由是治污主体（含企业和个人）无危险废物经营许可证。案件适用的责任承担方式主要有赔偿损失、消除危险、停止侵害等，其中最高频的责任承担方式是赔偿损失。其中，判决排污企业与治污主体均承担民事责任的案件数量最多，判决排污企业与治污主体承担连带责任的案件数量次之，判决排污企业承担民事责任的案件数量最少。

在涉及环境污染第三方治理的行政案件中，审级最高的法院为中级人民法院，审理行政案件最多的法院是中级人民法院。涉案事由主要包括排污企业或者治污主体对生态环境主管部门作出的行政处罚决定不服，具体而言，生态环境主管部门出具行政处罚决定书的原因包括治污主体（含企业和个人）无危险废物经营许可证、超标排污、非法处置固体废物等，其中最高频的处罚事由是治污主体（含企业和个人）无资质。这些案件都

---

① 本书搜集的环境污染第三方治理中的民事案件与刑事案件，其中的民事案件只包括环境侵权案件，刑事案件只包括涉及污染环境罪的案件。

② 数据来源：聚法案例、威科先行、裁判文书网等数据库。

③ 行政案件中，排污企业或治污主体起诉的主要原因是对生态环境主管部门出具的行政处罚决定不服。

以行政机关胜诉结案,而且原告为治污主体的案件数量远超过原告为排污企业的案件数量。

在涉及环境污染第三方治理的刑事案件中,审级最高的法院为中级人民法院,审理刑事案件最多的法院是基层人民法院。涉案的事由主要包括治污主体(含企业和个人)无危险废物经营许可证、私设暗管排放污水等,其中最高频的事由为治污主体(含企业和个人)无危险废物经营许可证。案件适用的刑罚主要是有期徒刑、拘役、罚金等,其中最高频的刑罚是有期徒刑。判决由排污企业与治污主体均承担刑事责任的案件数量最多(其中排污企业与治污主体构成污染环境罪共犯的案件数量超过50%),判决由治污主体承担刑事责任的案件数量次之,判决由排污企业承担刑事责任的案件数量最少。

从以上数据可以看出:第一,总体而言环境污染第三方治理中刑事案件的数量相对最多,民事案件的数量相对最少;第二,民事案件中排污企业与治污主体承担连带责任的居多;第三,行政案件以治污主体作为原告的居多,最终均以行政主体胜诉结案;第四,刑事案件中,以排污企业与治污主体构成污染环境罪共同犯罪的居多,适用最高频的刑罚为有期徒刑。

第二节 环境污染第三方治理中责任界定的现存问题

一 责任界定在立法层面的现存问题

根据前述"环境污染第三方治理中责任界定的立法概况"部分所梳理的有关法律规定可知:作为环境污染第三方治理中的监管者环境行政主体(承担责任的主体主要应为直接负责的主管人员和其他直接责任人员)可能存在的法律责任(包括行政责任与刑事责任)[①]、排污企业与治污主体因为环境污染第三方治理合同而可能存在的违约责任或者缔约过失

[①] 由于环境行政主体不是环境污染第三方治理合同的一方主体,因此环境行政主体在环境污染第三方治理中一般不会涉及民事责任,其涉及的法律责任主要是作为环境污染第三方治理的监管者可能承担的行政责任与刑事责任。

责任以及排污企业与治污主体给对方可能造成的一般侵权责任的界定均是非常明确的,即直接依据《环境保护法》《刑法》《民法典》的合同编或者侵权责任编等法律法规的相关规定就可将其加以明确界定。

首先,环境行政主体(直接负责的主管人员和其他直接责任人员)的行政责任或者刑事责任界定相较于一般情况下其他行政主体的责任界定并无实质性差异。基于界定环境行政主体(承担责任的主体主要应为直接负责的主管人员和其他直接责任人员)的行政责任或者刑事责任的具体规定相对明确,环境行政主体(承担责任的主体主要应为直接负责的主管人员和其他直接责任人员)的行政责任或者刑事责任的界定与一般情况下其他行政主体的责任界定并无实质性差异,至于具体应由环境行政主体中的哪些工作人员来承担环境污染第三方治理中的行政责任或者刑事责任,"以事实为依据、以法律为准绳",便可界定出直接负责的主管人员和其他直接责任人所应当承担的法律责任。

其次,排污企业与治污主体因环境污染第三方治理中而产生的违约责任与缔约过失责任相较于一般情况下其他合同主体间的责任界定并无实质性差异。基于界定排污企业与治污主体间因环境污染第三方治理合同而可能存在的违约责任与缔约过失责任的具体规定相对明确,排污企业与治污主体间因环境污染第三方治理合同而可能存在的违约责任与缔约过失责任的界定与一般情况下其他合同主体间的责任界定并无实质性差异,至于具体应由排污企业或者治污主体来承担环境污染第三方治理中的违约责任或者缔约过失责任,"以事实为依据、以法律为准绳",便可界定出排污企业或者治污主体所应承担的法律责任。违约责任与缔约过失责任的产生均基于环境污染第三方治理合同,[①] 要么是合同的一方主体向另一方主体承担违约责任或者缔约过失责任,要么是合同的双方主体均向对方承担违约责任或者缔约过失责任。详言之,违约责任是在环境污染第三方治理合同的履行过程中由于排污企业或者治污主体违反合同约定而产生,谁违反了合同约定,谁就是违约责任的承担主体,所以违约责任的主体要么是排污企业要么是治污主体;当然也有可能排污企业与治污主体均违反了合同约定,此时排污企业与治污主体均是违约责任的承担主体,均须向对方承担

---

① 唐绍均、魏雨:《环境污染第三方治理中的侵权责任界定》,《重庆大学学报》(社会科学版) 2019 年第 1 期。

违约责任。缔约过失责任是指在环境污染第三方治理合同订立过程中，由于排污企业或者治污主体违反因诚实信用原则所负的先合同义务造成对方的信赖利益损失而产生的一种弥补性民事责任，[①] 即谁在缔约过程中违反因诚实信用原则而产生的先合同义务谁就应当向对方承担缔约过失责任，缔约过失责任的主体要么是排污企业要么是治污主体；当然也可能排污企业与治污主体在缔约过程中均违反因诚实信用原则而产生的先合同义务，此时排污企业与治污主体均是缔约过失责任的承担主体，均需向对方承担缔约过失责任。

最后，排污企业与治污主体给对方造成的一般侵权责任相较于一般情况下加害人与受害人间的责任界定并无实质性差异。基于界定排污企业与治污主体给对方造成的一般侵权责任的具体规定相对明确，排污企业与治污主体给对方造成的一般侵权责任的界定与一般情况下加害人与受害人间的责任界定并无实质性差异，至于具体应由排污企业或者治污主体来承担环境污染第三方治理中的一般侵权责任，"以事实为依据、以法律为准绳"，便可界定出排污企业或者治污主体所应承担的法律责任。排污企业与治污主体给对方造成的一般侵权责任的承担主体不是排污企业就是治污主体，谁侵害对方的合法权益，符合侵权责任的构成要件，谁就应当向对方承担侵权责任；当然，如果彼此都侵害了对方的合法权益，排污企业与治污主体都是侵权责任的承担主体，均须向对方承担侵权责任。

综上所述，作为环境污染第三方治理中的监管者环境行政主体（承担责任的主体主要应为直接负责的主管人员和其他直接责任人员）可能存在的法律责任（包括行政责任与刑事责任）、排污企业与治污主体因为环境污染第三方治理合同而可能存在的违约责任或者缔约过失责任以及排污企业与治污主体给对方可能造成的一般侵权责任的界定，"以事实为依据、以法律为准绳"便可得出结论，无须特别关注，当然也就无须赘述。亟须特别关注的是环境污染第三方治理中一些情形尚不明确的责任界定，比如因违法排放污染物造成环境污染事故，此时的侵权责任、行政责任以及刑事责任应如何承担？第一，此时究竟是由排污企业与治污主体中的单方还是双方对外承担侵权责任，如果是单方对外承担侵权责任，究竟是排污企

[①] 唐绍均、魏雨：《环境污染第三方治理中的侵权责任界定》，《重庆大学学报》（社会科学版）2019年第1期。

业还是治污主体？如果是双方对外承担侵权责任，究竟是按份责任还是连带责任？第二，此时究竟是由排污企业与治污主体中的单方或者双方承担行政责任？如果是单方承担行政责任，究竟是排污企业或者是治污主体？如果是双方承担行政责任，排污企业或者治污主体如何分别承担？第三，此时究竟是由排污企业与治污主体中的单方或者双方承担刑事责任，如果是单方承担刑事责任，究竟是排污企业或者是治污主体？如果是双方承担刑事责任，排污企业或者治污主体如何分别承担？

（一）环境污染第三方治理中环境侵权责任的主体不明

在传统的环境污染治理模式下，由于排污企业兼具环境污染物的产生者与治理者的双重身份，即侵权人只有排污企业一方，在发生环境侵权后直接界定其环境侵权责任即可。[①] 在环境污染第三方治理中，如果排污企业与治污主体是完全相互独立的主体，在发生环境侵权后直接按照单独侵权或者数人侵权处理，排污企业与治污主体或者单独承担责任或者承担连带责任或者承担按份责任即可。但是由于排污企业与治污主体之间存在环境污染第三方治理合同，因此排污企业与治污主体严格意义上并不是完全相互独立的主体，而且排污企业与治污主体双方因为第三方治理这一事项建立了合同关系，环境侵权也发生在环境污染第三方治理合同的履行过程中或者至少与环境污染第三方治理合同的履行存在一定关系。因此，环境污染第三方治理中的环境侵权很难分清到底排污企业是侵权责任承担主体还是治污主体是侵权责任承担主体或者二者皆是侵权责任承担主体，也就在所难免地产生了环境侵权责任主体不明的问题。那么环境污染第三方治理合同对排污企业与治污主体的环境侵权责任划分有什么样的影响呢？《最高人民法院关于审理人身损害赔偿案件适用法律若干问题的解释》（简称《人身损害赔偿解释》）中第9条规定的"雇主责任"、第10条规定的"承揽人责任"等都是将合同关系作为基础来考虑侵权责任的承担主体，因此，基于合同的基础关系对于环境污染第三方治理中排污企业与治污主体环境侵权责任的责任划分应该存在一定影响。所以，笔者认为，由于环境污染第三方治理合同的存在，其中的环境侵权责任不能简单地按照单独侵权或者数人侵权来处理。因合同这层基础关系的存在，如果环境

---

① 唐绍均、魏雨：《环境污染第三方治理中的侵权责任界定》，《重庆大学学报》（社会科学版）2019年第1期。

侵权主体是排污企业或者治污主体一方,是否一定构成单独侵权?如果侵权主体是排污企业与治污主体两方,是否一定构成数人侵权?如果无法判断侵权主体到底是排污企业还是治污主体或者是排污企业与治污主体两方,应该由谁承担环境侵权责任?这些问题都困扰着环境污染第三方治理中环境侵权责任的界定。

(二)环境污染第三方治理中行政责任的主体不明

在传统的污染治理模式下,因为没有第三方治污主体的介入,排污企业的行政责任相对明确,排污企业对自己所产生的污染物有治理的义务,若拒绝履行自己的义务或者履行不善,则会因此产生并承担相应行政责任,极有可能被行政机关施以行政罚款等行政处罚。随着环境治理社会化、环保产业的发展以及国家政策的大力推动,排污企业通过专业的第三方治污主体治理污染物的现象逐渐常态化,因为环境污染第三方治理合同的存在,排污企业与治污主体并非严格意义上相互独立的主体,基于环境污染第三方治理合同的约定,排污企业将其排放的环境污染物转移给治污主体进行治理的同时,该合同对行政责任的承担是否存在影响?在环境污染第三方治理中出现行政违法行为后,排污企业与治污主体何者是承担行政责任的主体?抑或是两者都应当承担行政责任?有学者认为:"产污者"与"治污者"之间通过法律协议建立的委托治理关系不能对抗外在的行政管理,也就是说"产污者"仍然作为环保监管机制的行政相对人,而不因委托第三方治理将外部的环保责任一并转移给第三方,否则"治污者"承担超出其能力范围的风险,将不利于防范"产污者"的道德风险,也对第三方治理行业的发展有百害而无一利。[①] 原因在于:根据《环境保护法》42条第1款的规定:"排放污染物的企业事业单位和其他生产经营者,应当采取措施,防治在生产建设或者其他活动中产生的废气、废水、废渣、医疗废物、粉尘、恶臭气体、放射性物质以及噪声、振动、光辐射、电磁辐射等对环境的污染和危害",作为污染物排放单位的排污企业有防治污染的义务。申言之,依照《环境保护法》的规定,排污企业需承担的义务内容之一为防治污染,即排污企业有"预防"和"治理"环境污染物的义务。《环境保护法》属于公法的范畴,因此排污企业所肩负

[①] 杨飞:《环境污染第三方治理注意义务研究》,硕士学位论文,西南政法大学,2016年,第24页。

的防治污染义务应当属于公法上的义务,所以尽管排污企业与治污主体间签订了环境污染第三方治理合同,但是公法上的义务不会随着民事合同关系的建立而发生转移。也有学者认为:在行政责任中,我国立法上应明确规定,在环境污染第三方治理中,第三方治污主体是独立的环境行政法律关系主体,在一定条件下能够作为行政相对人独自承担相应的行政责任,并不能因为第三方企业是受托人而由排污企业代替其承担部分行政责任。[①] 因此,环境污染第三方治理中行政责任的承担主体到底是排污企业,还是治污主体,或者是排污企业与治污主体双方,尚待进一步厘清。

在环境污染第三方治理中,排污企业与治污主体签订的环境污染第三方治理合同符合法律规定,而后排污企业依法将污染物转移给具备法定条件的治污主体进行治理。假设在排污企业一切行为都符合法律规定的情况下,环境污染第三方治理中出现了行政违法的情形,譬如污染物治理后未达标即进行排放,此时按照《环境保护法》的规定,排污企业的污染治理义务并未随着环境污染第三方治理合同的签订而转移,由于排污企业是污染物的原始产生者,所以排污企业理应是行政责任的承担者。在现行的行政监管行为中,行政处罚的直接对象仍是各大排污企业。各种"按日计罚""查封扣押""罚款"等措施都针对具体排放污水的企业施行,但是具体排放污水的企业,有可能是原始的排污企业,当然也有可能是后期的污水治理企业,例如,污水集中处理厂在对污水进行必要的治理后对外排放,其也就成为具体排放污水的企业。如果排污企业在环境污染第三方治理中并没有行政违法行为却要承担行政责任,既有失公允,也于法无据。如果要求治污主体来承担行政责任是否宣示了环境污染第三方治理合同将排污企业的公法上的"治污义务"转移给了治污主体呢?如果要求治污主体承担行政责任,其法律依据何在?部分排污企业污染治理明显不合格,但生态环境主管部门通过抽查却无法发现,部分原因在于环境污染第三方治理企业协助污染企业欺骗执法部门。这种排污企业与治污主体沆瀣一气躲避环境行政主体监管的行为又应当如何确定行政责任的承担主体呢?不管由排污企业单独承担环境污染第三方治理中的行政责任还是由治污主体单独承担环境污染第三方治理中的行政责任,都势必会打击其中一

---

① 周珂、史一舒:《环境污染第三方治理法律责任的制度建构》,《河南财经政法大学学报》2015年第6期。

方采取环境污染第三方治理的积极性;若是由排污企业与治污主体分担行政责任,其法律依据何在?

(三) 环境污染第三方治理中刑事责任的主体不明

环境污染第三方治理中刑事责任产生的前提是行为人实施了犯罪行为,对于严重违法的环境污染行为,必须追究刑事责任才能达到惩罚污染者的目的。环境污染第三方治理中排污企业或者治污主体最有可能触犯的罪名是污染环境罪,根据《刑法》第338条规定,污染环境罪是指违反防治环境污染的法律规定,排放、倾倒或者处置有放射性的废物、含传染病病原体的废物、有毒物质或者其他有害物质,严重污染环境,依照法律应受到刑事处罚的行为。在传统的污染治理模式下,因为没有第三方治污主体的介入,排污企业的刑事责任相对明确,排污企业若"违反国家规定、排放、倾倒或者处置有放射性的废物、含传染病病原体的废物、有毒物质或者其他有害物质""严重污染环境"的,则应当承担由此产生的环境刑事责任。但是在环境污染第三方治理中,环境污染第三方治理合同的签订使排污企业与污染物治理出现了分离,治污主体成为专业的治污主体,对排污企业所排放的污染物进行治理,此时若"造成环境污染,后果严重",应当由谁来承担刑事责任呢?谁才是"违反国家规定,排放有害物质"的主体呢?关于环境污染第三方治理的行政责任,如果仍坚持行政法律责任与民事法律责任相对严格区分的体系,则排污企业的行政责任就不会因环境污染第三方治理合同而转移至治污主体或者与治污主体共同承担;如果治污主体的污染治理义务由环境污染第三方治理合同的约定转移而来,则治污主体未履行前述义务所导致的行政责任就应当由治污主体来承担。有学者认为由于排污企业肩负公法上的治污义务,而且该义务不因环境污染第三方治理合同发生转移,所以尽管存在治污主体的介入,仍应由排污企业来承担行政责任。[①] 行政责任与刑事责任同为公法上的责任,既然行政责任应当由排污企业承担,那刑事责任是否也应当由排污企业承担呢?

很显然,不区分情形就认定由排污企业自行承担环境污染第三方治理中的刑事责任既有失公允,也于法无据。诚然,环境污染第三方治理

---

① 胡丽珠、吕成:《环境污染第三方治理的监管》,《合肥学院学报》(社会科学版) 2015年第4期。

中可能存在排污企业承担刑事责任的情形，例如，治污主体严格按照环境污染第三方治理合同中约定的污染物数量、种类等进行专业的污染治理，而后对外排放，却出现了严重的环境污染后果，若有证据证明是排污企业向治污主体隐瞒了污染物的种类和数量等相关信息（治污主体无法自行察觉）而使治污主体没有采取对应的治污技术和配备相应的治污设备而导致严重的环境污染后果，则治污主体对于环境污染的发生没有任何过错，且治污主体的行为与环境污染的结果间不存在因果关系，而排污企业对于环境污染的发生却存在故意，所以此种情形下应当由排污企业承担环境污染第三方治理中的刑事责任。但是，实践中存在的情形远比列举的复杂得多，治污主体往往不能完全撇清自身行为与环境污染之间的因果关系，也难以证明自身对于环境污染的发生不存在过错，而且还有可能存在排污企业与治污主体为躲避环境行政主体监管而相互勾结致使环境污染的情形，例如，在西部生态脆弱区调查过程中，记者就发现环境污染第三方治理主体与排污主体之间存在相互勾结致使环境遭受污染的情形。[①] 如果排污企业与治污主体相互勾结致使环境污染，那治污主体是否与排污企业构成共同犯罪呢？有学者提出：根据2014年新修订的《环境保护法》第65条[②]规定的"……还应当与造成环境污染和生态破坏的其他责任者承担连带责任"，排污企业和第三方就成了承担刑事责任的连带主体，[③] 言下之意根据该条规定，"在有关环境服务活动中弄虚作假，对造成的环境污染和生态破坏负有责任的"就应当承担刑事责任，而且是与排污企业"连带"承担。笔者认为，该条规定的"连带责任"是针对民事性质法律责任的一种对外承担类型，根据"罪刑法定"原则，该条规定并不能用于解决环境污染第三方治理中的刑事责任界定问题。由此可见，环境污染第三方治理中刑事责任的承担主体究竟是排污企

---

① 刘加林等：《西部生态脆弱区环境污染第三方治理机制优化探析》，《生态经济》2017年第10期。

② 《环境保护法》第65条规定：环境影响评价机构、环境监测机构以及从事环境监测设备和防治污染设施维护、运营的机构，在有关环境服务活动中弄虚作假，对造成的环境污染和生态破坏负有责任的，除依有关法律法规规定予以处罚外，还应当与造成环境污染和生态破坏的其他责任者承担连带责任。

③ 马云：《水污染第三方治理机制中第三方的刑事责任》，《中国环境管理干部学院学报》2015年第2期。

业还是治污主体并不明确。

二 责任界定在政策层面的现存问题

根据前述"环境污染第三方治理中责任界定的政策概况"可知,《意见》《实施意见》以及其他规范性文件关于环境污染第三方治理中排污企业与治污主体"责任界定方案"可概括为一句话:"排污企业承担主体责任,治污主体承担污染治理责任"。这样的"责任界定方案"用于界定环境污染第三方治理中排污企业与治污主体间的侵权责任、行政责任与刑事责任难免过于笼统,既有排污企业"主体责任"与法律责任的规定难以对接的问题,也有治污主体"污染治理责任"亟须进一步细化等操作性问题。

(一) 环境污染第三方治理中排污企业"主体责任"的对接障碍

1. 主体责任的概念

"主体"既可以是哲学名词、摄影术语,还可以是法学用语。作为法学用语的"主体"一词至少具有三种意义上的使用:民事法律关系主体、犯罪主体与国际法主体。民事法律关系主体是指民事法律关系中享受权利和承担义务的自然人、法人或者其他组织;犯罪主体是指刑法中因犯罪而须承担刑事责任的自然人或者单位;国际法主体是指国际法中国际法权利的行使者与国际法义务的承担者,包括国家、争取独立的民族和国际组织。作为法学用语的"责任"一词至少具有三种意义上的使用:第一,应尽的义务;第二,没有尽到"应尽的义务"而应承担的不利后果;第三,应尽的义务和没有尽到"应尽的义务"而应承担的不利后果,即包括了第一种与第二种意义上的使用。将"主体"与"责任"两个词的各自含义加以结合,"主体责任"一词至少具有三种意义上的使用:第一,作为特定领域的"主体"分内应为之事、应尽的义务;第二,特定领域的"主体"因未做好自己的分内之事而须承担的各种不利后果;第三,特定领域的"主体"分内应为之事、应尽的义务和因未做好自己的分内之事而须承担的各种不利后果。实践中,"主体责任"的使用频率低于"主体"与"责任"二词的另一种组合"责任主体",比如民事"责任主体"、行政"责任主体"、刑事"责任主体"等,但是很显然"主体责任"意在强调"责任"的含义,"责任主体"意在强调"主体"的含义,两者的侧重点差异较大,不能等同。近年来,"主体责任"一词在党风廉政建设领域被多次提及，习近平总书记在十八届中央纪委三次全会上明确了党委"主体责任"的内容；中共中央也提出党委是党风廉政建设的"领导者、执行者、推动者"，强调"主体责任"是党委的直接责任，要求既要落实"主体责任"即强化集体领导的责任，又要切实落实领导干部个人的责任①。简言之，党风廉政建设领域的"主体责任"是指作为主体的"党委"在党风廉政建设领域应当承担的各种责任，其中"责任"一词的含义更多侧重于个体在党内纪律层面分内应做的事。因此，党委的"主体责任"可以被理解为党委作为党风廉政建设的"领导者、执行者、推动者"分内应为之事、应尽的义务，在党委"主体责任"的内容中并未体现"因未做好自己的分内之事而需承担的各种不利后果"的含义。

除党风廉政建设领域的涉及的"主体责任"外，《安全生产法》第3条②中规定了"强化和落实生产经营单位的主体责任"（被学者称为"企业安全生产主体责任"），但是《安全生产法》中并未对"主体责任"进一步作出界定。有学者在论文中将"企业安全生产主体责任"定义为：企业严格履行法律法规及相关标准规定的安全生产职能，为确保企业员工、设施设备及社会环境等利益相关者安全而采取措施应尽责任的总称，包括安全条件、安全管理和安全生产事故责任方面应承担的责任。③很显然，该定义中的"责任"仍然应当被理解为义务，因为企业作为安全生产的主体，"为确保企业员工、设施设备及社会环境等利益相关者安全而采取措施"，是一种企业为了确保安全生产而做的分内之事，体现的是义务的含义，并未体现不利后果的含义。此外，还有学者提及食品安全监管"主体责任"④、信息披露"主体责任"⑤以及会计"主体责任"⑥，这些

---

① 程同顺：《党风廉政建设主体责任论》，《人民论坛》2015年第11期。
② 《安全生产法》第3条："安全生产工作应当以人为本，坚持安全发展，坚持安全第一、预防为主、综合治理的方针，强化和落实生产经营单位的主体责任，建立生产经营单位负责、职工参与、政府监管、行业自律和社会监督的机制。"
③ 程柏松：《企业安全生产主体责任落实研究》，硕士学位论文，湖北工业大学，2016年，第7页。
④ 安珏：《食品安全监管主体责任研究》，《食品安全质量检测学报》2015年第1期。
⑤ 潘秀丽：《内部控制信息披露中相关主体责任界定的现状及改进》，《中国注册会计师》2006年第9期。
⑥ 杨钧皓：《基于会计视角的企业社会责任研究》，《财会通讯》2013年第21期。

"主体责任"中"责任"一词的含义均偏重于义务，并未体现"因未做好自己的分内之事而须承担的各种不利后果"的含义。

2. 排污企业"主体责任"与法律责任的规定难以对接

尽管《意见》《实施意见》等规范性文件中都有关于排污企业"主体责任"的表述，但是，对于何谓"主体责任"以及"主体责任"的边界为何，这些规范性文件均未将其予以明确界定。"主体责任"一词尽管在我国的法律（《安全生产法》第3条）中有所使用，但很难说其是一个明晰的法律术语，且目前的使用中其含义均偏向于义务的范畴，而不是一种法律责任。结合上文讨论的"主体责任"的含义可知，不管是党风廉政建设领域的"主体责任"、企业安全生产的"主体责任"，还是食品安全监管的"主体责任"、信息披露的"主体责任"以及会计的"主体责任"，其中的"责任"一词均偏重于"分内应为之事"，仅为义务含义层面的使用，不是偏重于"因未做好自己的分内之事而需承担的各种不利后果"，并非法律责任含义层面的使用。

环境污染第三方治理中包含三种性质的法律责任，即民事责任、行政责任与刑事责任。排污企业作为环境污染第三方治理的主体之一，在实践中可能因为自己的法律行为承担三种性质法律责任的一种、两种甚至三种，所以环境污染第三方治理中排污企业的法律责任可能是某一种性质的法律责任，亦可能是两种甚至三种性质法律责任的集合。根据前述"主体责任"的含义分析，其中的"责任"一词仅为义务含义层面的使用，并非法律责任含义层面的使用，可见"主体责任"并不能用于表述此处的三种性质的法律责任，原因在于《意见》《实施意见》等规范性文件中关于排污企业"主体责任"的表述并不能与法律责任在"概念上"实现对接，当然也就无法与法律责任的"规定上"实现对接。概言之，《意见》《实施意见》等规范性文件中关于排污企业"主体责任"的表述，根本无法用于环境污染第三方治理中民事责任、行政责任与刑事责任的界定。

此外，《意见》《实施意见》等规范性文件中关于排污企业"主体责任"的表述仅仅强调了排污企业作为环境污染第三方治理的主体应当承担责任，但是如前所述环境污染第三方治理的主体除排污企业外，还有环境行政主体（承担责任的主体主要应为直接负责的主管人员和其他直接责任人员）与治污主体。尽管《意见》《实施意见》等规范性文件在排污企业的"主体责任"外还提及治污主体的"污染治理责任"，但却忽略了环境行政主体（承担责任的主体主要应为直接负责的主管人员和其他直接责任人员）也是环境污染第三方治理的主体，也存在承担相应法律责任的可能性。

由此可见，要将党风廉政建设领域的"主体责任"以及企业安全生产的"主体责任"，还有食品安全监管的"主体责任"、信息披露的"主体责任"以及会计的"主体责任"用于环境污染第三方治理中民事责任、行政责任与刑事责任的界定还有待进一步探究如何实现概念的对接以及主体的全面纳入。

笔者认为，《意见》《实施意见》等规范性文件中排污企业"主体责任"的表述根本不能用于环境污染第三方治理中民事责任、行政责任与刑事责任的界定，而仅能用于强调排污企业在环境污染第三方治理过程中居于"关键地位"，排污企业务必在环境污染第三方治理中发挥与其地位相一致的"关键作用"，与排污企业在环境污染第三方治理过程中"责任重大"的表述极其类似。

从表面上看，排污企业对于污染物治理的义务源于"污染者担责"原则，在治污主体介入前，排污企业超量、超标排污造成环境污染时，"产污者"就等同于污染者，①此种情形下排污企业理应"责任重大"。但在推行环境污染第三方治理模式后，治污主体介入环境污染治理，针对环境污染第三方治理模式，不妨作如下假设：如果不存在作为环境污染物直接产生者的排污企业，就无须存在作为环境污染物专业治理者的第三方治污主体，环境行政主体亦无须对排污企业、治污主体的排污等情况实施必要的监管，可见排污企业是环境污染第三方治理模式得以推行的"始作俑者"，在环境污染第三方治理中居于"关键地位"，发挥着"关键作用"，此种情形下排污企业依然"责任重大"。

尽管如此，《意见》《实施意见》等规范性文件中排污企业的"主体责任"的表述也并非毫无价值，至少可以隐约表明：排污企业在环境污染第三方治理过程中既有可能承担自身超量、超标排污所造成的不利后果，也有可能承担对治污主体监督不力、"治污"不成而"致污"的不利后果；既有可能承担民事责任，也有可能承担行政责任，还有可能承担刑事

---

① 唐绍均、魏雨：《环境污染第三方治理中的侵权责任界定》，《重庆大学学报》（社会科学版）2019年第1期。

责任；既有可能企业自身因此承担责任，也有可能企业的直接负责的主管人员和其他直接责任人员承担相应责任。①

（二）环境污染第三方治理中治污主体"污染治理责任"的对接障碍

"污染治理责任"中的"污染"一词既有名词属性，亦有动词属性，结合前后语境理解，此处的"污染"应为名词属性，意为"污染物"。"污染治理责任"中的"治理"一词既有名词属性，亦有动词属性，结合前后语境理解，此处的"治理"应为动词属性，意为"处理"。"治理"一词主要用于国家公共事务的管理活动，结合前后语境理解，此处的"治理"应指采取工程或者非工程的方法、措施进行改善或者消除的过程。结合前后语境理解，可将"污染""治理"二词加以结合表述的"污染治理"定义为对各种类型的污染物采取工程或者非工程的方法、措施使之得以改善或者消除的过程。如前所述，作为法学用语的"责任"一词至少具有三种意义上的使用：第一，应尽的义务；第二，没有尽到"应尽的义务"而应承担的不利后果；第三，应尽的义务和没有尽到"应尽的义务"而应承担的不利后果，即包括了第一种与第二种意义上的使用。结合前后语境理解，"污染治理责任"一词也至少具有三种意义上的使用：第一，应尽的污染治理义务；第二，没有尽到"应尽的污染治理义务"而应承担的不利后果；第三，应尽的污染治理义务和没有尽到"应尽的污染治理义务"而应承担的不利后果，即包括了第一种与第二种意义上的使用。基于"污染治理"可以包括水污染治理、大气污染治理、土壤污染治理以及海洋污染治理，所以，"污染治理责任"一词至少可以用于表述为：第一，在水污染治理、大气污染治理、土壤污染治理以及海洋污染治理活动中应尽的污染治理义务；第二，在水污染治理、大气污染治理、土壤污染治理以及海洋污染治理活动中没有尽到"应尽的污染治理义务"而应承担的不利后果；第三，在水污染治理、大气污染治理、土壤污染治理以及海洋污染治理活动中应尽的污染治理义务和在水污染治理、大气污染治理、土壤污染治理以及海洋污染治理活动中没有尽到"应尽的污染治理义务"而应承担的不利后果。②

---

① 邰鑫杰：《论环境行政责任》，硕士学位论文，长春理工大学，2012年，第13页。
② 唐绍均、魏雨：《环境污染第三方治理中的侵权责任界定》，《重庆大学学报》（社会科学版）2019年第1期。

那么,《意见》等规范性文件(《实施意见》中未提及"污染治理责任")表述的治污主体的"污染治理责任"究竟是哪种含义上的使用呢?《意见》《实施意见》等规范性文件本身并未予以明确。纵览我国既有的法律法规条文,并不能从中找到"污染治理责任"的表述。但是,纵览我国学界既有的法学文献,从中不难找到"污染治理责任"的表述,有多位学者在其论文中提及"污染治理责任",甚至有一些学者还将其写入论文的标题,如"地方政府承担主要污染治理责任"[1] "中小企业更有可能逃避污染治理责任"[2] "污染者仍要承担污染治理责任"[3] "企业积极履行环境保护和污染治理责任"[4] "土壤污染治理责任"[5] 等。笔者经过仔细阅读论文内容后发现:这些论文中所谈到的"污染治理责任"的含义偏重于"分内应为之事",多为义务含义层面的使用,即前述第一种意义上的使用。

笔者认为,《意见》等规范性文件中关于治污主体的"污染治理责任"表述,不管选择哪种含义上的使用,都与排污企业"主体责任"的表述一样,无法为环境污染第三方治理中民事责任、行政责任与刑事责任的界定提供实质性帮助,原因在于:环境污染第三方治理中治污主体的"污染治理责任"与法律责任的规定无法对接。

尽管《意见》等规范性文件中有关于治污主体的"污染治理责任"的表述,但是,对于何谓"污染治理责任"以及责任的边界为何,这些规范性文件并没有对其进行明确界定。《实施意见》并未提及"污染治理责任",将相关内容表述为:"第三方治理单位应按有关法律法规和标准及合同要求,承担相应的法律责任和合同约定的责任",事实上将治污主体承担的责任表述为"法律责任和合同约定的责任"值得商榷,原因在于:"合同约定的责任"也属于"法律责任",即"法律责任"与"合同约定的责任"属于包含与被包含的关系,此处用"和"字并列明

---

[1] 彭小雅:《对于完善我国绿色税制的思考》,《经济研究参考》2017年第41期。
[2] 陈霞、许松涛:《工业企业环保税审计风险评估研究》,《财会通讯》2017年第34期。
[3] 张梓太、张乾红:《我国环境侵权责任保险制度之构建》,《法学研究》2006年第3期。
[4] 李国平、张文彬:《地方政府环境规制及其波动机理研究——基于最优契约设计视角》,《中国人口·资源与环境》2014年第10期。
[5] 王欢欢、蔡守秋:《完善我国土壤污染治理责任制度的思考》,《中州学刊》2016年第5期。

显不当。

此外，在一些地方人民政府出台的推行环境污染第三方治理的实施意见中还有其他表述，例如，《云南实施意见》有如下表述："第三方治理企业按照有关法律法规和标准以及合同要求开展污染治理，在环境服务活动中因管理不善、弄虚作假造成环境污染的，承担相应法律责任和连带责任，并赔偿对排污单位造成的经济损失"；《河北实施意见》有如下表述："第三方治理企业按照有关法律法规和标准以及合同开展污染治理，在有关环境服务活动中因管理不善、弄虚作假造成环境污染的，依法承担相关行政法律责任和连带责任，并依约补偿排污单位经济损失"。前述规范性文件中提及的"第三方治理企业"就属于本书所称的治污主体，《云南实施意见》中治污主体承担的为"相应法律责任和连带责任"，《河北实施意见》中治污主体承担的为"行政法律责任和连带责任"。

笔者认为，《云南实施意见》中的治污主体承担"相应法律责任和连带责任"这一表述值得商榷，原因在于："连带责任"也属于"法律责任"，即"法律责任"与"连带责任"属于包含与被包含关系，此处用"和"字并列明显不当。《河北实施意见》中的治污主体承担"行政法律责任和连带责任"这一表述也值得商榷，原因在于：连带责任是民事责任的一种，基于此，《河北实施意见》仅有行政责任与民事责任的表述，欠缺刑事责任的表述，至少未能全面涉及环境污染第三方治理中的责任界定。此外，《云南实施意见》与《河北实施意见》均未在表述中明确前述责任与《意见》等规范性文件中所称治污主体的"污染治理责任"是何关系。

在环境污染第三方治理中，治污主体作为治理污染物的专门主体，其主要任务就是对排污企业所排出的环境污染物进行专业治理，最理想的状态是治污主体每次都能够圆满地完成自己的治污任务，使排污企业产生的污染物经治理后得以达标排放，甚至实现零排放，不给环境以及他人人身、财产造成任何损害。但是，治污主体作为追求利益最大化的市场主体，既可能基于成本的考虑，也可能囿于技术的制约，在环境污染第三方治理过程中并不能每次都能对污染物的治理达到理想状态。如果在环境污染物治理过程中，治污主体实施了不当的行为而导致污染物治理不达标、环境受到污染的状况，则治污主体应当承担因此产生的不利后果，这种不利后果应该就是《意见》等规范性文件中所称治污主体的"污染治理责任"。

如前所述,环境污染第三方治理中包含三种性质的法律责任,即民事责任、行政责任与刑事责任,那么治污主体的"污染治理责任"是否就可以对应这三种性质的法律责任,因为这三种性质的法律责任均为环境污染第三方治理中的"污染治理"而产生的"责任"?假设治污主体承担了前述三种性质的法律责任,那么排污企业的"主体责任"是否就没有必要多此一举在《意见》等规范性文件中作出表述?若假设成立,《实施意见》《云南实施意见》与《河北实施意见》中有关治污主体承担法律责任的表述那就纯属"节外生枝"。笔者认为,之所以会存在前述质疑,原因就在于:第一,《意见》等规范性文件并未明确"污染治理责任"是在何种含义上的使用;第二,《意见》等规范性文件并未明确"污染治理责任"与排污企业的"主体责任"的边界。由此可见,《意见》等规范性文件中关于治污主体"污染治理责任"的表述无法对接法律责任的规定,根本不能用于环境污染第三方治理中民事责任、行政责任与刑事责任的界定。

综上所述,《意见》等规范性文件中规定排污企业的"主体责任"与治污主体的"污染治理责任"仅为原则性规定而欠缺可操作性,加之《意见》等规范性文件并非正式法源,根本不能用于环境污染第三方治理中民事责任、行政责任与刑事责任的界定。

三 责任界定在行政处罚层面的现存问题

本部分将对环境污染第三方治理案件中具有代表性的行政处罚案件进行梳理,并对我国环境污染第三方治理中被行政处罚的主体进行对比分析,以期发现环境污染第三方治理中责任界定在行政处罚层面的现存问题。

表 4-1　环境污染第三方治理行政处罚典型案例及其被处罚主体

序号	案情简介	被处罚主体	法律依据
案例一①	河池市第一人民医院于 2014 年 10 月至 2016 年 7 月,将产生的 247.61 吨医疗废物提供给来宾市鑫宾医疗废物处置有限责任公司收集、处置,违反原《固体废物污染环境防治法》的规定	排污企业:河池市第一人民医院	原《固体废物污染环境防治法》第 57 条第 3 款

---

① 广西壮族自治区环境保护厅桂环罚字〔2016〕25 号行政处罚决定书。

续表

序号	案情简介	被处罚主体	法律依据
案例二①	宜州市人民医院于2014年10月至2016年7月,将产生的107.949吨医疗废物提供给来宾市鑫宾医疗废物处置有限责任公司收集、处置,违反原《固体废物污染环境防治法》的规定	排污企业:宜州市人民医院	原《固体废物污染环境防治法》第57条第3款
案例三②	宜州市中医医院于2014年10月至2016年7月,将产生的117.781吨医疗废物提供给来宾市鑫宾医疗废物处置有限责任公司收集、处置,违反原《固体废物污染环境防治法》的规定	排污企业:宜州市中医医院	原《固体废物污染环境防治法》第57条第3款
案例四③	南丹县人民医院于2014年10月至2016年7月,将产生的91.58吨医疗废物提供给来宾市鑫宾医疗废物处置有限责任公司收集、处置,违反原《固体废物污染环境防治法》的规定	排污企业:南丹县人民医院	原《固体废物污染环境防治法》第57条第3款
案例五④	宁波长江能源科技有限公司擅自将危险废物(主要是黄钠铁矾渣)提供给无危险废物经营许可证的余姚万成新型材料有限公司进行处置,违反原《固体废物污染环境防治法》的规定	排污企业:宁波长江能源科技有限公司	原《固体废物污染环境防治法》第57条第3款
案例六⑤	余姚万成新型材料有限公司在未取得危险废物经营许可证的情况下,擅自处置危险废物,违反原《固体废物污染环境防治法》的规定	治污主体:余姚万成新型材料有限公司	原《固体废物污染环境防治法》第57条第3款

在"案例一"至"案例四"这四个行政处罚案件中,涉案事由均为排污企业将危险废物委托给不具备危险废物经营许可证的治污主体处置,其中排污企业共四家,均为医院,四个行政处罚案件中的治污主体为同一家单位,均为来宾市鑫宾医疗废物处置有限责任公司。这四家医院被行政处罚的法律依据均为原《固体废物污染环境防治法》第57条第3款⑥的规定:"禁止将危险废物提供或者委托给无经营许可证的单位从事收集、

---

① 广西壮族自治区环境保护厅桂环罚字〔2016〕26号行政处罚决定书。
② 广西壮族自治区环境保护厅桂环罚字〔2016〕27号行政处罚决定书。
③ 广西壮族自治区环境保护厅桂环罚字〔2016〕28号行政处罚决定书。
④ 余姚市环境保护局余环罚字〔2016〕194号行政处罚决定书。
⑤ 余姚市环境保护局余环罚字〔2016〕172号行政处罚决定书。
⑥ 对应《固体废物污染环境防治法》(2020)第80条第3款:"禁止将危险废物提供或者委托给无许可证的单位或者其他生产经营者从事收集、贮存、利用、处置活动。"

贮存、利用、处置的经营活动。"但是原《固体废物污染环境防治法》第57条第2款①还有如下内容："禁止无经营许可证或者不按照经营许可证规定从事危险废物收集、贮存、利用、处置的经营活动"，按此规定无危险废物经营许可证的治污主体来宾市鑫宾医疗废物处置有限责任公司也应受到行政处罚。概言之，根据原《固体废物污染环境防治法》第57条第2款、第3款的规定，不管是排污企业将危险废物交给无危险废物经营许可证的治污主体进行处置，还是治污主体在没有危险废物经营许可证的情况下接受排污企业的委托而对危险废物进行处置，均应受到行政处罚。但是，作为无危险废物经营许可证的治污主体来宾市鑫宾医疗废物处置有限责任公司却并未因无危险废物经营许可证接受排污企业的委托处置危险废物而受到行政处罚。

通过深入研究"案例五"与"案例六"，不难发现：两个行政处罚案件中的被处罚主体为同一环境污染第三方治理合同的缔约双方，即排污企业与治污主体均被行政处罚，但按两个案件分别办理。"案例五"中被处罚主体为排污企业宁波长江能源科技有限公司，该公司将危险废物委托给无经营许可证的治污主体余姚万成新型材料有限公司进行处置。"案例六"中被处罚主体为治污主体余姚万成新型材料有限公司，该公司无危险废物经营许可证，但接受排污企业宁波长江能源科技有限公司的委托处置危险废物。再对比一下"案例一"至"案例四"，在这四个案件中作为无危险废物经营许可证的治污主体来宾市鑫宾医疗废物处置有限责任公司，该公司并未因无危险废物经营许可证接受排污企业的委托处置危险废物而受到行政处罚。

无独有偶，笔者搜集并研究了一些被处罚主体为治污主体的"污水处理厂②案件"，发现作为治污主体的污水处理厂往往因为"排放的水污染物超过国家或者地方规定的污染物排放标准"而受到行政处罚。但是，作为治污主体的污水处理厂往往提出抗辩理由：之所以污水处理厂"排放的水污染物超过国家或者地方规定的污染物排放标准"原因往往是排污企业交

---

① 对应《固体废物污染环境防治法》（2020）第80条第2款："禁止无许可证或者未按照许可证规定从事危险废物收集、贮存、利用、处置的经营活动。"

② 污水处理厂可能处理的是市政污水，也可能处理的是排污企业排放的污水，此处讨论的是污水处理厂处理排污企业排放污水的情况。

由污水处理厂进行治理的污水本身超标，此种情形下仅仅处罚作为治污主体的污水处理厂而不"追根溯源"处罚排污企业明显不当。如果作为治污主体的污水处理厂最终"排放的水污染物超过国家或者地方规定的污染物排放标准"是因排污企业的原因而造成，此种情形下能否只处罚治污主体而不处罚排污企业？由此可见，环境污染第三方治理中的责任界定在行政处罚上的主要问题是：被行政处罚的对象究竟是排污企业、治污主体中的一方还是双方？如果是一方，究竟是排污企业、治污主体中的哪一方？

四　责任界定在司法裁判层面的现存问题

本部分将对环境污染第三方治理中所涉及的具有代表性的民事案件、行政案件以及刑事案件进行梳理，对这些真实案例的司法裁判结果以及理由加以对比，以期发现环境污染第三方治理中的责任界定在司法裁判层面的现存问题。

（1）环境污染第三方治理中的环境侵权责任界定在司法裁判层面较为典型的案例（见表4-2）。

表4-2　环境污染第三方治理中的环境侵权责任界定典型司法案例

序号	案情简介	责任承担主体	裁判说明
案例一[①]	2012年1月至2013年2月，常隆公司、锦汇公司、施美康公司、申龙公司、富安公司、臻庆公司6家企业违反环保法规，将其生产过程所产生的废盐酸、废硫酸等危险废物总计2.6万吨，以支付每吨20元到100元不等的价格，交给无危险废物处理资质的中江公司、祥峰公司、鑫源公司、全慧公司等主体偷排到当地河中，导致水体严重污染，造成重大环境损害	排污企业：常隆公司等六家公司	常隆公司等六家公司负有防范其生产的副产酸污染环境的义务，其向并不具备副产酸处置能力和资质的企业销售副产酸，应视为是一种在防范污染物对环境污染损害上的不作为，该不作为与环境污染损害结果之间存在法律上的因果关系，六家公司主观上具有非法处置危险废物的故意，客观上造成了环境严重污染的结果，六家公司的补贴销售行为是违法倾倒案涉副产酸得以实施的必要条件，也是造成河流环境污染的直接原因，应该承担对环境污染进行修复的赔偿责任，赔偿数额根据各自销售的副产酸比例确定

[①] 江苏省高级人民法院〔2014〕苏环公民终字第00001号民事判决书。

续表

序号	案情简介	责任承担主体	裁判说理
案例二①	2013年9月至2014年5月，德司达公司在明知王占荣无废硫酸处置资质的情况下，多次将公司生产过程中产生的废硫酸以每吨处置费580元的价格交给王占荣处置。王占荣明知船东丁卫东无废硫酸处置资质，仍将废硫酸以每吨处置费150元的价格交给丁卫东处置。丁卫东安排船工孙新山、钱存林、张建福、王礼云等人将其中2698.1吨废硫酸倾倒至泰东河、新通扬运河水域，严重污染环境	排污企业：德司达公司	德司达公司的低价处置行为以及对危险废弃物放弃监督的不作为与该危险废物被非法排放所造成的环境污染损害后果之间存在法律上的因果关系，德司达公司应该为此承担生态环境损害赔偿责任
案例三②	中安公司经营的粗钢工厂无危险废物经营资质、未依法取得建设项目环境影响评价审批同意、未配套任何污染防治设施。2016年1月6日，中安公司与珊田公司签订《合作协议》，约定珊田公司为中安公司的粗钢生产提供资金支持、派人参与中安公司的经营管理和业务购销，并约定了盈利分配比例。中安公司先后与沿江公司、博凯公司、龙天勇公司订立危险废物购销合同，三公司向中安公司提供的危险废物共计792.28吨，分别占总重量的36.84%、18.82%、44.34%。中安公司在生产过程中，将未经处理的含重金属及砷的废液、废水，通过私设暗管的方式，直接排入袁河和仙女湖流域，造成新余市第三饮用水厂供水中断的特别重大环境突发事件	排污企业：沿江公司、博凯公司、龙天勇公司 治污主体：中安公司、珊田公司③	中安公司非法从事粗钢生产活动，在粗钢生产的过程中，通过私设的暗管，偷排含重金属及砷的废液、废水，严重污染生态环境，造成特别重大环境突发事件，具有明显过错，其环境侵权行为与环境损害之间具有因果关系。珊田公司明知中安公司的情况，仍为中安公司提供资金，参与非法经营，存在明显的过错，其与中安公司之间构成共同侵权，应当与中安公司共同承担环境侵权责任。龙天勇公司、博凯公司、沿江公司违反国家禁止性环保法律规定，向不具有危险废物经营许可证的中安公司提供危险废物，具有明显的过错，均应与中安公司共同承担环境侵权责任。其中，中安公司是环境侵权行为的直接实施者，对环境侵权损害后果具有重大的过错（65%）；珊田公司为其提供资金，具有一定的过错（15%）；龙天勇公司、博凯公司、沿江公司为其非法提供的危险废物，亦具有一定的过错（三公司根据提供危险废物的比例分担20%的侵权责任）

---

① 江苏省南京市中级人民法院〔2016〕苏01民初1203号民事判决书。
② 江西省高级人民法院〔2018〕赣民终189号民事判决书。
③ 本案中珊田公司作为中安公司的投资人，不仅给予中安公司运作资金，还参与中安公司的经营管理，因此其与中安公司一样属于治污主体。

续表

序号	案情简介	责任承担主体	裁判说理
案例四①	2013年藏金阁公司与首旭公司订立为期4年的《委托运行协议》,约定由首旭公司使用藏金阁公司所有的废水处理设备对电镀工业中心废水进行处理。2014年8月,藏金阁公司在改造废酸收集池时保留了一根暗管,首旭公司自2014年9月起,在明知的情况下一直利用该暗管将未经处理的含重金属废水直接排放至外环境。经查,从2014年9月1日至2016年5月5日违法排放废水量共计145624吨,严重污染环境	治污主体：藏金阁公司、首旭公司②	藏金阁公司与首旭公司构成环境污染共同侵权的证据已达到高度盖然性的民事证明标准,应当认定藏金阁公司和首旭公司对于违法排污存在主观上的共同故意和客观上的共同行为,二被告构成共同侵权,依据原《侵权责任法》第8条③承担连带责任
案例五④	2010年上半年至2014年9月,许建惠、许玉仙在江苏省常州市武进区遥观镇东方村租用他人厂房,在无营业执照、无危险废物经营许可证的情况下,擅自从事废树脂桶和废油桶的清洗业务。洗桶产生的废水通过排污沟排向无防渗漏措施的露天污水池,产生的残渣被堆放在污水池周围	治污主体：许建惠、许玉仙	许建惠、许玉仙的行为与环境污染损害后果之间存在因果关系。污水池附近区域的地下水中检测出的污染物与洗桶产生的特征污染物相同,而周边的纺织、塑料和铝制品加工企业等不会产生该系列的特征污染物

---

① 重庆市第一中级人民法院〔2017〕渝01民初773号民事判决书。

② 本案的排污企业是藏金阁电镀工业园内的电镀企业,藏金阁公司是电镀工业园内的物业管理公司,其身份是治污主体,首旭公司是藏金阁公司找的运营污染治理设备的企业,其身份也是治污主体。

③ 对应《民法典》侵权责任编第168条："二人以上共同实施侵权行为,造成他人损害的,应当承担连带责任。"

④ 江苏省常州市人民检察院诉许建惠、许玉仙民事公益诉讼案（检例第28号）。

续表

序号	案情简介	责任承担主体	裁判说理
案例六①	浩盟公司、日新公司明知佳余公司不具备处理危险废物的经营资格而委托其处理废酸，佳余公司明知蒋荣祥不具备处置危险废物的经营资格，擅自将其公司以及浩盟公司、日新公司的废酸委托蒋某个人处理，蒋某雇用董某为驾驶员，于2011年2月至3月，将六车废酸倾倒在叶榭镇红先河内，造成红先河严重污染	排污企业：佳余公司、浩盟公司、日新公司 治污主体：佳余公司 治污主体：蒋某、董某	浩盟公司、日新公司明知而委托不具备资质的佳余公司处理废酸，佳余公司明知而将其公司以及浩盟公司、日新公司的废酸委托蒋某个人处理，与此后蒋某指派被告董某将未经处理的废酸倒入雨水井而导致红先河严重污染的行为之间有直接的因果关系，故佳余公司、浩盟公司、日新公司对本次污染事故具有重大过错，理应与蒋某承担连带赔偿责任。董某虽为被告蒋某雇用的驾驶员，但其对未经处理的废酸倾倒至雨水井可能造成的危害后果应当具有明显的预见能力，然其并未能对此不法行为及时予以提醒或制止，而是盲目地听从蒋某的指派，故意将废酸倒入雨水井中导致红先河严重污染。因此，董某对于损害后果的发生具有重大过错，应当与其雇主蒋某承担连带赔偿责任

表4-2中六个民事诉讼案例中有五个都与治污主体的资质有关，但是同样是排污企业将所产生的污染物交由不具备相应资质的治污主体进行处置，环境侵权责任的界定却并未有统一的裁判标准：有的案例只追究了排污企业的环境侵权责任，有的案例只追究了治污主体的环境侵权责任，而有的案例既追究了排污企业的环境侵权责任，也追究了治污主体的环境侵权责任，其中有的案例还判决排污企业与治污主体承担连带责任。

（2）环境污染第三方治理中的行政责任界定在司法裁判层面较为典型的案例（见表4-3）。

---

① 上海市松江区人民法院〔2012〕松民一（民）初4022号民事判决书。

表 4-3　　环境污染第三方治理中的行政责任界定典型司法案例

序号	内容	责任承担主体	裁判说理
案例一①	2013年12月5日，藏金阁公司与第三人首旭公司签订《电镀废水处理委托运行承包管理运行协议》，约定由第三人负责园区排污问题。2016年5月4日，被告重庆市环境监察总队执法人员现场检查，发现藏金阁公司的1号综合废水调节池的废水通过120毫米口径管网未经污水处理站总排口，直接排入港城园区市政废水管网。经采样监测分析，2016年4月22日《监测报告》显示外排废水中总重金属浓度严重超标	排污企业：藏金阁公司	从行政法律关系而言，藏金阁公司获得排污许可证，并以文件形式确立承担排污责任的法人，应当承担违法排污的责任。从行政执法惯例而言，如果行政机关不追究申请了排污许可证的责任主体，则该责任主体可以在任何时候与其他主体签署民事协议，以规避行政处罚。因此，民事协议不能转移行政法律责任，藏金阁公司应该是当然的被处罚主体
案例二②	万峰公司将生产过程中产生的云石胶废包装桶等危险废物提供给无危险废物经营许可证的彤日公司，彤日公司先后四次从万峰公司处运出固体废物，倾倒于顺德区伦教街道新基北路旁，当正准备倾倒第四车次固体废物时，被顺德环运局工作人员制止	排污企业：万峰公司	顺德环运局作为县级人民政府环境保护行政主管部门，其负有对辖区内固体废物污染环境的防治监管职责，且有权对将危险废物提供或委托给无经营许可证的单位从事经营活动的行为作出责令改正（停止）违法行为的决定及行政处罚决定的职权
案例三③	李仕公司线路板项目有危险废物废蚀铜液和废水处理污泥产生，将危险废物废蚀铜液交由无危险废物经营许可证的个人处置，违反了《江苏省固体废物污染环境防治条例》第34条第3款的规定	排污企业：李仕电子公司	李仕公司将危险废物废蚀铜液交由无危险废物经营许可证的个人处置，相关规定。据此，武进环保局对李仕公司作出的相应行政处罚符合法律规定

---

① 重庆市渝北区人民法院〔2016〕渝0112行初324号行政判决书。
② 广东省佛山市中级人民法院〔2017〕粤06行终356号行政判决书。
③ 江苏省常州经济开发区人民法院〔2018〕苏0492行审11号行政裁定书。

续表

序号	内容	责任承担主体	裁判说理
案例四①	农药化工公司将废包装桶（危险废物）提供给无危险废物经营许可证的单位处置。重庆市长寿区环境行政执法支队先后向其送达了《责令改正（停止）违法行为决定书》《行政处罚事先（听证）告知书》《行政处罚决定书》，经催告，农药化工公司未履行该行政处罚义务。	排污企业：农药化工公司	农药化工公司将危险废物提供给无危险废物经营许可证的单位处置的行为，违反了原《固体废物污染环境防治法》第57条的规定

表4-3的四个环境行政诉讼案例中的三个都与治污主体的资质有关，排污企业将危险废物交由不具备相应资质的治污主体处置，在受到行政机关的行政处罚后，对行政处罚决定不服提起了行政诉讼，但是绝大多数都以败诉告终。这些环境行政诉讼案例与行政执法的案例密切相关，因为被行政处罚的排污企业对于环境行政主体的行政处罚决定不服才会提起行政诉讼。笔者在"威科先行法律信息库"中的"行政处罚决定书"部分进行了检索，并未发现这三个案件中的治污主体被行政处罚的决定书，因此判断这三个没有资质的治污主体并未受到行政处罚。但是原《固体废物污染环境防治法》第57条第2款与第3款②已经明确规定了不管是将危险废物交由无相应资质的治污主体进行处置的排污企业，还是没有相应资质而接受排污企业的委托对危险废物进行处置的治污主体，都应当受到行政处罚，承担行政责任，但这三个案件中只有将危险废物交由无相应资质的治污主体进行处置的排污企业承担了行政责任。此外，"案例一"中法院在判决排污企业败诉时认为排污企业申请了排污企业证，所以应当由排污企业承担行政责任。既如此，若治污主体有排污许可证，按照有无排污许可证这个标准，是否治污主体也应当承担行政责任呢？

---

① 重庆市渝北区人民法院〔2018〕渝0112行审517号行政裁定书。
② 对应《固体废物污染环境防治法》（2020）第80条第2款："许可证的具体管理办法由国务院制定。禁止无许可证或者未按照许可证规定从事危险废物收集、贮存、利用、处置的经营活动"；第3款："禁止将危险废物提供或者委托给无许可证的单位或者其他生产经营者从事收集、贮存、利用、处置活动。"

（3）环境污染第三方治理中的刑事责任界定在司法裁判层面较为典型的案例（见表4-4）。

表4-4　环境污染第三方治理中的刑事责任界定典型司法案例

序号	案情简介	责任承担主体	裁判说理
案例一①	戴某甲、姚某、曹某等人为谋取利益，在自己没有收集、贮存、利用、处置危险废物的资质和能力的情况下，分别以江中、鑫源、祥峰、全慧公司的名义，承揽收集、贮存、利用、处置常隆、锦汇等五家化工及制药公司生产中所生危险废物的业务，并将所收集废物违法倾倒入泰兴市河流，造成严重污染	治污主体：戴某甲、姚某、杨某甲等14人	戴某甲、姚某、王某甲、曹某、丁某甲和蒋某甲明知自己登记注册的企业及所使用的他人登记注册的企业均没有收集、贮存、利用、处置危险废物的资质和能力，为谋取利益，违反国家规定，擅自承揽收集、贮存、利用、处置危险废物的业务，并指使、放任或伙同杨某甲、张某、周某、戴某乙、鞠某、戴某丙、叶某、柯某，将从化工产品生产企业收集的危险废物倾倒至长江内河，严重污染环境，均已构成污染环境罪；其中，戴某甲、姚某、杨某甲、张某、周某、戴某乙、鞠某、戴某丙和蒋某甲系共同犯罪；王某甲、曹某、丁某甲、叶某、柯某系共同犯罪；依法应分别予以惩处
案例二②	2013年9月至2014年5月，德司达公司负责人王军、黄进军明知王占荣经营的顺久公司无废酸处置资质，仍多次将公司生产过程中产生的废酸以每吨处置费580元的价格交给王占荣处置。王占荣明知丁卫东无废酸处置资质，仍雇用徐某甲驾车将废酸运至丁卫东的船上，以每吨150元的价格交给丁卫东处置。丁卫东安排船工孙某、钱某等人驾船将废酸倾倒至泰东河、新通扬运河水域的河水中	排污企业：德司达公司及其直接负责的主管人员和其他责任人员 治污主体：王占荣、丁卫东、徐某甲等五人	德司达公司违反国家规定，明知王占荣经营的顺久公司没有废酸处置资质，仍委托王占荣处置废酸；王占荣明知丁卫东没有处置废酸能力，仍指使徐某甲从德司达公司运出废酸交由丁卫东处置；孙某、钱某受丁卫东的指使，将接运的废酸偷排至河道中，严重污染环境，均构成污染环境罪，且属共同犯罪。王军、黄进军系德司达公司直接负责的主管人员和其他责任人员，在处置废酸过程中，应当知道王占荣没有处置资质，仍在各自的职责范围内促成双方交易完成，导致严重污染环境的后果发生，均应以污染环境罪追究刑事责任

① 江苏省泰州市中级人民法院〔2014〕泰中环刑终00001号刑事判决书。
② 江苏省扬州市中级人民法院〔2016〕苏10刑终185号刑事裁定书。

续表

序号	案情简介	责任承担主体	裁判说理
案例三[1]	2013年12月，首旭公司与藏金阁公司签订电镀废水处理委托运行承包管理运行协议，承接了重庆市藏金阁电镀工业中心废水处理项目。在处理废水过程中，首旭公司的工人发现弃用的1号调节池有渗漏的情况。首旭公司的法定代表人暨被告人程某知道该情况后，要求时任该项目现场负责人的被告人曾某等人利用1号池渗水的条件，非法排放未按程序处理达标的电镀废水。后在曾某的安排下，被告人姚某在上夜班期间，多次将未按规定处理达标的电镀废水通过1号池偷排至外环境。2016年5月4日，环保部门检查发现该排污行为。经监测，1号池内渗漏的废水中重金属含量严重超标，污染环境	治污主体：首旭公司及其直接负责的主管人员和其他责任人员	首旭公司违反国家规定，非法排放含有重金属的污染物超过国家污染物排放标准3倍以上，严重污染环境，其行为已构成污染环境罪。程某作为被告单位首旭公司的法定代表人，系实施污染环境行为的直接负责的主管人员；曾某系首旭公司该项目现场管理人员，姚某系被告单位首旭公司员工，均是实施污染环境行为的直接责任人员
案例四[2]	2011年2月至3月，蒋某在经营工业废液的运输、处置业务过程中，先后多次指使被告人董某驾车将从浩盟公司、佳余公司等企业运出的危险废物"废酸"倾倒至本区叶榭镇叶兴路红先河桥南侧100米处西侧的雨水井中，导致废酸经雨水井流入红先河，造成红先河严重污染	治污主体：蒋某、董某	蒋某、董某违反国家规定，向水体倾倒危险废物，造成重大环境污染事故，致使公私财产遭受重大损失，其行为均已构成污染环境罪

---

[1] 重庆市渝北区人民法院〔2016〕渝0112刑初1615号刑事判决书。
[2] 上海市松江区人民法院〔2011〕松刑初1222号刑事判决书。该案例虽然裁判于2011年，但是与"环境污染第三方治理中环境侵权责任界定的司法实践现状"中的案例三（来源于《最高人民法院公报》2014年第4期）是同一个环境污染第三方治理案件，具有一定的代表性，故将其列入表中。

续表

序号	案情简介	责任承担主体	裁判说理
案例五①	2011年至2014年4月，湖州公司的法定代表人指使、授意或者同意其下属经营管理人员，将该中心收集的危险废物共计5950余吨交由没有相应资质的单位和个人处置，从中牟利。其中，部分危险废物被随意倾倒	排污企业：湖州公司	湖州公司违反国家规定，处置危险废物，严重污染环境

表4-4的五个刑事诉讼案例中的四个都与治污主体的资质有关，但是同样是排污企业将所产生的污染物交由不具备相应资质的治污主体进行处置，刑事责任界定却并未有统一的标准：案例五只追究了排污企业的刑事责任，案例一、案例三、案例四只追究了治污主体的刑事责任，案例二既追究了排污企业的刑事责任，也追究了治污主体的刑事责任。

上述列举的有关环境污染第三方治理案件有一个共同点，即司法机关在裁判之时均未考虑排污企业与治污主体间的环境污染第三方治理关系，这意味着司法实践中司法机关对环境污染第三方治理的识别不够，对其特殊性关注度不高。根据以上整理的案例可知，一个环境污染第三方治理案件可能同时涉及环境侵权责任、行政责任与刑事责任。比如，藏金阁公司与首旭公司的环境污染第三方治理案件就同时涉及环境侵权责任、行政责任与刑事责任，其中，藏金阁公司为排污企业，首旭公司为治污主体。根据三份判决书可知，环境侵权责任由排污企业与治污主体承担连带承担，行政责任由排污企业承担，刑事责任由治污主体承担。佳余公司、浩盟公司、日新公司与蒋某、董某环境污染第三方治理案件与前案相同，其中佳余公司、浩盟公司、日新公司为排污企业，蒋某、董某为治污主体，根据两份判决书以及判决书中的相关内容可知，环境侵权责任由排污企业与治污主体承担连带责任，行政责任由排污企业承担，②刑事责任由治污主体

---

① 该案件来源于2016年最高人民法院发布的关于污染环境罪典型案例中的第五个案例。

② 参考上海市松江区叶榭镇人民政府诉蒋荣祥等水污染责任纠纷一审案（《最高人民法院公报》2014年第4期）判决书内容：蒋某、董某分别被判处有期徒刑二年和一年三个月。佳余公司、浩盟公司、日新公司分别被上海市环境保护局罚款人民币46万元（以下币种同）、16万元与16万元。

承担。在这两个环境污染第三方治理案件中，环境侵权责任、行政责任与刑事责任的承担主体趋于一致。但是，这两个环境污染第三方治理案件的案由却并不相同，前者为"私设暗管排污"导致环境污染，后者为"治污主体不具备相应资质"而不当处置污染物导致环境污染，因此两案并不完全具有可比性。在其他案件中还存在不同的责任界定情况，比如在常隆公司等六家公司与戴某甲、姚某、杨某甲等14人的环境污染第三方治理案件中，环境侵权责任由排污企业承担，刑事责任由治污主体承担；在德司达公司与王占荣等环境污染第三方治理案件中，环境侵权责任由排污企业承担，刑事责任由排污企业与治污主体承担。

综上所述，司法实践中司法机关对排污企业与治污主体谁应该承担环境侵权责任、行政责任与刑事责任以及排污企业与治污主体在承担了某种性质的法律责任（如民事责任）后是否还要承担另一种性质的法律责任（如行政责任），并没有统一的裁判标准。由此可见，环境污染第三方治理中的责任界定在司法裁判层面体现出来的现存问题就是在特定情形下如何在排污企业与治污主体间认定环境侵权责任、行政责任或者刑事责任的承担主体并无同一裁判标准。

本章通过对环境污染第三方治理中责任界定在立法层面的法律法规，在政策层面的规范性文件，在行政处罚层面的典型案例与司法裁判层面的典型案例进行逐一梳理，再对应分析环境污染第三方治理中责任界定在立法层面的现存问题、在政策层面的现存问题、在行政处罚层面的现存问题以及在司法裁判层面的现存问题，发现这些问题均聚焦于环境污染第三方治理中特定情形下的责任界定：环境污染第三方治理中违法排放污染物，造成环境污染事故，此时的侵权责任、行政责任以及刑事责任应如何承担？

第一，此时究竟应由排污企业与治污主体中的单方或者双方对外承担侵权责任？如果是单方对外承担侵权责任，究竟是排污企业或者是治污主体？如果是双方对外承担侵权责任，究竟是按份责任还是连带责任？

第二，此时究竟应由排污企业与治污主体中的单方或者双方承担行政责任，如果是单方承担行政责任，究竟是排污企业或者是治污主体？如果是双方承担行政责任，排污企业或者治污主体如何分别承担？

第三，此时究竟应由排污企业与治污主体中的单方或者双方承担刑事责任，如果是单方承担刑事责任，究竟是排污企业或者是治污主体？如果是双方承担刑事责任,排污企业或者治污主体如何分别承担?

综上所述,本书研究环境污染第三方治理治理中的责任界定问题,就是希望能够在梳理清楚责任界定在立法层面、政策层面、行政处罚层面以及在司法裁判层面现存问题的基础上,集中回应上述焦点问题。

第五章

环境污染第三方治理中的民事责任界定

第一节 环境污染第三方治理中的民事责任概览

一 环境污染第三方治理中民事责任的主要类型

标准不同，民事责任的分类便有差异，例如，以责任发生依据为标准、以是否具有财产内容为标准、以承担民事责任的财产范围为标准，所分出来的民事责任类别差异明显。例如，以责任的发生根据为分类标准，民事责任可被分为合同责任、侵权责任以及其他责任三类。合同责任是指因违反合同约定的义务、合同附随义务或者违反《民法典》直接规定的义务而应承担的责任，主要包括违约责任与缔约过失责任。[①] 侵权责任是指因侵犯他人的人身权益与财产权益而应承担的责任，主要包括一般侵权责任与特殊侵权责任（如环境侵权责任、产品缺陷致人损害侵权责任等）。[②] 其他责任就是合同责任与侵权责任之外的其他民事责任，如基于不当得利、无因管理等而应承担的责任。环境污染第三方治理中可能承担

---

① 唐绍均、魏雨：《环境污染第三方治理中的侵权责任界定》，《重庆大学学报》（社会科学版）2019年第1期。

② 郑晓剑、陶伯进：《论作为侵权与不作为侵权的区分理由及其实益——兼及对不作为侵权行为归责基础的省思》，《国家检察官学院学报》2011年第6期。

民事责任的主体是排污企业与治污主体,基于此种情形下的排污企业或者治污主体不满足因不当得利、无因管理等而承担责任的构成要件,[①] 此处不再赘述。由此可见,环境污染第三方治理中的民事责任主要应为合同责任与侵权责任,详言之,环境污染第三方治理中的民事责任包括违约责任、缔约过失责任、一般侵权责任与环境侵权责任。

(一) 环境污染第三方治理中的违约责任

环境污染第三方治理中的违约责任是指排污企业或者治污主体因为违反环境污染第三方治理合同中约定的义务而应当向守约方承担的不利法律后果。此种情形下的违约责任原则上是一种无过错责任,即排污企业或者治污主体原则上只要违反了环境污染第三方治理合同的约定,不管是否存在主观上的过错,均应当根据《民法典》合同编第 577 条[②]的规定或者合同约定向守约方承担违约责任。当然,如果排污企业与治污主体均有违反环境污染第三方治理合同约定的情形,此时排污企业与治污主体均是违约责任的承担主体,均需向对方承担违约责任,则双方均为违约责任的承担主体。

(二) 环境污染第三方治理中的缔约过失责任

环境污染第三方治理中的缔约过失责任是指排污企业或者治污主体在环境污染第三方治理合同签订过程中,违反因诚实信用原则所负的先合同义务造成对方的信赖利益损失而产生的一种弥补性民事责任,是一种过错责任。排污企业或者治污主体违反法定附随义务或者先合同义务且在主观上必须存在过错,才需要依据《民法典》合同编第 500 条[③]的规定向对方承担缔约过失责任。当然,如果排污企业与治污主体在缔约过程中均违反

---

① 不当得利的构成要件有四:一方取得财产利益;一方受有损失;取得利益与所受损失间有因果关系;没有法律上的根据。无因管理的构成要件有三:管理人没有法定或约定的义务,也未受本人委托;管理人从事管理他人事务的事实行为,包括对他人财产或事务的料理、保护、利用、改良、处分、帮助或服务等,至于管理人自己是否受益则在所不问;管理人具有为他人管理的意思,其目的在于为他人谋利或免使他人利益受损,不具备这一要件者不属于无因管理。

② 《民法典》合同编第 577 条:"当事人一方不履行合同义务或者履行合同义务不符合约定的,应当承担继续履行、采取补救措施或者赔偿损失等违约责任。"

③ 《民法典》合同编第 500 条:"当事人在订立合同过程中有下列情形之一,造成对方损失的,应当承担赔偿责任:(一)假借订立合同,恶意进行磋商;(二)故意隐瞒与订立合同有关的重要事实或者提供虚假情况;(三)有其他违背诚信原则的行为。"

因诚实信用原则而产生的先合同义务,此时排污企业与治污主体均是缔约过失责任的承担主体,向对方承担缔约过失责任。

(三) 环境污染第三方治理中的一般侵权责任

环境污染第三方治理中的一般侵权责任是指排污企业或者治污主体侵害对方的非环境民事权益而应当承担的责任以及环境行政主体侵害排污企业或者治污主体的非环境民事权益而应当承担的责任,是一种过错责任,即只有排污企业、治污主体存在过错才需根据《民法典》侵权责任编第1165条第1款[①]的规定承担侵权责任。当然,如果排污企业与治污主体彼此都侵害了对方的非环境民事权益,排污企业与治污主体都是侵权责任的承担主体,均需向对方承担侵权责任。

(四) 环境污染第三方治理中的环境侵权责任

环境污染第三方治理中的环境侵权责任是指排污企业或者治污主体在环境污染第三方治理过程中因为造成环境污染而应当承担的责任,是一种无过错责任,且合法排污并不能成为不构成环境侵权的抗辩理由:即使排污行为经过生态环境主管部门批准,污染物未超过批准的排放标准,但造成他人人身、财产损害的,也应当承担赔偿责任。[②] 因此,只要排污企业或者治污主体的行为造成了环境污染,就应当向受到损害的主体承担环境侵权责任。如果环境污染完全是由不可抗力的自然灾害引起的,此时排污企业或者治污主体可以免于承担环境侵权责任;根据我国《水污染防治法》第96条第3款[③]的规定,如果排污企业或者治污主体能够举证证明水污染致人损害完全是由被侵权人的过错引起,则排污企业或者治污主体可以免责;另外,根据《民法典》侵权责任编第1233条[④]的规定,第三

[①] 原《侵权责任法》第6条第1款:"行为人因过错侵害他人民事权益,应当承担侵权责任。"对应《民法典》侵权责任编第1165条第1款:"行为人因过错侵害他人民事权益造成损害的,应当承担侵权责任。"

[②] 张新宝:《侵权责任法》,中国人民大学出版社2013年版,第251页。

[③] 《水污染防治法》第96条第3款:"水污染损害是由受害人故意造成的,排污方不承担赔偿责任。"

[④] 原《侵权责任法》第68条:"因第三人的过错污染环境造成损害的,被侵权人可以向污染者请求赔偿,也可以向第三人请求赔偿。污染者赔偿后,有权向第三人追偿。"现对应《民法典》侵权责任编第1233条:"因第三人的过错污染环境、破坏生态的,被侵权人可以向侵权人请求赔偿,也可以向第三人请求赔偿。侵权人赔偿后,有权向第三人追偿。"

人过错不能成为排污企业或者治污主体免于承担环境侵权责任的免责事由。但是环境污染第三方治理中的环境侵权到底是排污企业或者治污主体的单独侵权还是排污企业与治污主体的共同侵权呢？实际上，由于环境污染第三方治理合同的存在，排污企业与治污主体承担环境侵权责任的依据尚不明确，导致"究竟是单方还是双方对外承担侵权责任；如果是单方对外承担侵权责任，究竟是排污企业或者是治污主体；如果是双方对外承担侵权责任，究竟是按份责任还是连带责任"等问题尚不明确，因此亟须探索一条环境污染第三方治理中环境侵权责任界定的路径。

二 环境污染第三方治理中环境侵权责任的构成要件

（一）环境污染第三方治理中的侵权行为

侵权责任的构成须有侵权行为[1]，即侵权行为是侵权责任的构成要件之一。侵犯权益、危害社会的行为的表现形式多样，但可归纳为"作为"和"不作为"两种方式。与此相对应，根据行为方式的不同，环境污染第三方治理中的侵权行为可以分为作为侵权和不作为侵权。

1. 环境污染第三方治理中的作为侵权行为

"作为"是行为人积极的有所作为，[2] 作为侵权行为是指行为人因故意或者过失而违反不作为义务而致他人损害的行为[3]。因此，行为人负有某种特定的不作为义务是作为侵权的前提。环境污染第三方治理中的作为侵权行为是指排污企业或者治污主体因故意或者过失而违反不作为义务致他人损害的行为，此处主要指排污企业或者治污主体因故意或者过失而违反环境保护方面的不作为义务而导致环境损害的行为。

2. 环境污染第三方治理中的不作为侵权行为

"不作为"是行为人消极的无所作为，[4] 不作为侵权行为是指行为人违反对他人负有的某种作为义务，未实施或者未正确实施该义务所要求的行为而致他人损害的行为，[5] 因此，行为人负有某种特定的作为义务是不作为侵权的前提。环境污染第三方治理中的不作为侵权行为是指排污企业

---

[1] 王永霞：《不作为侵权行为辨析》，《法学杂志》2015年第4期。
[2] 王利明：《侵权行为法研究》（上），中国人民大学出版社2004年版，第21页。
[3] 王利明：《侵权行为法研究》（上），中国人民大学出版社2004年版，第22页。
[4] 王永霞：《不作为侵权行为辨析》，《法学杂志》2015年第4期。
[5] 王利明：《侵权行为法研究》（上），中国人民大学出版社2004年版，第22页。

或者治污主体违反对他人负有的某种作为义务,未实施或者未正确实施该义务所要求的行为而致他人损害的行为,此处主要指排污企业或者治污主体违反负有的环境义务,未实施或者未正确实施该义务要求的行为而致环境损害的行为。①

(二) 环境污染第三方治理中的损害后果

不管是作为侵权行为还是不作为侵权行为,只有造成损害后果才能构成环境侵权,即损害后果是侵权责任的构成要件之一。损害后果的客观存在是确定侵权责任的必要条件。② 所谓损害后果是指因人的行为或对象的危险性而导致人身财产方面的合法权益所遭受的不利后果。损害后果一般具有三个特点:第一,损害后果客观存在,是侵害合法民事权益的客观后果;第二,损害后果确定,是已经发生、真实存在且能够认定的,包括有造成损害的现实危险性;第三,损害后果具有法律上的补救性,即补救的必要性,在量上必须达到一定程度且具有补救的可能性,通过一定的补救措施能够填补权利人所遭受的损失。③ 损害后果的类型既包括财产损害、人身损害,也包括人格损害和精神损害等。环境污染第三方治理中的损害后果是指因为排污企业或者治污主体的作为侵权行为或者不作为侵权行为而造成的财产损害、人身损害等后果。

(三) 环境污染第三方治理中侵权行为与损害后果间的因果关系

因果关系是表示两个事件之间联系的概念,这两个事件的发生不仅在时空上密切相关,而且作为原因和结果被结合在一起,其中的一个导致了或者必然地引起了另一个的发生。④ 根据证明的不同阶段,可以将因果关系分为事实因果关系与法律因果关系:第一个阶段要建立被告的侵权行为与原告的损害之间事实上的联系,即事实因果关系;第二个阶段要判断损害是否过于遥远,以致被告不应当承担赔偿责任,即法律因果关系。⑤ 换言之,事实因果关系的建立是前提条件,如果被告的行为与损害之间没有

---

① 唐绍均、魏雨:《环境污染第三方治理中的侵权责任界定》,《重庆大学学报》(社会科学版) 2019 年第 1 期。

② 王泽鉴:《侵权行为》,北京大学出版社 2016 年版,第 18 页。

③ 王泽鉴:《侵权行为法》(第一册),中国政法大学出版社 2011 年版,第 9 页。

④ [英] 戴维·M. 沃克:《牛津法律大辞典》,李双元等译,法律出版社 2003 年版,第 177 页。

⑤ 程啸:《侵权责任法》,法律出版社 2015 年版,第 224 页。

任何事实上的联系,则案件至此终结,无须考虑法律因果关系。我国因果关系理论的发展大致经历了"必然因果关系说"与"相当因果关系说"两个阶段。①

20世纪80年代我国理论界与实务界盛行的是"必然因果关系说",该学说是苏俄刑法学者创立的刑法因果关系理论中的重要理论之一,由A. A. 皮昂特科夫斯基于20世纪30年代首先提出,其核心观点是"关于刑事责任问题,只有在某人该种行为之必然结果的关系上,才能成立,也就是说,该种行为在外界之结果,乃是在该种具体条件下,实行此种行为之真实可能的结果,乃是法则性所产生之结果。某人该种行为之一切偶然结果,已超出刑法的注意范围以外。对此种偶然结果,行为者无论在何种条件之下皆不负刑事责任。只有必然因果关系对刑法富有意义"②。换言之,"必然因果关系说"需要按照以下两个步骤予以适用:首先,确认行为与结果之间是否存在因果关系;在得出肯定结论后再判断行为人的行为和结果之间的因果关系属于必然因果关系还是偶然因果关系。③

但是,由于"必然因果关系说"混淆了事实因果关系与哲学因果关系,不当地限制了侵权责任的构成条件以及赔偿范围,不利于维护被侵权人的合法权益,自20世纪90年代中期以后广受理论界诟病,而后德国法上的"相当因果关系说"被引进并逐渐成为主流。因果关系是责任的构成要件之一,无论是在过错责任中,还是在严格责任中,因果关系都是责任认定不可或缺的构成要件。环境污染第三方治理中侵权责任的因果关系判断,即环境侵权因果关系认定,关系到排污企业与治污主体对于环境侵权责任的承担,"环境污染行为与损害结果之间的因果关系,对于环境侵权责任的成立无疑是最为核心的构成要件"④。环境侵权因果关系的认定具有以下三个方面的特征:第一,损害结果的发生可能由多种不同的原因引起。当前,环境侵权案件的类型多样,势必造成因果关系认定的复杂化,而损害结果往往也非单一的物质所引起,通常都属于"多因一果"

---

① 高铭暄、马克昌:《刑法学》,北京大学出版社、高等教育出版社2011年版,第89页。
② [苏]苏联司法部全苏法学研究所:《苏联刑法总论》(下),彭仲文译,大东书局1950年版,第336页。
③ 王泽鉴:《侵权行为》,北京大学出版社2016年版,第123页。
④ 王倩:《环境侵权因果关系举证责任分配规则阐释》,《法学》2017年第4期。

的状况。第二，侵权行为与损害结果两者之间存在关联的取证难。环境侵权行为中可能涉及现代高新技术手段，导致侵权行为与损害结果间关系的取证存在困难。① 第三，需综合考虑价值因素。在环境侵权案件的审理过程中，法官除了要依据原被告双方提供的证据外，还需要综合考虑立法目的、政策目标等价值因素进行案件评判。② 我国《环境保护法》第 64 条和《民法典》侵权责任编第 1230 条③规定，对环境侵权因果关系的认定采用举证责任倒置规则，即由被告对因果关系不成立承担相应的举证责任。在环境侵权诉讼中，因果关系举证责任倒置可分为三个阶段：首先，原告对基础事实进行举证，即对被告实施的侵权行为和由被告的行为导致其遭受的损失举证；其次，被告对因果关系不成立的事由进行举证；最后，由法官根据双方的举证情况作出因果关系判断。④

我国侵权责任中因果关系的认定首先采用的是"相当因果关系说"。⑤ 所谓相当因果关系，即在一般情形下，在同样的环境下为同样的行为，一般会发生同样的结果，则该条件与结果之间具有因果关系。⑥ 换言之，虽然没有该行为，则必然不发生此种损害后果，但是有此行为，通常亦不发生此种损害后果，则该行为与损害后果之间就无法律上的因果关系。因果关系的"相当性"系以"通常足生此种损害"为判断基准。⑦ 简言之，相当原因必须是损害后果发生的必要条件，并且具有极大增加损害后果发生的可能性，即"客观可能性"。⑧ 此外，如果采用"相当因果关系说"不能准确判断责任的承担主体，还可以采用《民法典》侵权责任

---

① 唐绍均、魏雨：《环境污染第三方治理中的侵权责任界定》，《重庆大学学报》（社会科学版）2019 年第 1 期。

② 王倩：《环境侵权因果关系举证责任分配规则阐释》，《法学》2017 年第 4 期。

③ 《民法典》侵权责任编第 1230 条："因污染环境、破坏生态发生纠纷，行为人应当就法律规定的不承担责任或者减轻责任的情形及其行为与损害之间不存在因果关系承担举证责任。"

④ 唐绍均、魏雨：《环境污染第三方治理中的侵权责任界定》，《重庆大学学报》（社会科学版）2019 年第 1 期。

⑤ 张新宝：《侵权责任法》，中国人民大学出版社 2013 年版，第 58 页。

⑥ 王利明：《侵权行为法研究》（上），中国人民大学出版社 2016 年版，第 388 页。

⑦ 王泽鉴：《侵权行为法》（第一册），中国政法大学出版社 2011 年版，第 205 页。

⑧ 张新宝：《侵权责任法》，中国人民大学出版社 2013 年版，第 30 页。

编第1171条①规定的累积因果关系或者第1172条②规定共同因果关系。申言之，累积因果关系是指每一个主体分别实施的加害行为都足以造成全部损害，即每一个单独的加害行为都是损害结果发生的全部原因。因此，每一个累积因果关系的分别侵权行为人都需对全部损害承担责任，即他们应当承担连带责任。共同因果关系是指每一个主体分别实施的加害行为都不足以造成全部损害，但是各个主体的加害行为相结合，就导致了全部损害的发生，即每一个单独的加害行为相加才是损害结果发生的全部原因。因此，共同因果关系的分别侵权行为人应当根据各自的行为对全部损害的产生提供的原因力大小承担责任，即他们应当承担按份责任。在累积因果关系与共同因果关系中，各加害行为人都不具备意思联络，二者最大的区别在于：累积因果关系中各行为人的加害行为都足以造成全部损害，而共同因果关系中各行为人的加害行为只有相结合才能造成损害。

　　环境污染第三方治理中排污企业与治污主体在合同无效的情形下环境侵权的因果关系认定，③只采用相当因果关系无法达到完全的归责效果。以排污企业将自身所产生的环境污染物交由不具备相应污染治理资质的治污主体进行治理而造成了环境侵权为例：第一，排污企业的行为与环境损害结果的发生不具有相当性。排污企业只是做出了将污染物交给不具备相应的污染治理资质的治污主体进行治理的行为，一般情况下这一行为并不通常导致环境损害结果的发生，或者说并不通常导致某种类型（如水污染、土壤污染、大气污染等）的环境损害结果的发生。因为，具体的环境损害结果还要看治污主体的行为，例如，治污主体将未经治理的环境污染物倾倒至河流，可能造成水污染；治污主体将未经治理的环境污染物任意堆放，可能导致土壤污染；治污主体将未经治理的环境污染物进行焚烧，可能导致大气污染。所以可以判断，排污企业将环境污染物交由不具备相

---

① 《民法典》侵权责任编第1171条："二人以上分别实施侵权行为造成同一损害，每个人的侵权行为都足以造成全部损害的，行为人承担连带责任。"
② 《民法典》侵权责任编第1172条："二人以上分别实施侵权行为造成同一损害，能够确定责任大小的，各自承担相应的责任；难以确定责任大小的，平均承担责任。"
③ 此处讨论的是在排污企业与治污主体间的环境污染第三方治理合同无效的情况下环境侵权的因果关系认定，只涉及排污企业与治污主体间无意思联络的分别环境侵权情形，不涉及排污企业与治污主体间有意思联络的共同环境侵权情形。

应资质的治污主体进行治理的行为并不"通常足生此种损害",即排污企业的行为与环境损害结果之间没有相当性,则排污企业无须承担由此导致的环境侵权责任。第二,治污主体对未经治理的环境污染物实施的不当行为与环境损害结果的发生具有相当性。因为在一般情况下,将未经治理的污水任意排放入河流湖泊,会导致水体污染;将未经治理的固体废物任意堆放,会导致土壤污染;将未经治理的环境污染物进行焚烧,会导致大气污染。所以,治污主体对未经治理的环境污染物实施的不当行为"通常足生此种损害",即治污主体的行为与环境损害结果的发生具有相当性,则治污主体须承担由此导致的环境侵权责任。因此,根据相当因果关系,在排污企业将环境污染物交由不具备相应污染治理资质的治污主体进行治理才造成环境侵权的情况下,排污企业却无须承担环境侵权责任;但是排污企业作为环境污染物的原始产生者,如果没有其将环境污染物交由不具备相应的污染治理资质的治污主体进行治理这一先行为,环境损害的结果就不会发生;因而排污企业是有责任的,由治污主体单独承担环境侵权责任很明显有失公允。所以,在环境污染第三方治理中,只采用相当因果关系来判断环境侵权责任的承担主体进行归责并不恰当。

在排污企业与治污主体间的环境污染第三方治理合同无效的情况下判断排污企业与治污主体的环境侵权责任,应当采用共同因果关系,原因可归纳为以下三方面。第一,虽然排污企业是环境污染物的原始产生者,但是仅仅是排污企业将环境污染物交由不具备相应污染治理能力的治污主体进行治理的行为无法单独造成环境损害,因为这一行为并不一定导致环境损害的后果,所以排污企业的行为只是为环境损害的发生提供了一定的原因力。第二,治污主体治理的污染物来源于排污企业,没有排污企业将污染物交由治污主体进行治理的行为就不会有治污主体不当的治污行为,因此,治污主体的不当治污行为与排污企业的行为紧密联系。虽然有了排污企业的"前行为"也不一定会有治污主体的"后行为",但是没有排污企业的"前行为"就一定不会有治污主体的"后行为"。所以,治污主体的行为也为环境损害的发生提供了一定的原因力。第三,只有排污企业将污染物交由不具备资质的治污主体进行治理的行为与治污主体不当的治污行为相结合,才能造成环境损害,即排污企业的行为与治污主体的行为都为环境损害的发生提供了原因力,共同导致了环境损害的发生。

综前所述，在环境污染第三方治理中，若排污企业与治污主体间的合同无效，排污企业与治污主体的行为与环境损害结果之间最有可能成立共同因果关系而非累积因果关系，① 因为排污企业的行为与治污主体的行为均不能单独造成环境损害，只有双方行为相结合才能导致环境损害的发生。此时，根据《民法典》侵权责任编第1172条的规定，排污企业与治污主体应当承担按份责任，即根据各自行为对损害后果造成的原因力大小来判断各自应当承担的责任份额；如果难以确定责任大小的，则排污企业与治污主体应当平均承担赔偿责任。当然，实践中的情形多种多样，不乏因排污企业与治污主体的行为均足以造成全部损害而成立累积因果关系的分别侵权的情形，此时根据《民法典》侵权责任编第1171条的规定，排污企业与治污主体应当承担连带责任。

第二节 环境污染第三方治理中的侵权责任界定

一 环境污染第三方治理中排污企业与治污主体间的基础关系

（一）排污企业与治污主体间的法律关系

为了界定排污企业与治污主体间的侵权责任，学者多依赖于环境污染第三方治理"模式"的类型表达，笔者将这些具有代表性的观点梳理如下：骆建华认为环境污染第三方治理包括"委托治理服务型"与"托管运营服务型"两种类型；② 董战峰等认为环境污染第三方治理包括"委托治理服务"模式与"托管运营服务"模式两种模式；③ 马云认为环境污染第三方治理包括"委托治理服务型"与"托管运营服务型"两种类型；④ 刘宁、吴卫星认为环境污染第三方治理包括"独立型"与"嵌入

---

① 唐绍均、魏雨：《论第三方治理合同无效情形下的环境侵权责任界定》，《重庆大学学报》（社会科学版）2020年第5期。
② 骆建华：《环境污染第三方治理的发展及完善建议》，《环境保护》2014年第20期。
③ 董战峰等：《我国环境污染第三方治理机制改革路线图》，《中国环境管理》2016年第4期。
④ 马云：《水污染第三方治理机制中第三方的刑事责任》，《中国环境管理干部学院学报》2015年第2期。

型"两种类型;① 邓可祝认为环境污染第三方治理包括"托管运营模式""委托治理模式""集中治理模式"与"分散治理模式"四种模式;② 常杪、杨亮、王世汶认为环境污染第三方治理包括"委托治理服务"模式与"托管运营服务"模式两种模式;③ 任卓冉认为环境污染第三方治理包括"委托治污"与"托管运营"两种模式④……这些"类型"或者"模式"的划分标准可参见后文"现有'模式'的类型表达大致可对应的法律关系"中的相关表述。通过梳理,笔者发现前述"类型"或者"模式"表达并非规范的法言法语,不能清晰明了地体现环境污染第三方治理中排污企业与治污主体间的法律关系,故很难实现其与法律的对接,基本不能对司法实践中排污企业与治污主体间侵权责任的界定提供助益。因此笔者认为,环境污染第三方治理中更为合理的侵权责任界定应在明确排污企业与治污主体间的基础关系后进行展开。以治污设施由排污企业或者治污主体提供⑤为依据,环境污染第三方治理中排污企业与治污主体间的基础关系可能为环境服务合同法律关系或者承揽合同法律关系。详言之,若治污设施由排污企业提供,则排污企业与治污主体间成立环境服务合同法律关系;若治污设施由治污主体提供,则排污企业与治污主体间成立承揽合同法律关系。

1. 环境服务合同法律关系

服务合同,在合同法理论上是一种无名合同,一般是指全部或者部分以劳务为债务内容的合同,故亦可称为提供劳务的合同。⑥ 环境服务合同是"一种以环境服务产业发展为背景的新型合同"⑦,"由于服务合同的标

---

① 刘宁、吴卫星:《"企企合作"模式下下环境污染第三方治理民事侵权责任探究》,《南京工业大学学报》(社会科学版)2016年第3期。

② 邓可祝:《第三方治理中排污企业与第三方的责任分配》,《山东工商学院学报》2016年第3期。

③ 常杪、杨亮、王世汶:《环境污染第三方治理的应用与面临的挑战》,《环境保护》2014年第20期。

④ 任卓冉:《环境污染第三方治理的困境及法制完善》,《中州学刊》2016年第12期。

⑤ 此处的"提供"并不一定要求"提供主体"拥有治污设施的所有权,拥有使用权也可以。

⑥ 周江洪:《服务合同在我国民法典中的定位及其制度构建》,《法学》2008年第1期。

⑦ 张宇庆:《环境服务合同的概念演进与类型分化》,《河北法学》2013年第10期。

的是提供服务行为"①，环境服务合同属于服务合同之一种，也应以提供环境服务为标的的合同。在环境污染第三方治理中，若治污设施的提供者是排污企业，则治污主体为排污企业提供的只是与污染物治理相关的环境服务，即对污染治理设施的运营、管理、维护及升级改造等。因此，排污企业与治污主体间所签订的民事合同以提供环境服务为标的，故该民事合同的性质为环境服务合同。之所以将治污设施由排污企业提供情形下排污企业与治污主体间的基础关系界定为环境服务合同法律关系，原因在于：作为环境服务合同法律关系的主体，排污企业为环境服务的接受方，治污主体为环境服务的提供方；排污企业支付环境服务对价的行为、治污主体提供环境服务的行为为环境服务合同法律关系的客体；排污企业所享有的接受服务的权利与支付服务对价的义务，治污主体所享有的接受服务对价的权利与提供服务的义务为环境服务合同法律关系的内容。

2. 承揽合同法律关系

承揽合同在《民法典》合同编中属于一种有名合同，根据其规定，指承揽人按照定作人的要求完成工作，交付工作成果，定作人给付报酬的合同。② 承揽合同具有一定的人身性特点，即承揽人完成工作所运用的应当是自己的设备③、技术和劳力，独立完成工作是承揽人具有的特征。换言之，只有承揽人独立完成工作才符合定作人的要求；④ 由于承揽合同的最终目的是完成一定工作并交付工作成果，⑤ 故承揽合同是以交付劳动成果为标的的合同⑥。在环境污染第三方治理中，治污主体作为专业治污主体，理应拥有一批专业的技术人员以体现其专业性，若治污设施的提供者是治污主体，则可以得出治污主体是运用自己的设备、技术和劳力，独立完成对排污企业所排污染物的治理并最终交付"污染物治理后

---

① 杨立新：《网络交易法律关系构造》，《中国社会科学》2016年第2期。

② 《民法典》合同编第770条："承揽合同是承揽人按照定作人的要求完成工作，交付工作成果，定作人支付报酬的合同。承揽包括加工、定作、修理、复制、测试、检验等工作。"

③ "'自己的设备'不仅应该包括承揽人自己所有的设备，也应当包括自己租用的设备。"参见王利明《合同法分则研究》（上卷），中国人民大学出版社2012年版，第367页。

④ 王利明、房绍坤、王轶：《合同法》，中国人民大学出版社2009年版，第360页。

⑤ 崔建远：《合同法》，北京大学出版社2016年版，第486页。

⑥ 杨立新：《工伤事故的责任认定和法律适用》（上），《法律适用》2003年第10期。

达到排放标准"这一工作成果的结论，即治污主体的性质应为承揽人，故排污企业与治污主体间民事合同的性质应为承揽合同。① 之所以将治污设施由治污主体提供情形下排污企业与治污主体间的基础关系界定为承揽合同法律关系，原因在于：作为承揽合同法律关系的主体，排污企业为定作人，治污主体为承揽人；排污企业支付污染物的治理费用的行为、治污主体交付"污染物治理后达到排放标准"工作成果的行为为承揽合同法律关系的客体；排污企业所享有的接受污染物治理达标成果的权利与支付污染物治理费用的义务，治污主体所享有的请求支付污染物治理费用的权利与交付污染物治理达标成果的义务为承揽合同法律关系的内容。②

3. 现有"模式"的类型表达大致可对应的法律关系

笔者认为，为了让前述"模式"的类型表达对环境污染第三方治理中侵权责任的界定有所助益，亟须实现其和"排污企业与治污主体间法律关系"的对应，现有"模式"的类型表达大致可对应的法律关系见表5-1。

表5-1 现有第三方治理"模式"的类型表达及其对应法律关系

分类标准	已有模式分类	定义	对应法律关系
治污设施产权归属	托管运营服务模式	针对现有的治污装置、设施，第三方不拥有产权，只接受排污企业托管，负责其治污设施运营管理③	环境服务合同法律关系
	委托治理服务模式	面向新、改建项目的覆盖工程设计、采购、安装、运营全过程，第三方全部或者部分拥有治污设施产权④	承揽合同法律关系

---

① 唐绍均、魏雨：《环境污染第三方治理中的侵权责任界定》，《重庆大学学报》（社会科学版）2019年第1期。

② 唐绍均、魏雨：《环境污染第三方治理中的侵权责任界定》，《重庆大学学报》（社会科学版）2019年第1期。

③ 董战峰等：《我国环境污染第三方治理机制改革路线图》，《中国环境管理》2016年第4期。

④ 董战峰等：《我国环境污染第三方治理机制改革路线图》，《中国环境管理》2016年第4期。

续表

分类标准	已有模式分类	定义	对应法律关系
污染物是否分类治理	集中治理模式	有多家排污企业将污染物排放到一个第三方所有的或者管理的集中治污设施之中，由第三方加以集中处理的模式，排污企业按照约定或者政府的指定价格支付费用的模式①	承揽合同法律关系
	分散治理模式	排污企业将污染物交由独立专业公司处理，这些公司利用自己在污染物处理上的经验和规模效应，对排污企业和其他企业同类的污染物进行处理，并根据污染物的种类、浓度和总量收取费用②	承揽合同法律关系
治污主体是否为污染物的独立排放者	独立型治理模式	污染排放企业与污染治理企业彼此独立，污染治理企业作为治理者的同时，也是污染物治理后的排放者③	承揽合同法律关系
	嵌入型治理模式	第一，针对现有治污装置、设施，环境服务企业不拥有产权，只接受排污企业托管，负责其治污设施运营管理；第二，虽然环境服务企业全部或者部分拥有治污设施产权，但嵌于污染排放企业内部，并非污染物的独立排放者④	环境服务合同法律关系或者承揽合同法律关系

（二）排污企业与治污主体间的无效合同关系

排污企业与治污主体间除建立环境服务合同法律关系或者承揽合同法律关系外，在实践中还可能存在合同成立但不建立合同法律关系的情形，

---

① 邓可祝：《第三方治理中排污企业与第三方的责任分配》，《山东工商学院学报》2016 年第 3 期。

② 邓可祝：《第三方治理中排污企业与第三方的责任分配》，《山东工商学院学报》2016 年第 3 期。

③ 刘宁、吴卫星：《"企企合作"模式下环境污染第三方治理民事侵权责任探究》，《南京工业大学学报》（社会科学版）2016 年第 3 期。

④ 刘宁、吴卫星：《"企企合作"模式下环境污染第三方治理民事侵权责任探究》，《南京工业大学学报》（社会科学版）2016 年第 3 期。

即二者间的无效合同关系。例如在"泰州天价公益诉讼赔偿案"① 中，排污企业江苏常隆农化有限公司等六家公司与治污主体江中贸易公司等四家单位成立了合同，但按照我国原《固体废物污染环境防治法》第 57 条第 2 款、第 3 款②规定，不仅禁止治污主体没有经营许可证或者不按照经营许可证的规定从事危险废物经营活动，也禁止排污企业将危险废物提供或者委托给无经营许可证的治污主体从事经营活动；此外，根据我国原《合同法》第 52 条的规定："违反法律、行政法规的强制性规定"③ 的合同无效。由于该案中治污主体江中贸易公司等四家单位只有危险化学品许可证而没有危险废物经营许可证，因此江中贸易公司等四家单位作为治污主体属于无相应资质而对危险废物进行处置的主体，江苏常隆农化有限公司等六家公司作为排污企业，将危险废物交由该无资质的主体进行处置，二者间订立的环境污染第三方治理合同虽然成立却不能建立合同法律关系，因为该合同已经违反了原《固体废物污染环境防治法》的强制性规定，属无效合同。④ 申言之，在实践中，如果排污企业将污染物交由不符合法律规定的治污主体进行治理，二者间所签订的第三方治理合同也可能因违反

---

① 2012 年 1 月至 2013 年 2 月，江苏常隆农化有限公司等六家公司将生产过程中产生的危险废物副产酸（主要是废盐酸、废硫酸）总计两万五千余吨，以每吨 20 元到 100 元不等的价格，交给无危险废物处理资质的主体（江中贸易公司等四家单位）处理。结果危险废物副产酸被偷排于泰兴市如泰运河、泰州市高港区古马干河中，致使河水遭受了严重污染。泰州市环保联合会以保护受损环境公益为由向江苏省泰州市中级人民法院提起民事公益诉讼，对六家企业索赔污染修复费 1.6 亿多元。经过一审、二审、再审，法院最终判令江苏常隆农化有限公司等六家化工企业从生效判决当天起 30 日内将 1.6 亿余元支付到泰州市环保公益金专用账户。

② 原《固体废物污染环境防治法》第 57 条第 2 款："禁止无经营许可证或者不按照经营许可证规定从事危险废物收集、贮存、利用、处置的经营活动"与第 3 款："禁止将危险废物提供或者委托给无经营许可证的单位从事收集、贮存、利用、处置的经营活动"，现对应《固体废物污染环境防治法》（2020）第 80 条第 2 款："禁止无许可证或者未按照许可证规定从事危险废物收集、贮存、利用、处置的经营活动"与第 3 款："禁止将危险废物提供或者委托给无许可证的单位或者其他生产经营者从事收集、贮存、利用、处置活动。"

③ 现对应《民法典》总则编第一百五十三条第一款："违反法律、行政法规的强制性规定的民事法律行为无效。但是，该强制性规定不导致该民事法律行为无效的除外"的规定。

④ 唐绍均、魏雨：《论第三方治理合同无效情形下的环境侵权责任界定》，《重庆大学学报》（社会科学版）2020 年第 5 期。

法律的强制性规定①而无效，不能建立合同法律关系。此外，排污企业与治污主体间还可能基于我国《民法典》中规定的其他无效情形②而产生其他类型的无效合同关系。

二 排污企业与治污主体基于合同法律关系的侵权责任

(一) 基于环境服务合同法律关系的侵权责任

由于环境服务合同属于无名合同，因此对于在环境服务合同法律关系下合同主体应当如何承担侵权责任，我国的法律并无明确规定，只能比照最相类似的法律规定进行处理。笔者最先考虑的是适用《环境保护法》第65条的规定，即提供有关环境服务的机构，譬如从事防治污染设施维护、运营的机构，若在进行有关环境服务活动时存在弄虚作假行为，并且该机构对于环境污染和生态破坏的发生亦负有责任，则其除按照相关法律的规定应受到行政处罚外，还应当与造成环境污染和生态破坏的其他责任者承担连带责任，③原因在于：在环境服务合同法律关系下，治污主体完全符合该条规定的"防治污染设施维护、运营的机构"的身份，其为排污企业提供的是"环境服务活动"。但是，经过仔细分析，笔者发现该条的规定并不适合用于环境服务合同法律关系下排污企业与治污主体间侵权责任的界定，主要有以下两方面的理由。第一，该条规定的承担"连带责任"之情形过于单一，即只规定了机构在有关环境服务活动中"弄虚作假"一种情形下的"连带责任"，笔者认为"弄虚作假"仅为"故意"之一种，该条未将其他"故意"的情形悉数列举，并不全面。第二，《环

---

① 其他类似的强制性规定，如《水污染防治法》第21条："城镇污水集中处理设施的运营单位，也应当取得排污许可证。"

② 现对应《民法典》总则编第153条第1款："违反法律、行政法规的强制性规定的民事法律行为无效。但是，该强制性规定不导致该民事法律行为无效的除外。"除文中已提到的这一种合同无效的情形外，我国原《合同法》第52条的规定中还存在其他四种合同无效的情形，即"一方以欺诈、胁迫的手段订立、损害国家利益的合同无效；恶意串通，损害国家、集体或者第三人利益的合同无效；以合法形式掩盖非法目的合同无效；损害社会公共利益的合同无效"。现对应《民法典》总则编第153条第2款："违背公序良俗的民事法律行为无效"，第154条："行为人与相对人恶意串通，损害他人合法权益的民事法律行为无效。"

③ 在《实施意见》中"明确第三方治理责任"部分亦有与《环境保护法》第65条相类似的规定，即第三方治理单位若在有关环境服务活动中存在弄虚作假的情形，并且对造成的环境污染和生态破坏负有责任，则其除受到行政处罚外，还应当与其他责任者承担连带责任。

境保护法》第 64 条与第 65 条的规定存在冲突，第 64 条属于准用性规范，该条明确规定"因污染环境和破坏生态造成损害的，应当依照《中华人民共和国侵权责任法》的有关规定承担侵权责任"，意即在实践中如有"污染环境和破坏生态造成损害"之情形，应当适用原《侵权责任法》的规定；加之《环境保护法》属于行政法范畴，其中规定的责任亦多为行政责任，如第 59—63 条中规定的"按照原处罚数额按日连续处罚""处以罚款""处五日以上十日以下拘留"等，在第 65 条中"依照有关法律法规规定予以处罚"亦属于行政责任，既然已有第 64 条的规定在前，则再在第 65 条中对"连带责任"作出规定已毫无必要。① 综上所述，笔者认为《环境保护法》第 65 条之规定并不适用于环境服务合同法律关系下排污企业与治污主体间侵权责任的界定。

在服务合同法律关系下，笔者认为排污企业与治污主体间侵权责任的界定可比照《民法典》侵权责任编第 1233 条②的规定加以明确，即若环境污染与损害的发生并非完全因为污染者的原因，亦有第三人的过错，则污染者与第三人对外应当承担连带责任，主要有以下三方面的理由。第一，排污企业为条文所称"污染者"。"在环境污染中，真正造成环境损害的，是污染者的污染……是污染者的污染行为造成了被侵权人的损害，污染者的污染行为与损害之间具有较为直接的因果关系。"③ 排污企业提供治污设施，通过环境服务合同向治污主体购买"治污设施的维护、运营等与环境污染治理相关的服务"，在环境污染第三方治理中，环境污染物产生于排污企业，环境污染治理的整个过程发生于排污企业，治理后的污染物不管达标与否最终均由排污企业排出，故排污企业的身份应为"污染者"④。第二，治污主体之身份接近于条文所称"第三人"。治污主体不提供治污设施，通过环境服务合同为排污企业提供"治污设施的维护、运营等与环境污染治理相关的服务"，此乃治污主体为排污企业进行"上门服

---

① 唐绍均、魏雨：《环境污染第三方治理中的侵权责任界定》，《重庆大学学报》（社会科学版）2019 年第 1 期。

② 《民法典》侵权责任编第 1233 条："因第三人的过错污染环境、破坏生态的，被侵权人可以向侵权人请求赔偿，也可以向第三人请求赔偿。侵权人赔偿后，有权向第三人追偿。"

③ 杨立新主编：《审理侵权案件观点集成》，中国法制出版社 2016 年版，第 246 页。

④ 唐绍均、魏雨：《环境污染第三方治理中的侵权责任界定》，《重庆大学学报》（社会科学版）2019 年第 1 期。

务"的情形，故治污主体在环境污染第三方治理侵权责任中的身份更接近于对环境污染的发生存在影响的"第三人"。第三，相较于《环境保护法》第 65 条，《民法典》侵权责任编第 1233 更适合用于界定在环境服务合同法律关系下排污企业与治污主体间的侵权责任。《民法典》侵权责任编为侵权责任领域的专门规定，对于各种侵权责任的规定最为详细权威；第 1233 条规定的"污染者"与"第三人"承担连带责任之情形将故意与过失均考虑其中，范围较为全面；根据《环境保护法》第 64 条这一准用性规范的规定，适用《民法典》侵权责任编第 1233 条并无不妥。

综上所述，在环境服务合同法律关系下，根据《民法典》侵权责任编第 1233 条的规定，不管作为"第三人"的治污主体是否有过错，[①] 作为"污染者"的排污企业均需承担环境侵权责任。所不同的是，治污主体有过错，则排污企业与治污主体承担连带责任；治污主体无过错，则排污企业独自承担责任。

（二）基于承揽合同法律关系的侵权责任

在承揽合同法律关系下，笔者认为排污企业与治污主体间侵权责任的界定可以比照《民法典》侵权责任编第 1193 条[②]的规定加以明确，即一般情况下应当由承揽人一方承担侵权责任，但若定作人在定作、指示或者选任时存在过错的情形，则定作人应当承担相应的赔偿责任。根据前述"排污企业与治污主体间的法律关系"之"承揽合同法律关系"部分对治污主体"承揽人"身份的论述，不难看出治污主体是一个"独立承揽人"[③]。"一方面，独立承揽人是依据其独立意志从事一定的工作，在很大程度上不会遭到他人的影响和控制，因此，其在工作中造成的损害，应该自己承担责任。另一方面，独立承揽人与委托人之间的合同以交付特定的工作成果为内容，独立承揽人只要交付了工作成果就属于履行了合同，至

[①] 根据原《环境侵权责任纠纷解释》第 5 条第 3 款的规定，污染者不得以第三人过错污染环境造成损害为由主张减责或免责。

[②] 《民法典》侵权责任编第 1193 条："承揽人在完成工作过程中造成第三人损害或者自己损害的，定作人不承担侵权责任。但是，定作人对定作、指示或者选任有过错的，应当承担相应的责任。"

[③] "独立承揽人，是指依据承揽合同的规定，独立从事一定的工作，而委托人之间没有指示服从关系的人。"参见王利明《侵权责任法研究》（下），中国人民大学出版社 2011 年版，第 110 页。

于如何完成其工作成果，是其自主决定的"①，所以，"承揽人因执行承揽事项，对第三人造成损害的，原则上应该由承揽人自己负责，定作人不承担责任"②，此与《民法典》侵权责任编第1193条之规定相吻合。需要说明的是，治污主体作为承揽人，在环境污染第三方治理中，除可能造成"人"的损害外，还有可能造成"环境"的损害，虽然《民法典》侵权责任编第1193条规定的损害对象不包括"环境"，但笔者认为此处不管是对"人"的损害还是对"环境"的损害，均非对承揽人自身造成的损害，且"环境"损害的后果最终都会殃及"人"，所以就某种程度而言，"环境"的损害与"人"的损害具有一定的相似性，③ 因此，比照《民法典》侵权责任编第1193条的规定解决排污企业与治污主体间侵权责任的承担问题并无不当。

综上所述，在承揽合同法律关系下，环境侵权责任通常是由作为承揽人的治污主体一方承担，但是若作为定作人的排污企业存在定作、指示或者选任上的过错情形，则排污企业亦需承担环境侵权责任，承担的责任份额应当与之过错相适应。

（三）环境污染第三方治理中基于合同法律关系的侵权责任比较

根据前文的分析，在环境污染第三方治理中，排污企业与治污主体间在成立承揽合同法律关系下的责任界定是比照《民法典》侵权责任编第1193条关于承揽人责任的规定，即排污企业在定作、指示或者选任时均无过错，则由治污主体来承担全部责任；反之，若排污企业在定作、指示或者选任中存在过错，则应当承担与之相应的责任份额。排污企业与治污主体间在成立环境服务合同法律关系下的责任界定是比照《民法典》侵权责任编第1233条关于污染者与有过错的第三人之间的不真正连带责任的规定，即治污主体若对于环境污染的发生没有过错，则由排污企业承担全部责任；反之，若治污主体对于环境污染的发生存在过错，不管是故意或者过失，应当与排污企业承担连带责任。但是值得注意的是，根据《环境侵权责任纠纷解释》（2020）第5条第2款的规

---

① 王利明：《侵权责任法研究》（下），中国人民大学出版社2011年版，第110页。
② 王利明：《侵权责任法研究》（下），中国人民大学出版社2011年版，第110页。
③ 唐绍均、魏雨：《环境污染第三方治理中的侵权责任界定》，《重庆大学学报》（社会科学版）2019年第1期。

定,第三人应当承担的是与之过错程度相应的责任,很显然该解释将《民法典》侵权责任编第 1233 条规定的不真正连带责任解读成了按份责任,这是存在问题的,因为不真正连带责任与按份责任具有非常大的区别,前者的最终责任人是一人,后者的最终责任人是数人。综上所述,排污企业与治污主体在成立环境服务合同法律关系下的责任界定应当是:若治污主体对于环境污染的发生存在过错,则其应当承担全部的环境侵权责任;如果不存在过错,则无须承担环境侵权责任,而由排污企业承担全部责任。① 简言之,在环境服务合同法律关系下,排污企业与治污主体的环境侵权责任界定是非此即彼的问题,而其中的标准就是治污主体的过错,无过错则由排污企业担全责,有过错则由治污主体担全责,不论该过错是故意还是过失。

概言之,排污企业与治污主体在不同的合同法律关系下承担侵权责任的风险存在区别:在承揽合同法律关系下,治污主体所面临的侵权责任承担风险明显大于排污企业;而在环境服务合同法律关系下,排污企业所面临的侵权责任承担风险明显大于治污主体,而且不论排污企业对于污染的发生是否有过错,都要先与治污主体承担不真正连带责任。② 究其根本原因在于排污企业与治污主体在不同的合同法律关系下具有不同的身份,即在承揽合同法律关系下,排污企业的身份被界定为"定作人",治污主体的身份被界定为"承揽人";而在环境服务合同法律关系下,排污企业的身份被界定为"侵权人",治污主体的身份被界定为"第三人"。环境污染第三方治理中的第三方治污主体,并不当然等同于原《侵权责任法》第 68 条、现《民法典》第 1233 条规定的"第三人","第三方"与"第三人"本质上是两个概念,"第三方"是相对于环境行政主体与排污企业而言的,"第三人"是相对于侵权人与受害人而言的。③ 但是,在排污企业与治污主体成立环境服务合同法律关系时,治污主体的身份近似"第三人",原因在于:治污主体不提供治污设施,通过环境服务合同为排污企

---

① 唐绍均、魏雨:《环境污染第三方治理中的侵权责任界定》,《重庆大学学报》(社会科学版) 2019 年第 1 期。

② 唐绍均、魏雨:《环境污染第三方治理中的侵权责任界定》,《重庆大学学报》(社会科学版) 2019 年第 1 期。

③ 唐绍均、魏雨:《环境污染第三方治理中的侵权责任界定》,《重庆大学学报》(社会科学版) 2019 年第 1 期。

业提供"治污设施的维护、运营等与环境污染治理相关的服务",此乃治污主体为排污企业进行"上门服务"的情形,治污主体在为排污企业提供治污设施的维护、运营等服务时,其行为会对污染物施加或积极或消极的影响,故治污主体在环境污染第三方治理侵权中的身份更接近于对环境污染的发生存在影响的"第三人"。[1]

(四) 第三方治理合同有效情形下环境侵权责任的最终界定

关于环境污染第三方治理中排污企业与治污主体在对外承担责任后,对内责任即最终责任如何确定,笔者认为应当根据如下方式进行判断:若排污企业与治污主体成立环境服务合同法律关系或者承揽合同法律关系,由于合同遵循意思自治的原则,因此如果排污企业与治污主体在合同中约定了发生环境侵权时双方责任的承担比例,且该约定的责任承担比例既不违背公序良俗,亦不违反法律的强制性规定,则依据前述方式对外承担责任后,对内可以按照双方的约定确定责任的承担比例。若排污企业与治污主体在合同中未曾约定,在环境服务合同法律关系下,根据《环境侵权责任纠纷解释》(2020)第5条第1款与第2款之规定,以治污主体对于环境污染的发生有无过错为标准,若治污主体无过错,则由排污企业一方独自承担环境侵权责任,治污主体对于环境污染的发生有过错,则与排污企业承担连带责任,排污企业独自承担责任后可向治污主体追偿,追偿的份额应当根据治污主体的过错程度来确定;[2] 在承揽合同法律关系下,根据《民法典》侵权责任编第1193条之规定,若排污企业(定作人)对于定作、指示、选任均无过错,则最终责任由治污主体(承揽人)一方承担;反之,则排污企业应当承担与其过错相应的责任。

值得注意的是,判断"各自责任大小"即确定连带责任人各自份额所依据的基本因素有二,即过错程度和行为原因力。[3] 早在2010年《中华人民共和国侵权责任法司法解释建议稿(草案)》第20条就已提及"各自责任大小"的判断方式,即结合各连带责任人的过错程度和行为的

---

[1] 唐绍均、魏雨:《环境污染第三方治理中的侵权责任界定》,《重庆大学学报》(社会科学版)2019年第1期。

[2] 根据原《环境侵权责任纠纷解释》第5条第2款的规定,第三人承担的赔偿份额应当根据其过错程度予以确定。

[3] 杨立新:《侵权责任法》,复旦大学出版社2010年版,第214页。

原因力大小进行判断。① 换言之，要判断排污企业与治污主体承担连带责任后的最终责任，则首先应当根据各排污企业与治污主体的过错程度和行为的原因力大小综合判断。因此，在环境污染第三方治理中，"过错程度与行为的原因力大小"确定是判断排污企业与治污主体间最终责任的关键。过错程度大小的判断标准：直接故意＞间接故意＞重大过失＞一般过失。② 例如，在一方故意侵权与一方过失侵权导致的连带责任中，故意侵权的一方相对于过失侵权的一方应当承担更大的责任。行为原因力的大小应当分析排污企业与治污主体的行为何者更有造成环境污染的危害性，何者造成环境污染的原因力更强。

三 排污企业与治污主体基于无效合同关系的侵权责任

（一）环境污染第三方治理合同无效的情形梳理

环境污染第三方治理以民事合同为纽带引入治污主体作为专业的"治污者"，使排污企业在传统环境污染治理中兼具的"产污者"与"治污者"身份发生"分离"。③ 其中，作为纽带的民事合同即环境污染第三方治理合同，是指为明确排污企业与治污主体在环境污染第三方治理中的权利义务而订立的协议，是第三方治理的实现方式。④ 已经成立的合同并非一定有效，第三方治理合同可能由于种种原因成为无效合同。⑤ 所谓无效合同是指虽已

---

① 原《侵权责任法》第 14 条："连带责任人根据各自责任大小确定相应的赔偿数额；难以确定责任大小的，平均承担赔偿责任。支付超出自己赔偿数额的连带责任人，有权向其他连带责任人追偿。"现对应《民法典》总则编第 178 条："二人以上依法承担连带责任的，权利人有权请求部分或者全部连带责任人承担责任。连带责任人的责任份额根据各自责任大小确定；难以确定责任大小的，平均承担责任。实际承担责任超过自己责任份额的连带责任人，有权向其他连带责任人追偿。连带责任，由法律规定或者当事人约定。"其中无"连带责任人承担连带责任后"用语，原因是侵权之诉和连带责任人之间的责任分担之诉就可以合并解决，一举多得，在解决连带责任的责任分担、不妨碍保护被侵权人利益的同时还使诉讼程序得以简化、诉讼成本得以降低、诉讼效率得以提高。参见王胜明主编《中华人民共和国侵权责任法解读》，中国法制出版社 2010 年版，第 64 页。

② 杨立新：《侵权责任法》，复旦大学出版社 2010 年版，第 214 页。

③ 唐绍均、魏雨：《环境污染第三方治理中的侵权责任界定》，《重庆大学学报》（社会科学版）2019 年第 1 期。

④ 刘长兴：《污染第三方治理的法律责任基础与合理界分》，《法学》2018 年第 6 期。

⑤ 合同无效的情况下，排污企业与治污主体并未建立法律关系，故排污企业与治污主体均可能成为单独的污染者，则"多个污染者引起的环境污染责任，应当参考我国侵权责任制度中共同侵权责任以及按份责任的相关原则进行处理"。参见刘淑波主编《民法各论》，中国政法大学出版社 2014 年版，第 536 页。

成立，但因违反生效要件而不能发生法律效力的合同。① 根据原《民法总则》第 153 条与第 154 条、原《民法通则》第 58 条、原《合同法》第 52 条、原《最高人民法院关于适用〈中华人民共和国合同法〉若干问题的解释（一）》第 10 条的规定，可致第三方治理合同全部无效②的情形有以下五种③：第一，以欺诈或者胁迫手段订立且损害国家利益；第二，恶意串通且损害国家、集体或者第三人利益；第三，以合法形式掩盖非法目的；第四，损害社会公共利益④；第五，违反法律、行政法规的强制性规定。⑤ 目前，按照《民法典》的规定，第三方治理合同无效的可能情形⑥主要包括：第一，以虚假的意思表示实施；第二，违反法律、行政法规的强制性规定；第三，违背公序良俗；第四，恶意串通，损害他人合法权益。

1. 以虚假的意思表示实施

以虚假的意思表示实施即欺诈，是指以故意虚假陈述或者隐瞒真相的

---

① 王利明：《论无效合同的判断标准》，《法律适用》2012 年第 9 期。

② 合同无效除合同全部无效外，还应包括合同部分无效，由于与环境侵权责任界定有关的第三方治理合同部分无效仅涉及合同有效但责任约定条款无效的情形，且笔者曾撰文提出此种情形的环境侵权责任可根据合同的类型得以界定［唐绍均、魏雨：《环境污染第三方治理中的侵权责任界定》，《重庆大学学报》（社会科学版）2019 年第 1 期］，所以本书仅讨论合同全部无效情形下的环境侵权责任界定。

③ 由于环境污染第三方治理的主体为排污企业与治污主体，不涉及"无、限制民事行为能力人"，所以《民法通则》第 58 条第 1 项规定的"无民事行为能力人实施的民事法律行为无效"与第 2 项规定的"限制民事行为能力人依法不能独立实施的民事法律行为无效"情形本书不予讨论。

④ 社会公共利益是指公共秩序和善良风俗，即公序良俗，具体内容参见周彬彬《比较合同法》，兰州大学出版社 1989 年版，第 418 页；杨代雄《借名购房及借名登记中的物权变动》，《法学》2016 年第 8 期。所以，"损害社会公共利益"的合同无效可被理解为《民法总则》第 153 条中规定的"违背公序良俗的无效民事法律行为"中的一种情形。

⑤ 根据《合同法司法解释一》第 10 条的规定，超过国家限制经营、特许经营以及法律、行政法规禁止经营范围订立的合同无效。因经营范围均由法律、行政法规规定，故该条实际规定的是一种因"违反法律、行政法规的强制性规定"而使合同无效的具体情形。

⑥ 《民法典》总则编第 146 条第 1 款"行为人与相对人以虚假的意思表示实施的民事法律行为无效"、第 153 条第 1 款"违反法律、行政法规的强制性规定的民事法律行为无效。但是，该强制性规定不导致该民事法律行为无效的除外"与第 2 款"违背公序良俗的民事法律行为无效"以及第 154 条"行为人与相对人恶意串通，损害他人合法权益的民事法律行为无效"。

方式，使他人陷于错误认识并作出意思表示的行为。① 以欺诈手段订立且损害国家利益可能成为第三方治理合同无效的情形。例如，治污主体故意向排污企业隐瞒其不具备治污能力的事实，使排污企业误信其具备治污能力而与之订立第三方治理合同，应属治污主体以欺诈手段订立的合同；与此同时，治污主体不具备相应治污能力而开展污染治理将造成环境污染，可能损害私人利益或者环境利益，若损害环境利益，则根据学者"环境利益是国家利益重要组成部分"② 这一观点，此时第三方治理合同可能因治污主体以欺诈手段订立且损害他人、社会公共利益乃至国家利益而无效。

2. 违反法律、行政法规的强制性规定

根据《民法典》第 153 条③的规定，导致合同无效的强制性规定是效力性强制性规定。效力性强制性规定可分为两类：一类是条文中明确规定合同只要违反即无效，另一类是条文中虽未明确规定，但合同有效则会导致社会公共利益与国家利益受损。④ 合同违反法律、行政法规强制性规定的具体类型包括：内容违法、形式违法、程序违法、动机违法、主体资格缺失。⑤ 违反法律、行政法规强制性规定可能成为第三方治理合同无效的情形。例如，根据《固体废物污染环境防治法》第 80 条⑥的规定，处置危险废物的单位需有危险废物经营许可证，但是排污企业明知治污主体无危险废物经营许可证仍将产生的危险废物交由其处置，订立第三方治理合同。此时，治污主体显然不具备处置危险废物的资格，第三方治理合同因违反法律的效力性强制性规定而无效。

---

① 崔建远：《合同法》，北京大学出版社 2016 年版，第 89 页。
② 叶俊荣：《政策与法律》，中国政法大学出版社 2003 年版，第 19 页。
③ 《民法典》第 153 条："违反法律、行政法规的强制性规定的民事法律行为无效。但是，该强制性规定不导致该民事法律行为无效的除外。"
④ 姚明斌：《"效力性"强制规范裁判之考察与检讨——以〈合同法解释（二）〉第 14 条的实务进展为中心》，《中外法学》2016 年第 5 期。
⑤ 王利明：《合同法研究》（第一卷），中国人民大学出版社 2018 年版，第 656—659 页。
⑥ 《固体废物污染环境防治法》（2020）第 80 条："从事收集、贮存、利用、处置危险废物经营活动的单位，应当按照国家有关规定申请取得许可证。许可证的具体管理办法由国务院制定。禁止无许可证或者未按照许可证规定从事危险废物收集、贮存、利用、处置的经营活动。禁止将危险废物提供或者委托给无许可证的单位或者其他生产经营者从事收集、贮存、利用、处置活动。"

3. 违背公序良俗

违背公序良俗是损害社会公共利益的重要表现。公序良俗包括公共秩序和善良风俗，而损害公共秩序，即损害治安秩序、舆论秩序、选举秩序、政治秩序、司法秩序、管理秩序等；违反善良风俗，即违反性道德、婚姻伦理、家庭伦理、人格尊严以及过度限制自由、践踏宪法基本权利、违反公平竞争、政府特许之外的射幸合同等。[①] 作为损害社会公共利益的内容之一，违背公序良俗可能成为第三方治理合同无效的情形。

4. 恶意串通且损害他人合法权益

"恶意"是指行为人主观上具备损害他人利益的故意，[②] 恶意串通是指两个以上的行为人主观上具备损害他人利益的共同故意。恶意串通且损害他人利益可能成为第三方治理合同无效的情形。例如，排污企业与治污主体虽已订立第三方治理合同，但为节约治污成本实际上并未开展任何污染治理工作，而是串通伪造监测数据欺骗生态环境主管部门以逃避监管；根据排污企业与治污主体恶意串通订立合同的行为，可推知二者在订立合同之时即有损害国家利益的意思表示，原因在于合同订立的目的是逃避生态环境主管部门的监管，势必会破坏环境监管秩序，损害国家利益，当然同时也可能损害他人利益。[③] 此时，第三方治理合同可能因排污企业与治污主体恶意串通订立且损害他人利益而无效。

目前，虽然笔者尚未检索到因第三方治理合同效力而产生争议的案件，但根据笔者的粗略统计[④]，2014—2019 年，第三方治理合同[⑤]应为无效的案例有 16 个。这些案例中，排污企业均是将危险废物交由不具备危险废物经营许可证的治污主体处置，违反原《固体废物污染环境防治法》

---

① 钟秀勇：《钟秀勇讲民法》，五洲传播出版社 2018 年版，第 119 页。

② 茅少伟：《恶意串通、债权人撤销权及合同无效的法律后果——最高人民法院指导案例 33 号的实体法评释》，《当代法学》2018 年第 2 期。

③ 唐绍均、魏雨：《论第三方治理合同无效情形下的环境侵权责任界定》，《重庆大学学报》（社会科学版）2020 年第 5 期。

④ 因目前可检索的与环境污染第三方治理有关的裁判文书并未载明 "环境污染第三方治理""污染第三方治理""第三方治理" 等文字，本书的案例为笔者通过在 "聚法案例" 网输入 "环境侵权""环境污染" 等关键词检索后进行人工筛查逐一搜集。

⑤ 本书搜集的既有排污企业与治污主体间订立书面第三方治理合同的案例，也有仅订立口头第三方治理合同的案例。

第 57 条①的规定，与因"违反法律的强制性规定"致使合同无效的情形相符。此外，危险废物具有高度的危险性，排污企业将其交由不具备资质的治污主体进行处置，造成环境污染必然损害社会公共利益。所以，排污企业与不具备危险废物经营许可证的治污主体之间订立的第三方治理合同也可能因"损害社会公共利益"而无效。②而且，在部分案件中，排污企业与治污主体虽已订立第三方治理合同，但是只是以其掩盖非法处置危险废物的目的而已，符合原《合同法》第 52 条"以合法形式掩盖非法目的"的规定而致使合同无效的情形。因此，第三方治理中合同无效的情形可能存在竞合，法院可基于自由裁量权的行使而对相同或者类似的案件适用不同法律依据作出合同无效的认定。

（二）第三方治理合同无效情形下环境侵权责任的裁判实践

目前，有关环境污染第三方治理的侵权案例并不多，但第三方治理合同无效情形下的侵权案例就检索到 16 个，从某种程度上说明在第三方治理合同无效情形下，不规范的环境污染第三方治理极易产生环境污染，造成环境侵权，阻碍环境污染第三方治理发挥其应有的价值与效果。本书将 16 个案例中有关排污企业与治污主体环境侵权责任承担的判决结果通过表 5-2 予以呈现。

---

① 原《固体废物污染环境防治法》第 57 条："从事收集、贮存、处置危险废物经营活动的单位，必须向县级以上人民政府环境保护行政主管部门申请领取经营许可证；从事利用危险废物经营活动的单位，必须向国务院环境保护行政主管部门或者省、自治区、直辖市人民政府环境保护行政主管部门申请领取经营许可证。具体管理办法由国务院规定。禁止无经营许可证或者不按照经营许可证规定从事危险废物收集、贮存、利用、处置的经营活动。禁止将危险废物提供或者委托给无经营许可证的单位从事收集、贮存、利用、处置的经营活动。"对应现行《固体废物污染环境防治法》第 80 条："从事收集、贮存、利用、处置危险废物经营活动的单位，应当按照国家有关规定申请取得许可证。许可证的具体管理办法由国务院制定。禁止无许可证或者未按照许可证规定从事危险废物收集、贮存、利用、处置的经营活动。禁止将危险废物提供或者委托给无许可证的单位或者其他生产经营者从事收集、贮存、利用、处置活动。"

② 唐绍均、魏雨：《论第三方治理合同无效情形下的环境侵权责任界定》，《重庆大学学报》（社会科学版）2020 年第 5 期。

表 5-2　环境污染第三方治理合同无效情形下侵权的司法案例

序号	案件名称	判决结果
1	某环保联合会与江苏某农化有限公司等环境污染责任纠纷案①	排污企业承担环境侵权责任
2	某环境研究所与泰州市某化工有限公司环境污染责任纠纷案②	
3	某生态环境公益保护协会与江苏某有限公司环境污染责任纠纷案③	
4	某环保联合会与被告某染料有限公司环境污染责任纠纷案④	
5	某绿色发展基金会与山东某化工有限公司等侵权责任纠纷案⑤	
6	安徽某化工科技有限公司与某省人民政府环境污染责任纠纷案⑥	
7	某人民检察院诉许某、许某某民事公益诉讼案⑦	治污主体承担环境侵权责任
8	浙江某股份有限公司等环境污染责任纠纷案⑧	
9	贵州某化工有限公司等土壤污染责任纠纷案⑨	
10	上海市松江区某政府与蒋某某等水污染责任纠纷案⑩	排污企业与治污主体承担连带责任
11	某环保联合会与建德市某有限公司等环境污染责任纠纷案⑪	
12	某环境公益协会与储某某等环境污染责任纠纷案⑫	
13	某检察院与某环保能源利用有限公司等固体废物污染责任纠纷案⑬	

---

① 江苏省高级人民法院〔2014〕苏环公民终 00001 号民事判决书。
② 泰州市中级人民法院〔2015〕泰中环公民初 00003 号民事判决书。
③ 镇江市中级人民法院〔2015〕镇民公初 00003 号民事判决书。
④ 南京市中级人民法院〔2016〕苏 01 民初 1203 号民事判决书。
⑤ 济南市中级人民法院〔2016〕鲁 01 民初 780 号民事判决书。
⑥ 江苏省高级人民法院〔2018〕苏民终 1316 号民事判决书。
⑦ 常州市中级人民法院〔2015〕常环公民初 1 号民事判决书。
⑧ 宣城市中级人民法院〔2018〕皖 18 民终 1340 号民事判决书。
⑨ 遵义市中级人民法院〔2016〕黔 03 民初 520 号民事判决书。
⑩ 《最高人民法院公报》2014 年第 4 期。
⑪ 东营市中级人民法院〔2015〕东环保民初 1 号民事判决书。
⑫ 常州市中级人民法院〔2014〕常环公民初 2 号民事判决书。
⑬ 吉林市中级人民法院〔2017〕吉 02 民初 32 号民事判决书。

续表

序号	案件名称	判决结果
14	某街道办事处与江西某环保科技有限公司等财产损害赔偿纠纷案①	排污企业与治污主体承担连带责任
15	博罗县某油料有限公司等环境污染责任纠纷案②	
16	某环保联合会与江西某有色金属有限公司等环境污染责任纠纷案③	排污企业与治污主体承担按份责任

在表 5-2 的 16 个案件中，排污企业均明知治污主体不具备危险废物经营许可证，仍将产生的危险废物交由其处置，违反原《固体废物污染环境防治法》第 57 条的规定，双方签订的第三方治理合同因"违反法律的强制性规定"而无效。尽管前述案件中合同无效的原因具有同一性，但是司法实践中由排污企业与治污主体中的一方单独承担环境侵权责任（约占比 56%）、双方连带承担环境侵权责任（约占比 38%）或者双方按份承担环境侵权责任（约占比 6%）等四种迥异的裁判结果均有所呈现。结合前述案件的案情分析，笔者发现：该类案件的主要事实相近，但判决结果迥异。

结合现有法律规定，笔者认为基于前述 16 个案件的主要事实趋同，其判决结果理应一致，即排污企业与治污主体应构成共同侵权，承担连带责任。从环境侵权的构成要件分析，前述案件是否构成共同侵权，其争议焦点在于排污企业与治污主体是否具有共同故意。所谓共同故意是指每一行为人对其加害行为都存在个别认识上的故意，相互之间还具有共同的意思联络。④ 之所以认定前述案件中排污企业与治污主体具有共同故意，有以下三个方面的原因。第一，排污企业既对其产生的危险废物的种类是明知的，也对其产生的危险废物如果处置不当将对环境造成损害的可能性是明知的，还对与其签订第三方治理合同的治污主体没有危险废物经营许可证的事实是明知的，但其仍将产生的危险废物交由该治污主体进行处置，可推知排污企业对该治污主体最终采取非法倾倒、排放等损害环境的方式

---

① 苏州工业园区人民法院〔2016〕苏 0591 民初 5907 号民事判决书。
② 来宾市中级人民法院〔2018〕桂 13 民初 39 号民事判决书。
③ 江西省高级人民法院〔2018〕赣民终 189 号民事判决书。
④ 奚晓明主编：《〈侵权责任法〉条文理解与适用》，人民法院出版社 2010 年版，第 69 页。

处置危险废物的行为持放任态度，也对由此可能造成的环境损害持放任态度，可认定排污企业存在间接故意的主观心理状态。① 第二，治污主体既对其不具备危险废物经营许可证的事实是明知的，也对其采取非法倾倒、排放等损害环境的方式处置危险废物将给环境造成损害的可能性是明知的，但仍接受排污企业的委托对危险废物进行处置，可推知其对由此可能造成的环境损害持放任态度，可认定治污主体存在间接故意的主观心理状态。② 第三，基于排污企业与治污主体均持间接故意的主观心理状态，可推知排污企业对治污主体不当处置危险废物行为的默认，也可推知治污主体对排污企业默认其不当处置危险废物行为的认可。③ 据此可认定排污企业与治污主体具有"共同的意思联络"，存在造成环境损害的共同故意。所以，排污企业与治污主体应构成共同侵权，依据原《侵权责任法》第10条④的规定应承担连带责任。

综上所述，在环境污染第三方治理合同因"违反法律的强制性规定"而无效时，根据现有的法律规定并结合相关证据，排污企业与治污主体应当构成共同侵权而承担连带责任，但实践中呈现出四种迥异的裁判结果。鉴于环境污染第三方治理实践的复杂性，导致第三方治理合同无效的情形并不限于"违反法律的强制性规定"一种，如果该类合同出现其他无效情形，势必对司法裁判造成更大的困扰，裁判结果极有可能出现"五花八门"的乱象。由此可见，在第三方治理合同无效的情形下，目前各级法院对环境侵权责任界定缺乏统一的裁判标准，亟须通过统一裁判标准对其加

---

① 唐绍均、魏雨：《论第三方治理合同无效情形下的环境侵权责任界定》，《重庆大学学报》（社会科学版）2020 年第 5 期。

② 唐绍均、魏雨：《论第三方治理合同无效情形下的环境侵权责任界定》，《重庆大学学报》（社会科学版）2020 年第 5 期。

③ 唐绍均、魏雨：《环境污染第三方治理中的侵权责任界定》，《重庆大学学报》（社会科学版）2019 年第 1 期。

④ 原《侵权责任法》第 10 条："二人以上实施危及他人人身、财产安全的行为，其中一人或者数人的行为造成他人损害，能够确定具体侵权人的，由侵权人承担责任；不能确定具体侵权人的，行为人承担连带责任。"对应《民法典》侵权责任编第 1170 条："二人以上实施危及他人人身、财产安全的行为，其中一人或者数人的行为造成他人损害，能够确定具体侵权人的，由侵权人承担责任；不能确定具体侵权人的，行为人承担连带责任。"

以准确界定。①

(三) 第三方治理合同无效情形下环境侵权责任的"分层"界定

如前所述,在第三方治理合同有效的情形下,应根据合同的类型即承揽合同或者环境服务合同来界定排污企业与治污主体的环境侵权责任,②在此不再赘述,此处仅讨论第三方治理合同无效情形下两者的环境侵权责任界定。笔者认为,第三方治理合同无效情形下的环境侵权责任界定,应以"损害担责"原则或者广义的"污染者担责"原则为指导,先按"污染源的控制与排放"的"文义射程"甄别排污企业或者治污主体的"污染者"身份,并依法认定其"污染者"责任;对不符合"污染者"身份的排污企业或者治污主体,若有证据证明其与"污染者"存在共同因果关系的分别侵权行为,则应承担按份责任;若有证据证明其与"污染者"存在共同侵权、共同危险、累积因果关系的分别侵权或者教唆、帮助侵权行为,则应承担连带责任;若有证据证明其为有过错的"第三人",则应与"污染者"承担不真正连带责任。③

1. 基于"污染者"身份的环境侵权责任

根据《民法典》《环境侵权责任纠纷解释》(2020)的规定,"因污染环境造成损害的"应由"侵权人"承担环境侵权责任,此处的"侵权人"既包括狭义的"环境污染者",也包括"生态破坏者",但如果采用广义的"环境"概念,"环境"包含了"生态",此时的"污染者"就应为广义的"环境污染者"。基于此,此处为表述方便,笔者采用了广义的"污染者"概念,既将狭义的"环境污染者"包括在内,也包括了"生态破坏者",若无特别说明,后文中的"污染者"均为广义的"污染者",即后文中的"污染者"就是指《民法典》《环境侵权责任纠纷解释》中的"侵权人"。按照前述规定,甄别排污企业或者治污主体的"污染者"身

---

① 唐绍均、魏雨:《环境污染第三方治理中的侵权责任界定》,《重庆大学学报》(社会科学版) 2019 年第 1 期。

② 唐绍均、魏雨:《环境污染第三方治理中的侵权责任界定》,《重庆大学学报》(社会科学版) 2019 年第 1 期。

③ 唐绍均、魏雨:《环境污染第三方治理中的侵权责任界定》,《重庆大学学报》(社会科学版) 2019 年第 1 期。

份是界定第三方治理合同无效情形下环境侵权责任的前提。① 何谓"污染者",按照《〈侵权责任法〉条文理解与适用》对"污染者"的解读,"污染者"是指"污染源的控制与排放者",相当于《水污染防治法》中的"排污方"或者《固体废物污染环境防治法》中产生固体废物的"产品的生产者、销售者、进口者、使用者"或"收集、贮存、运输、利用、处置体废物的单位和个人"。② 简言之,认定"污染者"身份,必须同时满足"污染源控制者"与"污染源排放者"的标准。根据《全球华语大词典》的定义,"控制"是指"掌握住不使任意活动或越出范围"或者"占领",③ 因此,"污染源控制者"就应指占有污染源并将其固定在一定范围内的主体。根据《全球华语大词典》的定义,"排放"是指"把废水、废气等排出去",④ 但鉴于污染源的特殊性,污染源的排放则应指将污染物排放至"外环境"。结合《环境保护法》第 2 条对"外环境"的界定,污染源的排放则应指将污染物排放至大气、水、海洋、土地、矿藏、森林、草原、湿地、野生生物、自然遗迹、人文遗迹、自然保护区、风景名胜区、城市和乡村等影响人类生存和发展的各种天然的和经过人工改造的自然因素的总体,若仅将污染物装入密闭的管道、罐式车辆等工具进行运输而并未使之进入"外环境",就不属于污染源的排放。⑤ 所以,"污染源排放者"应指将其控制范围内的污染源排放至"外环境"的主体。在认定"污染者"身份时,应重点把握以下两点:首先,"污染源控制者"标准是"污染源排放者"标准的前提;其次,在不能同时满足"污染源控制者"标准与"污染源排放者"标准时,应侧重于"污染源控制者"标准。

第一,若环境污染第三方治理在排污企业的场所内进行,即治污主体提供"上门服务",则排污企业始终占有污染源并将其固定在一定范围

---

① 唐绍均、魏雨:《论第三方治理合同无效情形下的环境侵权责任界定》,《重庆大学学报》(社会科学版) 2020 年第 5 期。

② 奚晓明主编:《〈侵权责任法〉条文理解与适用》,人民法院出版社 2010 年版,第458 页。

③ 李宇明主编:《全球华语大辞典》,商务印书局 2011 年版,第 874 页。

④ 李宇明主编:《全球华语大辞典》,商务印书局 2011 年版,第 1129 页。

⑤ 唐绍均、魏雨:《环境污染第三方治理中的侵权责任界定》,《重庆大学学报》(社会科学版) 2019 年第 1 期。

内,排污企业应为"污染源控制者"。① 污染物经治污主体治理后从排污企业的场所内向外环境排放,不管是排污企业自行排放,还是治污主体经排污企业授意排放,排污企业应为"污染源排放者";如果是治污主体擅自排放,不能同时满足"污染源控制者"标准与"污染源排放者"标准,基于前述侧重于"污染源控制者"标准,排污企业也应为"污染源排放者"。此种情形下如果发生环境污染,由于排污企业既是污染源的控制者,也是污染源的排放者,符合"污染者"身份的认定标准,应当由其承担环境侵权责任。

第二,若排污企业将其产生的污染物装入密闭的管道、罐式车辆等工具运输至治污主体进行治理,污染物在转移占有之时便脱离了排污企业的控制,排污企业不再是"污染源控制者";且装入密闭的管道、罐式车辆等工具进行运输并未使污染物进入外环境,不符合排放的特征,排污企业不是"污染源排放者",所以排污企业不符合"污染者"的身份认定标准②。相对地,在转移占有后,治污主体将污染物占有并将其固定在一定范围内,则治污主体成为"污染源控制者";污染物经治理后,由治污主体实施排放行为,则治污主体成为"污染源排放者"。此种情形下如果发生环境污染,由于治污主体既是污染源的控制者,也是污染源的排放者,符合"污染者"身份的认定标准,应当由其承担环境侵权责任。

2. 基于"非污染者"身份的环境侵权责任

在界定基于"污染者"身份的环境侵权责任后,"非污染者"身份的环境侵权责任也亟须明确。虽然排污企业或者治污主体中的另一方不符合"污染者"身份的认定标准,不具有"污染者"身份,不承担基于"污染者"身份的环境侵权责任,但也可能基于"非污染者"身份与"污染者"存在共同因果关系的分别侵权、共同侵权、共同危险或者累积因果关系的分别侵权等行为而承担环境侵权责任。③

第一,若有证据证明排污企业与治污主体间存在共同因果关系的分别

---

① 唐绍均、魏雨:《环境污染第三方治理中的侵权责任界定》,《重庆大学学报》(社会科学版) 2019 年第 1 期。

② 唐绍均、魏雨:《环境污染第三方治理中的侵权责任界定》,《重庆大学学报》(社会科学版) 2019 年第 1 期。

③ 唐绍均、魏雨:《环境污染第三方治理中的侵权责任界定》,《重庆大学学报》(社会科学版) 2019 年第 1 期。

侵权行为，则二者应根据《民法典》侵权责任编第1172条①的规定承担按份责任。共同因果关系的分别侵权行为是指行为人之间不存在意思联络，分别实施加害行为，每个行为人的行为单独均不足以造成全部损害，但一经结合就会造成同一不可分割损害后果的侵权行为。② 在环境污染第三方治理中，如果有证据证明排污企业或者治污主体任意一方具有"污染者"身份，另一方为"非污染者"，二者之间不存在意思联络，分别实施加害行为，且各行为单独均不足以造成"同一环境损害"的全部，但一经结合就会造成同一不可分割的环境损害后果，则排污企业与治污主体间就应构成共同因果关系的分别侵权而承担按份责任。③

第二，若有证据证明排污企业与治污主体间存在共同侵权行为，则二者应根据《民法典》侵权责任编第1168条④的规定承担连带责任。共同侵权行为是指数人基于共同过错而侵害他人的合法权益，依法应当承担连带赔偿责任的侵权行为。⑤ 在环境污染第三方治理中，如果有证据证明排污企业或者治污主体任意一方具有"污染者"身份，另一方为"非污染者"，二者对于环境损害结果的发生存在共同过错，即共同故意、共同过失，⑥ 则排污企业与治污主体间就应构成共同侵权而承担连带责任。

第三，若有证据证明排污企业与治污主体间存在共同危险侵权行为，则二者应根据《民法典》侵权责任编第1170条⑦的规定承担连带责任。共同危险行为是指二人以上共同实施危及他人人身或者财产安全的行为并

---

① 《民法典》侵权责任编第1172条："二人以上分别实施侵权行为造成同一损害，能够确定责任大小的，各自承担相应的责任；难以确定责任大小的，平均承担责任。"

② 卢佩：《多数人侵权纠纷之共同诉讼类型研究兼论诉讼标的之"案件事实"范围的确定》，《中外法学》2017年第5期。

③ 唐绍均、魏雨：《环境污染第三方治理中的侵权责任界定》，《重庆大学学报》（社会科学版）2019年第1期。

④ 《民法典》侵权责任编第1168条："二人以上共同实施侵权行为，造成他人损害的，应当承担连带责任。"

⑤ 李新：《数人侵权形态划分及其责任承担标准的法律探析——兼评我国〈侵权责任法〉的相关规定》，《法学杂志》2010年第1期。

⑥ 钟秀勇：《钟秀勇讲民法之理论卷》，中国政法大学出版社2015年版，第494页。

⑦ 《民法典》侵权责任编第1170条："二人以上实施危及他人人身、财产安全的行为，其中一人或者数人的行为造成他人损害，能够确定具体侵权人的，由侵权人承担责任；不能确定具体侵权人的，行为人承担连带责任。"

造成损害后果，不能确定实际侵害行为人的侵权行为。① 在环境污染第三方治理中，如果有证据证明排污企业或者治污主体任意一方具有"污染者"身份，另一方为"非污染者"，二者都实施了足以危害环境的行为并且也造成了环境损害后果，但实际的侵害人是排污企业还是治污主体无法确定，则排污企业与治污主体就应构成共同危险侵权而承担连带责任。②

第四，若有证据证明排污企业与治污主体间存在累积因果关系的分别侵权行为，则二者应根据《民法典》侵权责任编第1171条③的规定承担连带责任。累积因果关系的分别侵权行为是指行为人之间不存在意思联络，分别实施加害行为，造成同一个不可分割的损害后果，且每个人的行为单独均足以造成全部损害的侵权行为。④ 在环境污染第三方治理中，如果有证据证明排污企业或者治污主体任意一方具有"污染者"身份，另一方为"非污染者"，二者之间不存在意思联络，分别实施加害行为，造成同一个不可分割的环境损害后果，且各行为单独均足以造成全部环境损害，则排污企业与治污主体间就应构成累积因果关系的分别侵权而承担连带责任。

第五，若有证据证明排污企业与治污主体间存在教唆、帮助侵权行为，则二者应根据《民法典》侵权责任编第1169条⑤的规定承担连带责任。有学者认为"教唆人或者帮助人之所以要与被教唆人、被帮助人承担连带责任，是因为他们通过教唆、帮助具备了意思联络，形成了整体意志，所以他们应该对该整体意志支配下的实行行为所致的损害后果承担侵权责任"⑥，被教唆或者被帮助的对象若为完全民事行为能力人（法人）的，应构成共同侵权⑦。如果在环境污染第三方治理中，有证据证明排污企业或者治污主体任意一方具有"污染者"身份，另一方为"非污

---

① 王成、鲁智勇：《高空抛物侵权行为探究》，《法学评论》2007年第2期。

② 唐绍均、魏雨：《环境污染第三方治理中的侵权责任界定》，《重庆大学学报》（社会科学版）2019年第1期。

③ 《民法典》侵权责任编第1171条："二人以上分别实施侵权行为造成同一损害，每个人的侵权行为都足以造成全部损害的，行为人承担连带责任。"

④ 钟秀勇：《钟秀勇讲民法之理论卷》，中国政法大学出版社2015年版，第498页。

⑤ 《民法典》侵权责任编第1169条："教唆、帮助他人实施侵权行为的，应当与行为人承担连带责任。"

⑥ 杨会：《侵权责任研究》，北京大学出版社2014年版，第120页。

⑦ 钟秀勇：《钟秀勇讲民法之理论卷》，中国政法大学出版社2015年版，第496页。

染者",二者间存在教唆、帮助侵权行为,则排污企业与治污主体应承担连带责任。

第六,若有证据证明排污企业或治污主体为对于环境损害有过错的"第三人",则其与"污染者"应根据《民法典》侵权责任编第1233条①的规定承担不真正连带责任。该不真正连带责任的特点在于:真正造成环境损害后果的并非"污染者",而是存在过错的"第三人",即"非污染者"。由于第三方治理合同无效,排污企业与治污主体并未建立法律上的联系,所以若环境损害是由"非污染者"的过错造成的,其与因过错造成环境损害的"第三人"无异。在环境污染第三方治理中,如果有证据证明排污企业或者治污主体任意一方具有"污染者"身份,另一方为"非污染者",而环境损害实际是由"非污染者"的过错造成的,则排污企业与治污主体应承担不真正连带责任。②

(四)第三方治理合同无效情形下环境侵权责任的最终界定

在第三方治理合同无效情形下,排污企业与治污主体既可能任意一方单独承担环境侵权责任,也可能双方承担按份责任、不真正连带责任或者连带责任。③ 除单独责任、按份责任外,不真正连带责任与连带责任都会涉及排污企业与治污主体间各自最终应当承担多少责任份额的问题。若排污企业与治污主体承担不真正连带责任,因"不真正连带责任的最终责任并非份额责任,而是一个完整责任,无须分担"④,则最终责任人只能是对环境污染有过错的"第三人","污染者"无须担责。例如发生环境污染是因治污主体的过错,即便排污企业符合"污染者"身份的认定标准,但最终仍应由治污主体承担100%的责任份额,排污企业无须担责。⑤ 若

---

① 《民法典》侵权责任编第1233条:"因第三人的过错污染环境、破坏生态的,被侵权人可以向侵权人请求赔偿,也可以向第三人请求赔偿。侵权人赔偿后,有权向第三人追偿。"

② 唐绍均、魏雨:《环境污染第三方治理中的侵权责任界定》,《重庆大学学报》(社会科学版)2019年第1期。

③ 唐绍均、魏雨:《论第三方治理合同无效情形下的环境侵权责任界定》,《重庆大学学报》(社会科学版)2020年第5期。

④ 王竹:《论数人侵权责任分担中最终责任份额的确定方式》,《法商研究》2010年第6期。

⑤ 根据原《环境侵权责任纠纷解释》第5条第2款的规定,第三人的赔偿责任应当根据过错程度确定,但笔者认为这与原《侵权责任法》第67条(现对应《民法典》第1233条)的规定不符,在确定排污企业与治污主体承担不真正连带责任后的最终责任时不应将其作为依据。

排污企业与治污主体承担的是连带责任，则应当依据《民法典》总则编第 178 条第 2 款："连带责任人根据各自责任大小确定相应的赔偿数额；难以确定责任大小的，平均承担赔偿责任"的规定认定最终责任，其中的关键在于如何确定"各自责任大小"。笔者认为，"各自责任的大小"应当根据过错程度与原因力大小来确定。① 过错程度是指侵害人实施侵害行为时的主观过错状态，② 包括故意和过失，③ 其中故意可分为直接故意④与间接故意⑤，过失可分为重大过失和一般过失。虽然过错并非环境侵权责任的构成要件，但是这并不能否认将过错程度作为确定环境侵权连带责任人承担最终责任份额的依据。过错程度越高，行为人应当承担的责任份额就越大，即直接故意>间接故意>重大过失>一般过失。原因力是指行为人的违法行为或者其他因素对于整个损害结果的发生或者扩大所施加的影响。⑥ 确定行为人的原因力大小，主要考虑三个因素：第一，各个共同原因的性质，即直接原因的原因力大于间接原因的原因力；第二，原因事实与损害结果之间的距离，即原因事实距离损害结果的距离越近原因力就越大；第三，原因事实的强度，即原因事实强度越大原因力就越大。⑦

　　认定排污企业与治污主体承担连带责任后的最终责任，首先，应确定排污企业与治污主体的过错程度，明确排污企业与治污主体对于环境损害的发生持有的心理状态是故意（直接故意或者间接故意）还是过失（重大过失或者一般过失）；其次，确定排污企业与治污主体的原因力大小，主要考虑二者中谁的行为是直接原因、谁的行为是间接原因等因素。⑧ 比

---

① 其实根据《侵权责任法司法解释草案建议稿（草案）》（2010）第 20 条的规定，判断各连带责任人的最终责任应当主要考虑过错程度和原因力大小，但为简化诉讼程序、降低诉讼成本与提高诉讼效率，该规定最终并未写进原《侵权责任法》。
② 蔡守秋、张毅：《我国生态环境损害赔偿原则及其改进》，《中州学刊》2018 年第 10 期。
③ 王泽鉴：《侵权行为》，北京大学出版社 2009 年版，第 239—241 页。
④ 直接故意是指行为人明知自己的行为会造成损害后果，并希望这种损害后果发生的心理状态。
⑤ 间接故意是指行为人明知自己的行为会造成损害后果，但放任这种损害后果发生的心理状态。
⑥ 杨立新：《侵权责任法研究》（第一卷），中国人民大学出版社 2018 年版，第 176 页。
⑦ 杨立新：《侵权责任法研究》（第一卷），中国人民大学出版社 2018 年版，第 182 页。
⑧ 唐绍均、魏雨：《论第三方治理合同无效情形下的环境侵权责任界定》，《重庆大学学报》（社会科学版）2020 年第 5 期。

如排污企业与治污主体在共同侵权中均持有间接故意的心态，此时二者的过错程度相当，假设各占50%；至于原因力大小，若环境污染第三方治理发生在治污主体场所内，则排污企业将环境污染物交给治污主体的行为属于造成环境污染的间接行为，治污主体的排放行为才是造成环境污染的直接行为，显然治污主体的原因力要大于排污企业，所以治污主体的原因力比重理应大于治污主体，假设排污企业占35%，治污主体占65%。如果整体责任为100%，则结合过错程度与原因力大小，根据"连带责任人的最终责任份额等于各连带责任人的过错百分比与原因力百分比之和除以二"的方法，① 排污企业应当承担的最终责任是（50%＋35%）/2＝42.5%，治污主体的最终责任是（50%＋65%）/2＝57.5%。若排污企业与治污主体的过错程度和原因力大小均无法确定，则最终责任应由二者各担50%的份额。最后，确定连带责任的最终责任份额时，还应对连带责任人的非法获利、经济负担能力等情况适当加以综合考虑。② 如果排污企业与治污主体构成共同危险侵权，其中一方能够提供证据证明环境损害是由对方的行为造成的，则实际加害人应当承担100%的责任份额。

另外，值得注意的是：若排污企业与治污主体承担的是按份责任，则具体责任份额本应依据《民法典》第1231条③规定的"污染物的种类、浓度、排放量等因素"以及《环境侵权责任纠纷解释》（2020）第4条规定的"污染物的危害性以及有无排污许可证等因素"认定，但这两条规定并不适用于认定环境污染第三方治理中的按份责任具体份额，原因在于：这两条规定都要求有"两个以上污染者污染环境"，即存在多个"污染者"，因为只有如此才能同时提供污染物的种类、排放量等因素；但是根据前文的分析，在环境污染第三方治理中，排污企业与治污主体并不能同时满足"污染者"身份的认定标准，即其中只有一方为"污染者"，所以即使排污企业与治污主体因构成共同因果关系的分别侵权而承担按份责任，其中也只有一方为

---

① 杨立新：《侵权法论》，人民法院出版社2005年版，第620页。
② 杨立新：《侵权责任法研究》（第一卷），中国人民大学出版社2018年版，第186页。
③ 《民法典》第1231条："两个以上侵权人污染环境、破坏生态的，承担责任的大小，根据污染物的种类、浓度、排放量、破坏生态的方式、范围、程度，以及行为对损害后果所起的作用等因素确定。"

"污染者",不可能存在多个"污染者"①。因此《民法典》第 1231 条与《环境侵权责任纠纷解释》(2020) 第 4 条的规定并不能用于认定环境污染第三方治理中排污企业与治污主体按份责任的具体份额。笔者认为,鉴于连带责任最终也是一种按份责任,其分配的基本规则就是使最终责任份额与其造成的损害比例相对等,②所以排污企业与治污主体的按份责任具体份额可参照前文分析的连带责任的最终责任认定方法加以确定。

四 第三方治理中环境侵权责任因果关系的"类型化"认定

(一) 环境污染第三方治理中侵权责任因果关系认定的实践困境

1. 环境污染第三方治理中侵权责任因果关系认定的现实障碍

环境污染第三方治理,是指排污企业通过与治污主体③签订合同或协议,以付费购买服务的形式,将环境污染治理义务转移给治污主体的一种市场化污染治理模式。④ 基于因果关系是指"行为人的行为和损害后果间引起与被引起的关系"⑤,笔者将环境污染第三方治理中侵权责任因果关系界定为环境污染第三方治理中排污企业、治污主体的行为和损害后果间引起与被引起的关系。环境污染第三方治理作为一种新型污染治理模式,其与传统的分散化环境污染治理模式相比较所具有的行为人多元性、行为多重性、因果关系复杂性业已成为环境污染第三方治理中侵权责任因果关系认定的现实障碍。

(1) 环境污染第三方治理中"行为人的多元性"成为侵权责任因果关系认定的现实障碍。在传统的分散化环境污染治理模式下,污染物从产生到治理,即从"产污"到"治污"均由同一个行为人——"排污企业"

---

① 唐绍均、魏雨:《环境污染第三方治理中的侵权责任界定》,《重庆大学学报》(社会科学版) 2019 年第 1 期。
② 王竹:《论数人侵权责任分担原则——对〈侵权责任法〉上"相应的"数人侵权责任立法技术的解读》,《苏州大学学报》(哲学社会科学版) 2014 年第 2 期。
③ "通常情况"下的治污主体为"企业"(即"治污企业"),"特殊情况"下的治污主体并非企业而是个人,因此本书将"治污主体"作为上位概念使用,包括"治污企业"和"充当治污主体的个人"。
④ 王琪、韩冲:《环境污染第三方治理中政企关系的协调》,《中州学刊》2015 年第 6 期。
⑤ 王利明:《我国侵权责任法的体系构建——以救济法为中心的思考》,《中国法学》2008 年第 4 期。

完成，即只存在一个兼具"产污者"与"治污者"身份的"排污企业"参与环境污染治理。但环境污染第三方治理模式则不同，因"排污企业"引入了治污主体参与环境污染治理，"促使传统的'谁污染、谁治理'逐渐向'污染者付费、专业化治理'转换，初步实现了'产污者'与'治污者'身份的相对分离"①，故若在污染物从产生到治理的过程中存在环境侵权行为，则行为人已然从"排污企业"相对分离为"产污"行为人（"排污企业"）和"治污"行为人（"治污主体"），则行为人的数量可能由一个增加为两个甚至两个以上。行为人的多元性可能导致环境污染第三方治理中侵权责任因果关系原因力的分散化，进而增加因果关系认定的难度而成为因果关系认定的现实障碍。②

（2）环境污染第三方治理中"行为的多重性"成为侵权责任因果关系认定的现实障碍。基于"行为人的多元性"，在环境污染第三方治理中，既有排污企业的行为，也有治污主体的行为，它们的行为还可能相互交织，进而导致"行为的多重性"成为环境污染第三方治理的显著特点。"行为的多重性"势必增加法官在侵权责任因果关系认定过程中识别造成损害后果的"特定行为"的难度，因为要识别究竟是排污企业的行为，还是治污主体的行为抑或是它们的共同行为造成损害后果，不再是"一对一"的简单因果关系认定，而可能是"多对一"的复杂因果关系甄别，势必增加因果关系认定的难度而成为因果关系认定的现实障碍。

（3）环境污染第三方治理中"因果关系的复杂性"成为侵权责任因果关系认定的现实障碍。相较于传统的分散化环境污染治理模式，在环境污染第三方治理中，"行为人的多元性"和"行为的多重性"可能导致因果关系的多样化以及因果关系原因力的分散化，进而使得"因果关系的复杂性"成为环境污染第三方治理的又一特点。③"因果关系的复杂性"势必导致法官针对同一个不可分割的损害后果，既需识别因果关系的种类，还需识别因果关系原因力的大小，增加因果关系认定的难度而成为因果关系认定的现实障碍。

---

① 王清军：《自我规制与环境法的实施》，《西南政法大学学报》2017年第1期。

② 王社坤：《第三方治理背景下污染治理义务分配模式的变革》，《吉林大学社会科学学报》2020年第2期。

③ 陈晓卉：《共同侵权行为及其类型化责任承担》，《理论界》2005年第9期。

2. 环境污染第三方治理中侵权责任因果关系认定的裁判实践

笔者在"北大法宝·司法案例数据库"和"中国裁判文书网"以"环境污染责任纠纷"为案由进行检索，共收集 2014—2018 年有关环境污染第三方治理侵权的生效判决书 22 份（见表 5-3），其中涉及排污企业将污染物交由具备污染治理资质的治污主体（均为治污主体）进行污染治理所导致的环境污染侵权案件的判决书 2 份，占比 9.09%，涉及排污企业将污染物交由不具备污染治理资质的治污主体（多为自然人）进行污染治理所导致的环境污染侵权案件的判决书 20 份，占比 90.91%。在 22 份

表 5-3　　2014—2018 年环境污染第三方治理侵权的司法案例

	类型	案号
认定构成"共同侵权"的判决书 21 份，占比 95.45%	根据判决书援引了原《侵权责任法》第 66 条，推知采用"因果关系推定"理论的判决书 9 份，占比 40.91%	〔2012〕松民一（民）初 4022 号
		〔2014〕苏环公民终 00001 号
		〔2015〕泰中环公民初 00003 号
		〔2015〕常环公民初 1 号
		〔2015〕东环保民初 1 号
		〔2017〕吉 02 民初 32 号
		〔2017〕鲁 01 民初 1467 号
		〔2018〕桂 13 民初 39 号
		〔2018〕皖 18 民终 1340 号
	根据判决书未援引原《侵权责任法》第 66 条，推知未采用"因果关系推定"理论的判决书 12 份，占比 54.54%	〔2014〕常环公民初 2 号
		〔2015〕镇民公初 00003 号
		〔2016〕苏 01 民初 1203 号
		〔2016〕黔 03 民初 520 号
		〔2016〕鲁 01 民初 780 号
		〔2016〕苏 0591 民初 5907 号
		〔2017〕渝 01 民初 773 号
		〔2017〕粤 01 民初 201 号
		〔2018〕苏 0205 民初 2606 号
		〔2018〕苏 03 民初 256 号
		〔2018〕苏民终 1316 号
		〔2018〕赣民终 189 号
认定构成"单独侵权"的判决书 1 份，占比 4.55%		〔2018〕湘 10 民初 3 号

生效判决书中，法院明确认定排污企业与治污主体间构成"共同侵权"的判决书 10 份，占比 45.45%，未明确认定构成"共同侵权"的判决书 12 份，占比 54.55%。针对未明确认定构成"共同侵权"的 12 份生效判决书，笔者认为其中有 11 份判决书应当认定构成"共同侵权"，原因在于：第一，与认定构成"共同侵权"的 10 份生效判决书所涉及的案情类似；第二，符合共同侵权行为[①]的构成要件。这 11 份判决书的案情均为排污企业将污染物交由不具备污染治理资质的治污主体进行污染治理所导致的环境污染侵权，排污企业均明知治污主体不具备污染治理资质，至少主观上具有间接故意，治污主体明知自己不具有污染治理资质而接受排污企业的委托对污染物进行治理，至少主观上也具有间接故意，基于此，笔者认为这 11 份判决书应当认定排污企业和治污主体构成"共同侵权"。笔者认为余下的 1 份判决书应当认定构成"单独侵权"，原因在于：原告仅将治污主体作为被告，并未起诉排污企业，且根据案情可知是排污企业将污染物交由具有污染治理资质的治污主体进行污染治理，两者间无共同排污的故意或过失，排污企业并未直接实施污染行为，而仅治污主体单独向外排放污染物。

由于原《侵权责任法》第 66 条[②]为明确规定"因果关系推定"的法律条文，因此笔者将生效判决书是否援引该条作为生效判决书是否采用"因果关系推定"理论的依据。前述 21 份构成"共同侵权"的生效判决书，其中 9 份援引了该条，则可推知这些生效判决采用了"因果关系推定"理论，占比 40.91%；12 份未援引该条，则可推知这些生效判未采用"因果关系推定"理论，占比 54.54%。此外，前述构成"单独侵权"的 1 份生效判决书由于援引了该条，笔者也推知其采用了"因果关系推定"理论。

此外，笔者发现前述 22 份生效判决书对环境污染第三方治理中侵权责任因果关系认定的表述也存在差异，其中省略侵权责任因果关系认定（以下简称"省略型认定"）的判决书 8 份，占比 36.36%，简化侵权责任因果关系认定（以下简称"简化型认定"）的判决书 14 份，占比 63.64%。其

---

① 本书所讨论的共同侵权是主观说之下的共同侵权。

② 原《侵权责任法》第 66 条："因污染环境发生纠纷，污染者应当就法律规定的不承担责任或者减轻责任的情形及其行为与损害之间不存在因果关系承担举证责任。"现对应《民法典》第 1230 条："因污染环境、破坏生态发生纠纷，行为人应当就法律规定的不承担责任或者减轻责任的情形及其行为与损害之间不存在因果关系承担举证责任。"

中，构成"单独侵权"的1份生效判决书的侵权责任因果关系为"简化型认定"，表述为"行为与损害后果之间存在'直接因果关系'"，在判决说理部分援引了原《侵权责任法》第66条并结合案情对因果关系进行了简单分析；其余21份构成"共同侵权"的生效判决书对侵权责任因果关系认定的表述为"省略型认定"的8份，占比36.36%，表述为"简化型认定"的13份，占比59.09%（见表5-4）。事实上，13份"简化型认定"判决书在对侵权责任因果关系认定的表述上也存在差异，主要有以下样态：表述为"行为与损害后果之间有'必然的因果关系'"的判决书1份，占比4.55%；表述为"行为与损害后果之间存在'直接因果关系'"的判决书1份，占比4.55%；表述为"行为与损害后果之间存在'法律上的因果关系'"的判决书1份，占比4.55%；在判决说理部分援引原《侵权责任法》第66条并结合案情对因果关系进行了简单分析的判决书2份，占比9.09%；在判决说理部分援引原《侵权责任法》第66条但未结合案情对因果关系进行分析的判决书2份，占比9.09%；表述为"行为与损害后果之间存在因果关系"和"存在'直接因果关系'"的判决书1份，占比4.55%；表述为"行为与损害后果之间存在因果关系"和"存在'法律上的因果关系'"的判决书1份，占比4.55%；表述为"行为与损害后果之间存在因果关系"，在判决说理部分援引原《侵权责任法》第66条并结合案情对因果关系进行简单分析的判决书2份，占比9.09%；表述为"行为与损害后果之间存在因果关系"和"存在'直接因果关系'"，在判决说理部分援引原《侵权责任法》第66条并结合案情对因果关系进行简单分析的判决书1份，占比4.55%；表述为"行为与损害后果之间存在'法律上的因果关系'"和"存在'事实上的因果关系'"，在判决说理部分援引原《侵权责任法》第66条并结合案情对因果关系进行简单分析的判决书1份，占比4.55%。

概言之，即使同为"共同侵权"案件，既有采用"因果关系推定"理论的判决书，也有未采用"因果关系推定"理论的判决书；这些判决书既存在"省略型认定"的表述，也存在"简化型认定"的表述；即便同为"简化型认定"的表述，在用词上也不尽相同。由此可见，环境污染第三方治理中侵权责任因果关系认定的裁判实践可谓"理论不明、表述迥异"。笔者认为造成前述乱象的主要原因在于环境污染第三方治理中行为人的多元性、行为的多重性、因果关系的复杂性增加了侵权责任因果关系认定的难度,致使环境污染第三方治理中侵权责任因果关系的认定变得"扑朔迷离"。基于此,作为环境侵权责任的构成要件之一,侵权行为与损害后果间的因果关系亟须确立"类型化"的认定路径,以期解决前述"理论不明、表述迥异"的问题。

表 5-4 典型司法案例对环境污染第三方治理中侵权责任因果关系认定

	类型	案号
认定构成"共同侵权"的判决书 21 份,占比 95.45%	"省略型认定"的判决书 8 份,占比 36.36%	〔2015〕镇民公初 00003 号
		〔2016〕鲁 01 民初 780 号
		〔2016〕苏 0591 民初 5907 号
		〔2017〕渝 01 民初 773 号
		〔2017〕粤 01 民初 201 号
		〔2018〕苏民终 1316 号
		〔2018〕苏 03 民初 256 号
		〔2018〕赣民终 189 号
	"简化型认定"的判决书 13 份,占比 59.09%	〔2012〕松民一(民)初 4022 号
		〔2014〕苏环公民终 00001 号
		〔2014〕常环公民初 2 号
		〔2015〕常环公民初 1 号
		〔2015〕东环保民初 1 号
		〔2015〕泰中环公民初 00003 号
		〔2016〕黔 03 民初 520 号
		〔2016〕苏 01 民初 1203 号
		〔2017〕吉 02 民初 32 号
		〔2017〕鲁 01 民初 1467 号
		〔2018〕桂 13 民初 39 号
		〔2018〕苏 0205 民初 2606 号
		〔2018〕皖 18 民终 1340 号
认定构成"单独侵权"的判决书("简化型认定"的判决书)1 份,占比 4.55%		〔2018〕湘 10 民初 3 号

(二)环境污染第三方治理中侵权责任因果关系认定的理论逻辑

1. 环境污染第三方治理中侵权责任因果关系认定的理论拣选

笔者认为,构建侵权行为与损害后果间因果关系的"类型化"认定路径首先亟须明确因果关系认定所应采用的理论。由于环境污染第三方治理中涉及的侵权类型既属于环境侵权，也属于民事侵权，其中的侵权责任因果关系认定"可能采用的因果关系理论"既包括"累积因果关系"理论与"共同因果关系"理论，也包括"因果关系推定"理论与"相当因果关系"理论，①因此亟须从这些理论中拣选出最适宜此种情形的因果关系理论。

（1）"累积因果关系"理论在环境污染第三方治理侵权责任因果关系认定中不具适用情形。由于"累积因果关系是指无意思联络的数个行为人分别实施侵权行为，各个行为均足以导致损害后果发生时所体现的因果关系"②，因此"累积因果关系"理论只能适用于"无意思联络的数个行为人分别实施侵权行为"时的因果关系认定，则排除了"累积因果关系"理论对环境污染第三方治理中排污企业和治污主体间实施侵权行为时"有意思联络"情形的适用。此外，虽然环境污染第三方治理中排污企业和治污主体间具有"无意思联络的数个行为人分别实施侵权行为"的可能，但仅排污企业和治污主体中任意一方具有环境侵权行为而并非双方，即仅"单个"行为"足以导致损害后果发生"，而并非"各个行为"均"足以导致损害后果发生"，基于"累积因果关系"理论只能适用于"各个行为均足以导致损害后果发生"时的因果关系认定，则排除了"累积因果关系"理论对环境污染第三方治理中排污企业和治污主体间实施侵权行为时"无意思联络"情形的适用。由此可见，环境污染第三方治理中排污企业和治污主体间"有意思联络"或者"无意思联络"均不能适用"累积因果关系"理论。

（2）"共同因果关系"理论在环境污染第三方治理侵权责任因果关系认定中不具适用情形。由于"共同因果关系是指无意思联络的数人分别实施侵权行为，导致了损害后果，但各行为均不足以导致全部损害发生时所体现的因果关系"③，因此"共同因果关系"理论只能适用于"无意思联络的数个行为人分别实施侵权行为"时的因果关系认定，则排除了

---

① 王社坤：《第三方治理背景下污染治理义务分配模式的变革》，《吉林大学社会科学学报》，2020年第2期。

② 王利明：《侵权责任法的中国特色》，《法学家》2010年第2期。

③ 车辉：《无意思联络数人侵权之因果关系与责任》，《新疆社会科学》2014年第4期。

"共同因果关系"理论对环境污染第三方治理中排污企业和治污主体间实施侵权行为时"有意思联络"情形的适用。此外，虽然环境污染第三方治理中排污企业和治污主体间具有"无意思联络的数个行为人分别实施侵权行为"的可能，但排污企业和治污主体中总有一方具有"足以导致全部损害发生"的可能，而并非"各个行为"均"不足以导致全部损害发生"，基于"共同因果关系"理论只能适用于"各个行为均不足以导致全部损害发生"时的因果关系认定，则排除了"共同因果关系"理论对环境污染第三方治理中排污企业和治污主体间实施侵权行为时"无意思联络"情形的适用。由此可见，环境污染第三方治理中排污企业和治污主体间"有意思联络"或者"无意思联络"均不能适用"共同因果关系"理论。

（3）"因果关系推定"理论在环境污染第三方治理侵权责任因果关系认定中具有适用情形。由于"环境侵权案件中的因果关系推定是指在环境侵权案件中，法官根据原被告双方提供证据所证实的表见事实，推断损害和侵权行为间因果关系存在之假设，且被告只有证明行为与损害后果无关才可免责"①，因此"因果关系推定"理论适用于环境侵权案件，而在环境污染第三方治理中无论排污企业和治污主体有意思联络导致侵权还是无意思联络导致侵权，两者的侵权类型均属于环境侵权，故可以采用"因果关系推定"理论认定环境污染第三方治理侵权中排污企业和治污主体有意思联络时或无意思联络时侵权责任的因果关系，即"因果关系推定"理论具有适用情形。

（4）"相当因果关系"理论在环境污染第三方治理侵权责任因果关系认定中具有适用情形。由于"相当因果关系指无此行为，虽必不生此损害，然有此行为时，通常即生此损害时，即有因果关系"②，因此"相当因果关系"理论对导致侵权的情形以及案件类型并无限制条件，详言之，无论环境污染第三方治理中排污企业和治污主体有意思联络导致侵权还是无意思联络导致侵权，无论环境污染第三方治理中侵权类型属于环境侵权还是民事侵权，"相当因果关系"理论均可对因果关系加以认定，即"相当因果关系"理论具有适用情形。

---

① 翟艳：《重金属污染侵权诉讼因果关系推定研究》，《法学杂志》2014年第5期。
② 王伯琦：《民法债编总论》，正中书局1958年版，第77页。

2. 环境污染第三方治理中侵权责任因果关系认定的理论适配

虽然"因果关系推定"理论与"相当因果关系"理论在环境污染第三方治理侵权责任因果关系认定中均具有适用情形，但排污企业与治污主体各自的行为与损害后果间的因果关系具体应采何种因果关系理论予以认定仍面临困境。鉴于"污染者担责原则"是构建环境污染第三方治理模式的理论基础，笔者认为该原则也理应成为环境污染第三方治理中侵权责任因果关系认定的指导原则，故建议在"污染者担责原则"指导下甄别"污染者"和"非污染者"，并分别适配不同的因果关系认定理论。

（1）对"污染者"适配"因果关系推定"理论。"污染者即污染源的控制和排放者"①，申言之，"污染者"既是"污染源控制者"，又是"污染源排放者"。根据《辞海》定义，"控制指掌握住，限制住，操纵"②，故"污染源控制者"即为"掌握住污染源的行为主体"。同时根据《现代汉语大词典》（上）的定义，"排放指排泄放出"③，但鉴于"环境侵权通过'环境'这一中介侵害受害人的人身或财产权益"④，故污染者定义中的"排放"应当是"将污染源排泄放出至外环境的行为"，则"污染源排放者"为"将污染源排泄放出至外环境的行为主体"。基于此，"污染者"即"掌握住污染源并将其排泄放出至外环境的行为主体"，环境侵权中仅"污染者"可作出排放污染物的行为，"非污染者"无作出排放污染物行为的可能。可见，"污染者"属于环境侵权案件的侵权行为人，环境污染第三方治理中的"污染者"也不例外，当然也应属于环境侵权案件的侵权行为人。如前所述，"因果关系推定"理论适用于环境侵权案件，由于环境污染第三方治理中的"污染者"侵权案件属于环境侵权案件，因此其中的侵权责任因果关系认定就应当采用"因果关系推定"理论。尽管"相当因果关系"理论在适用的侵权情形或者案件类型层面并未受到限制，可被用于"污染者"的污染行为与损害后果间的因果关系的认定，但若采用"相当因果关系"理论对其因果关系加以认定，则被侵权人须

---

① 奚晓明主编：《〈侵权责任法〉条文理解与适用》，人民法院出版社2010年版，第458页。
② 夏征农、陈至立主编：《辞海》，上海辞书出版社2009年版，第1259页。
③ 阮智富、郭忠新主编：《现代汉语大词典》（上），上海辞书出版社2009年版，第868页。
④ 侯佳儒：《环境损害救济：从侵权法到事故法》，《政法论丛》2019年第5期。

承担因果关系的举证责任。① 基于环境污染第三方治理中"污染者"的污染行为导致的环境侵权"具有复杂性、渐进性和多因性，且损害具有潜伏性和广泛性"②，处于弱势地位的被侵权人往往可能因举证不能而败诉，其权益将无法得到充分保障，"不利于实现侵权法平衡保护受害者权益和行为自由的立法宗旨"③，故不宜采用"相当因果关系"理论。

（2）对"非污染者"适配"相当因果关系"理论。在无意思联络的环境污染第三方治理侵权中，排污企业与治污主体的一方为"污染者"时，另一方则为"非污染者"。由于"非污染者"不是"污染源的控制和排放者"，其行为并非污染行为，即便构成侵权也不属于环境侵权，不具有环境侵权"因果关系推定"理论的适用前提，故对"非污染者"的侵权行为与损害后果间的因果关系不宜采用"因果关系推定"理论予以认定。鉴于前述环境污染第三方治理中侵权责任因果关系认定最适宜的因果关系理论除"因果关系推定"理论外还有"相当因果关系"理论，④ 且"相当因果关系"理论在适用的侵权情形或者案件类型层面并未受到限制，故对"非污染者"的侵权行为与损害后果间的因果关系宜采用"相当因果关系"理论予以认定。

综上所述，虽然"污染者"和"非污染者"各自的侵权行为与损害后果间因果关系的认定适配了相应的因果关系理论，但是在环境污染第三方治理侵权中排污企业和治污主体谁为"污染者"谁为"非污染者"仍然面临认定困境。可见，在环境污染第三方治理中构建侵权行为与损害后果间因果关系的"类型化"认定路径，除了亟须明确因果关系认定所应采用的理论外，还需以侵权行为"有无意思联络"为标准区分环境污染第三方治理中的"共同侵权"与"分别侵权"，进而分别认定其中的"污染者""非污染者"的侵权行为与损害后果间的因果关系。

---

① 唐绍均、魏雨：《环境污染第三方治理中的侵权责任界定》，《重庆大学学报》（社会科学版）2019 年第 1 期。

② 竺效：《论环境侵权原因行为的立法拓展》，《中国法学》2015 年第 2 期。

③ 童光法：《我国环境侵权因果关系的证明责任》，《哈尔滨工业大学学报》（社会科学版）2015 年第 4 期。

④ 雷艳珍：《信息存储空间提供者的版权侵权责任——以"土豆案"为视角》，《法治研究》2009 年第 2 期。

(三)"共同侵权"下环境污染第三方治理中侵权责任因果关系的认定

1. "共同侵权"下环境污染第三方治理中的"污染者"

"共同侵权行为①是指两个或两个以上的行为人,基于共同的故意或过失,侵害他人合法民事权益,应当承担连带责任的侵权行为。"② 环境污染第三方治理中存在排污企业与治污主体两类行为人,当这些主体间有共同的故意或过失时则可能构成"共同侵权"。由于"污染者担责原则"是构建环境污染第三方治理模式的理论基础,"因污染环境造成损害的"应由"污染者"承担环境侵权责任,因此甄别排污企业或者治污主体的"污染者"身份成了认定环境污染第三方治理中侵权责任因果关系的前提。③ 笔者认为认定环境污染第三方治理中的"污染者"身份,原则上必须同时满足"污染源控制者"标准与"污染源排放者"标准;针对不能同时满足前述标准的例外情况,基于"污染源控制者"标准是"污染源排放者"标准的前提,应侧重于"污染源控制者"标准予以认定。④ 按此标准,环境污染第三方治理中的排污企业或者治污主体的"污染者"身份便可得以认定。

但是,若环境污染第三方治理中的排污企业与治污主体构成"共同侵权",则双方均应当具有"污染者"身份,原因在于:在"共同侵权"下的排污企业与治污主体"有共同为一定行为的合意"⑤,其行为之间因具有关联性而形成了一个"不可分割的整体"。基于此,在环境污染第三方治理中,即便"污染源控制者"与"污染源排放者"仅为排污企业或者治污主体中的任意一方,由于排污企业与治污主体间具有意思联络,各自的行为"不可分割",则双方均应被视为"控制"并"排放""污染源"的行为主体,均应被视为同时满足"污染源控制者"标准与"污染源排放者"标准,则均应当具有环境污染第三方治理中的"污染者"身份。

---

① 本书所讨论的共同侵权是主观说之下的共同侵权。
② 郝浩:《浅析共同侵权行为》,《人民论坛》2011 年第 5 期。
③ 唐绍均、魏雨:《环境污染第三方治理中的侵权责任界定》,《重庆大学学报》(社会科学版) 2019 年第 1 期。
④ 唐绍均、魏雨:《论第三方治理合同无效情形下的环境侵权责任界定》,《重庆大学学报》(社会科学版) 2020 年第 5 期。
⑤ 叶金强:《共同侵权的类型要素及法律效果》,《中国法学》2010 年第 1 期。

2. "共同侵权"下环境污染第三方治理中侵权责任因果关系的认定

基于"共同侵权"中各行为人的行为形成了一个"不可分割的整体",故对于"共同侵权"下环境污染第三方治理中侵权责任因果关系的认定就无须考虑各个行为人的侵权行为与损害后果间的因果关系,① 而"仅须证明统一的原因与损害后果间的因果关系"②,"统一的原因"在环境污染第三方治理侵权中体现为排污企业与治污主体间基于共同的过错而实施的污染行为。申言之,在"共同侵权"下的环境污染第三方治理侵权中,无论污染行为的最终作出者是排污企业还是治污主体,因"共同侵权"的"一体性",排污企业与治污主体均为"污染者",都应当对基于"共同过错"而作出的行为承担责任,③ 在此种情形下就只需对排污企业和治污主体的共同污染行为与损害后果间的因果关系加以认定,无须再探讨排污企业和治污主体的各个行为与损害后果间因果关系的认定。如前所述,"共同侵权"下的环境污染第三方治理中排污企业和治污主体均为"污染者",且对"污染者"适配"因果关系推定"理论,故"共同侵权"下的环境污染第三方治理中侵权责任因果关系的认定宜采"因果关系推定"理论。④

此外,此种情形下因果关系应实行举证责任倒置,即被侵权人只要证明了排污企业与治污主体间基于"共同过错"而作出了"共同行为"(即污染行为),存在损害后果以及污染行为与损害后果间具有关联性,则可认定存在因果关系,⑤ 排污企业与治污主体在无免责事由的情况下均应当对环境污染第三方治理侵权承担连带责任,排污企业与治污主体则需证明共同污染行为与损害后果间无因果关系才可免责。

---

① 唐绍均、魏雨:《环境污染第三方治理中的侵权责任界定》,《重庆大学学报》(社会科学版)2019年第1期。
② 曹险峰:《数人侵权的体系构成——对侵权责任法第8条至第12条的解释》,《法学研究》2011年第5期。
③ 唐绍均、魏雨:《环境污染第三方治理中的侵权责任界定》,《重庆大学学报》(社会科学版)2019年第1期。
④ 唐绍均、魏雨:《环境污染第三方治理中的侵权责任界定》,《重庆大学学报》(社会科学版)2019年第1期。
⑤ 唐绍均、魏雨:《环境污染第三方治理中的侵权责任界定》,《重庆大学学报》(社会科学版)2019年第1期。

(四)"分别侵权"下环境污染第三方治理中侵权责任因果关系的认定

1. "分别侵权"下环境污染第三方治理中的"污染者"与"非污染者"

在环境污染第三方治理中,排污企业与治污主体除了基于"共同过错"而构成"共同侵权"外,还可能构成"分别侵权"。① 由于"分别侵权"下环境污染第三方治理中的排污企业与治污主体间并无意思联络,故排污企业与治污主体各自的行为并不具有关联性,并不会组成一个"不可分割的整体",因此各行为与损害后果间的因果关系应当分别予以认定。② 笔者认为,"分别侵权"下环境污染第三方治理中侵权行为与损害后果间因果关系的认定仍然须在甄别"污染者"与"非污染者"身份的基础上予以认定。以污染治理设施的所在场所为标准,笔者将"分别侵权"下的环境污染第三方治理分为场所在排污企业内与场所在治污主体内两类情形,并分别甄别各自情形下的"污染者"与"非污染者"身份。

(1) 场所在排污企业内的环境污染第三方治理的"污染者"与"非污染者"。在环境污染第三方治理中,当污染治理设施在排污企业的场所内,治污主体提供"上门服务",此种情形下排污企业为"污染源控制者"。③ 当发生环境侵权时,如果排污企业还能满足"污染源排放者"标准,则在"分别侵权"下的排污企业因同时满足"污染源控制者"标准与"污染源排放者"标准而应被界定为"污染者",治污主体则为"非污染者"。当发生环境侵权时,如果将污染源排泄放出至外环境的行为主体为治污主体,即治污主体为"污染源排放者",若无证据证明排污企业存

---

① 如前所述,因为环境污染第三方治理中仅排污企业或者治污主体一方为"污染者",基于"累积因果关系"的"分别侵权"和基于"共同因果关系"的"分别侵权"需双方均为"污染者",所以在环境污染第三方治理中的"分别侵权"不可能包括基于"累积因果关系"的"分别侵权"和基于"共同因果关系"的"分别侵权"。此外,环境污染第三方治理中的"分别侵权"也不包括排污企业或者治污主体任意一方所构成的"单独侵权",且鉴于"单独侵权"下环境污染第三方治理中的侵权责任因果关系认定与一般的侵权责任因果关系认定并无区别,本书对此不予讨论。

② 唐绍均、魏雨:《环境污染第三方治理中的侵权责任界定》,《重庆大学学报》(社会科学版)2019年第1期。

③ 唐绍均、魏雨:《环境污染第三方治理中的侵权责任界定》,《重庆大学学报》(社会科学版)2019年第1期。

在过错,则排污企业不满足"污染源排放者"标准,但基于"污染源控制者"标准是"污染源排放者"标准的前提,应侧重于"污染源控制者"标准认定"污染者",加之从被侵权人的角度看污染源终究是从排污企业场所内排放至外环境,在此种"分别侵权"情形下的排污企业仍然为"污染者",治污主体为"非污染者"。①

(2)场所在治污主体内的环境污染第三方治理的"污染者"与"非污染者"。在环境污染第三方治理中,若污染治理设施在治污主体的场所内,那么污染源必须从排污企业场所内转移至治污主体场所内,治污主体通常情况下通过密闭管道、罐式车辆等工具将污染源运输至治污主体的场所内。②污染源从排污企业场所内进入治污主体控制的密闭管道、罐式车辆等工具时,治污主体便成为"污染源的控制者"。当发生环境侵权时,无论污染源是从治污主体的密闭管道、罐式车辆等工具排放至外环境,还是从治污主体场所内排放至外环境,因污染源终究是脱离治污主体的"控制范围"向外排放至外环境,治污主体理应为"污染源的排放者"。③ 在此种"分别侵权"情形下的治污主体因同时满足"污染源控制者"标准与"污染源排放者"标准而应被界定为"污染者";而排污企业因既不是"污染源控制者",也不是"污染源排放者",则应被界定为"非污染者"。④

表 5-5 环境污染第三方治理侵权中治污场所与"污染者"认定的关系

类型	污染者	非污染者
场所在排污企业内的环境污染第三方治理侵权	排污企业	治污主体
场所在治污主体内的环境污染第三方治理侵权	治污主体	排污企业

2. "分别侵权"下环境污染第三方治理中侵权责任因果关系的认定

(1)环境污染第三方治理中"污染者"侵权责任因果关系的认定。

---

① 唐绍均、魏雨:《环境污染第三方治理中的侵权责任界定》,《重庆大学学报》(社会科学版)2019年第1期。
② 唐绍均、魏雨:《环境污染第三方治理中的侵权责任界定》,《重庆大学学报》(社会科学版)2019年第1期。
③ 唐绍均、魏雨:《环境污染第三方治理中的侵权责任界定》,《重庆大学学报》(社会科学版)2019年第1期。
④ 唐绍均、魏雨:《环境污染第三方治理中的侵权责任界定》,《重庆大学学报》(社会科学版)2019年第1期。

在甄别"分别侵权"下环境污染第三方治理中"污染者"与"非污染者"的身份后，就需对"污染者"与"非污染者"的侵权责任因果关系加以认定。如前所述，"污染者"的侵权行为与损害后果间的因果关系宜采用"因果关系推定"理论予以认定。那么，对于场所在排污企业内的环境污染第三方治理侵权中的排污企业以及场所在治污主体内的环境污染第三方治理侵权中的治污主体而言，因两者均为"污染者"，"污染者"所作出的侵权行为理应为环境侵权，且"污染者"具有适用"因果关系推定"理论的前提——污染行为，故"污染者"的"污染行为"与损害后果间的因果关系应当采用"因果关系推定"理论。① 在采用"因果关系推定"理论时，按照环境侵权的相关规定，环境侵权"有因果关系"的认定实行举证责任倒置，且基于环境侵权"有因果关系"的举证责任倒置和环境侵权"有因果关系"的推定为同一事物的"一体两面"，② 此时被侵权人有证明"污染者"实施了污染行为、造成了损害后果以及污染行为与损害后果间具有关联性的举证责任，"污染者"有证明污染行为与损害后果间"无因果关系"的举证责任。③

（2）环境污染第三方治理中"非污染者"侵权责任因果关系的认定。在"分别侵权"下环境污染第三方治理侵权中，由于排污企业与治污主体间无意思联络，两者不可能均为"污染者"，即当一方为"污染者"时，另一方则为"非污染者"，故在认定"污染者"侵权责任因果关系的同时，还需认定"非污染者"侵权责任的因果关系。如前所述，"非污染者"的侵权行为与损害后果间的因果关系宜采用"相当因果关系"理论加以认定，此时实行"谁主张，谁举证"的举证责任分配规则，即由主张因果关系存在的被侵权人承担举证责任。④ 因"相当因果关系由'条

---

① 唐绍均、魏雨：《环境污染第三方治理中的侵权责任界定》，《重庆大学学报》（社会科学版）2019年第1期。

② 王利民、李昱：《环境侵权责任的构成：解读新〈环境保护法〉第64条》，《辽宁大学学报》（哲学社会科学版）2014年第6期。

③ 唐绍均、魏雨：《环境污染第三方治理中的侵权责任界定》，《重庆大学学报》（社会科学版）2019年第1期。

④ 唐绍均、魏雨：《环境污染第三方治理中的侵权责任界定》，《重庆大学学报》（社会科学版）2019年第1期。

件'+'相当性'构成",① 要证明"非污染者"的侵权行为与损害后果间存在因果关系则需被侵权人证明"非污染者"的侵权行为是导致损害后果的"条件",对"条件"采取"若无,则不"认定规则进行判断,即"若没有'非污染者'的侵权行为,就无损害后果的发生";然后被侵权人再证明"非污染者"的侵权行为与损害后果间具有"相当性",即"从一般理性人的角度认定通常情形下'非污染者'的侵权行为会导致损害后果的发生",当"条件"+"相当性"都得以证明时,则可认定"非污染者"的侵权行为与损害后果间具有因果关系。② 因此,对于场所在排污企业内的环境污染第三方治理侵权中的治污主体以及场所在治污主体内的环境污染第三方治理侵权中的排污企业而言,两者的侵权行为与损害后果间的因果关系采用"相当因果关系"理论加以认定,当被侵权人举证证明"非污染者"的侵权行为与损害后果间存在"条件"和"相当性"时,则侵权行为与损害后果间就存在因果关系,反之则不存在因果关系。③

五 环境污染第三方治理中不作为侵权的责任界定

不作为侵权责任的构成有四个要件:应作为而未作为的行为、过错、损害后果以及损害后果与应作为而未作为的行为之间的因果关系,但由于环境污染第三方治理中的不作为环境侵权责任是一种无过错责任,因此过错不应成为其不作为侵权责任的构成要件。④ 其中,不作为环境侵权责任的行为要件是违反环境保护作为义务的行为。环境污染第三方治理中的不作为侵权责任可能由排污企业或者治污主体单独的不作为侵权行为引起,也可能由排污企业与治污主体双方的不作为侵权行为引起,当然,在排污企业或者治污主体一方的不作为侵权行为中还可能介入另一方的作为侵权

---

① 王泽鉴:《侵权行为》,北京大学出版社2016年版,第236页。
② 唐绍均、魏雨:《环境污染第三方治理中的侵权责任界定》,《重庆大学学报》(社会科学版) 2019年第1期。
③ 唐绍均、魏雨:《环境污染第三方治理中的侵权责任界定》,《重庆大学学报》(社会科学版) 2019年第1期。
④ 唐绍均、魏雨:《论第三方治理合同无效情形下的环境侵权责任界定》,《重庆大学学报》(社会科学版) 2020年第5期。

行为，甚至是第三人的作为侵权行为。① 因此，环境污染第三方治理中不作为侵权责任的类型主要有以下四种：第一，排污企业或者治污主体单独的不作为侵权行为引起的不作为侵权责任；第二，排污企业与治污主体双方的不作为侵权行为引起的不作为侵权责任；第三，排污企业或者治污主体一方的不作为侵权行为与另一方的作为侵权行为相结合引起的环境侵权责任，违反环境保护义务的一方属于不作为环境侵权；第四，排污企业与治污主体双方或者单方不作为侵权行为与第三人的作为侵权行为相结合引起的环境侵权责任，违反环境保护义务的排污企业与治污主体单方或者双方属于不作为环境侵权。基于此，下文将针对环境污染第三方治理中存在的不作为侵权责任类型分别对其责任界定加以分析。

第一，排污企业或者治污主体单独的不作为侵权行为引起的不作为侵权责任界定。排污企业或者治污主体单方的不作为引起的不作为侵权责任直接由实施不作为侵权行为的主体承担即可。例如排污企业严格按照法律的规定将产生的污染物运送至治污主体场所内进行治理，但是治污主体独自违反排污许可证的规定的数量和种类向外环境排污造成环境侵权。此时，治污主体违反了《环境保护法》第 45 条第 2 款规定的具体环境保护义务，未按照排污许可证的要求排放污染物，治污主体违反环境保护义务的行为与造成的环境损害之间存在因果关系，构成不作为环境侵权，应当承担环境侵权责任。②

第二，排污企业与治污主体双方的不作为侵权行为引起的不作为侵权责任界定。排污企业与治污主体双方均实施违反环境保护义务的行为而引起的不作为环境侵权责任的界定，应当首先考虑排污企业与治污主体之间的意思联络。其一，若有意思联络，则构成共同侵权，两者应当承担连带责任。③ 例如，治污主体为排污企业提供上门治污服务，但是排污企业对其治污设施存在问题且极易造成环境污染放任不管，而且暗示治污主体可不采取措施对有问题的治污设施进行维护升级，由此造成环境侵

---

① 唐绍均、魏雨：《环境污染第三方治理中的侵权责任界定》，《重庆大学学报》（社会科学版）2019 年第 1 期。

② 唐绍均、魏雨：《论第三方治理合同无效情形下的环境侵权责任界定》，《重庆大学学报》（社会科学版）2020 年第 5 期。

③ 唐绍均、魏雨：《环境污染第三方治理中的侵权责任界定》，《重庆大学学报》（社会科学版）2019 年第 1 期。

权。此时，排污企业与治污主体均违反一般环境保护义务，且治污主体接受排污企业的暗示后才不作为，二者存在意思联络，两者应当承担连带责任。其二，若无意思联络，则要根据各自的不作为侵权行为为环境侵权的发生提供的原因力判断排污企业与治污主体构成的侵权行为类型。① 首先，排污企业与治污主体的不作为侵权行为均为环境侵权提供了全部原因力、足以造成全部损害，则二者构成累积因果关系的分别侵权，应当承担连带责任；其次，排污企业与治污主体的不作为侵权行为均未为环境侵权提供全部原因力、不足以造成全部损害，但是相结合就提供了全部原因力、足以造成全部损害，则二者构成共同因果关系的分别侵权，应当承担按份责任。

第三，排污企业或者治污主体一方的不作为侵权行为与另一方的作为侵权行为相结合引起的环境侵权责任界定。排污企业或者治污主体一方实施违反环境保护义务的行为与另一方的作为侵权行为相结合引起的环境侵权责任的界定，可参考"排污企业与治污主体双方的不作为侵权行为引起的不作为侵权责任界定"方案，应当首先考虑排污企业与治污主体之间的意思联络，而后再考虑二者的行为为环境侵权的发生提供的原因力，并根据其行为为环境损害提供的原因力大小来确定排污企业或者治污主体因不作为造成环境侵权而应当承担的责任份额。②

第四，排污企业与治污主体双方或者单方不作为侵权行为与第三人的作为侵权行为相结合引起的环境侵权责任界定。不作为侵权中不仅涉及排污企业和治污主体的行为，有时还会有第三人行为的介入。例如，排污企业将液体污染物运送至治污主体场所内的固定地点储存，但是治污主体并未及时予以治理，而第三人的不当行为导致该未经治理的液体污染物流入河流，造成水体污染。此时，治污主体本应及时采取治理措施却并未采取，属于不作为，而第三人介入的作为行为直接导致环境污染的发生。此时第三人的行为是作为，那么第三人的作为行为能否切断治污主体的不作为与环境污染之间的因果关系呢？学界中有人认为第三人的介入不能切断

---

① 唐绍均、魏雨：《论第三方治理合同无效情形下的环境侵权责任界定》，《重庆大学学报》（社会科学版）2020年第5期。

② 唐绍均、魏雨：《环境污染第三方治理中的侵权责任界定》，《重庆大学学报》（社会科学版）2019年第1期。

不作为的因果关系,① 有人则认为第三人的介入并不当然切断不作为的因果关系②。笔者同意后者,前者过于绝对且以偏概全,并不具有合理性,而应当根据具体的情况来分别认定不作为的因果关系能否被切断。首先,应当运用相当因果关系即"条件性+相当性"来进行判断因果关系能否被切断,"条件性"在作为侵权中是指"若无,则无",即没有该作为行为,结果就不会发生,但在不作为侵权中应适用"若有,则无",即有作为义务规定的作为行为时,结果就不会发生,此时该不作为行为被认定初步为具有因果关系,"相当性"是指从一个理性人的角度出发判断该作为通常会不会导致结果的发生。治污主体不及时治理污染物的行为与环境污染之间不具有相当性,因为治污主体虽未及时治理,但也未向外环境排放,不可能造成环境污染;若治污主体及时治理污染物,就不会有第三人行为的介入造成环境污染,但是第三人的行为才是环境污染的直接原因,所以是治污主体的不作为行为与第三人的作为行为相结合才造成了环境污染,构成共同因果关系的分别侵权,两者应当承担按份责任。其次,要看第三人的介入行为是否异常,即不作为侵权人能否预见到第三人的行为,在环境污染第三方治理中则是指排污企业或者治污主体对于第三人的行为(作为)根据其正常的理性能否预见,③ 若不能预见,则因果关系被切断,侵权行为的责任应由第三人独自承担。

在构成不作为侵权后,则进入对不作为行为人归责的部分。此前已提及对单一的不作为侵权不再论述,故此处主要针对数人侵权的情况进行讨论。数人侵权分为有意思联络的数人侵权和无意思联络的数人侵权。前者主要指的是共同加害行为,在共同加害行为中排污企业和治污主体可能是基于共同故意或者共同过失造成了环境污染,此时根据《民法典》侵权责任编第1168条的规定,应当认定双方承担连带责任。后者又可依据造成的同一损害是"可能的"还是"确定的"将其分为:"可能造成同一损害的行为"即共同危险行为和"确定造成同一损害的行为。"当环境污染的结果不能够确定究竟是谁造成时,而双方都实施了"可能造成同一损害的行为",除非

---

① 李英姿:《不作为侵权责任研究》,硕士学位论文,郑州大学,2011年,第19页。
② 杨垠红:《侵权法上不作为因果关系之判定》,《法学》2014年第1期。
③ 唐绍均、魏雨:《环境污染第三方治理中的侵权责任界定》,《重庆大学学报》(社会科学版)2019年第1期。

能够举证证明具体的侵害人，否则将推定双方行为与结果之间都具有因果关系，双方承担连带责任。①"确定造成同一损害的行为"可分为"数人的单独行为都能造成全部损害的行为"，即"累积因果关系"的分别侵权行为和"数人的单独行为共同作用、结合在一起才能造成全部损害的行为"，即"共同因果关系"的分别侵权行为。在环境污染第三方治理中，能够确定双方主体造成了同一损害时，双方主体之间究竟是"累积因果关系"还是"共同因果关系"？《民法典》侵权责任编中关于"累积因果关系"和"共同因果关系"的相关规定分别为第1171条②和第1172条③，故界定清楚双方主体之间的因果关系的类型对于司法裁判非常重要，其涉及逻辑三段论中的大前提的确定。因在环境污染第三方治理中排污企业和治污主体的作为或者不作为的结合时并不存在两个行为都能单独造成全部的损害的情况，排污企业前一个行为的实施加重或者导致了治污主体后一个行为实施的可能性，两者不可分割，缺失一个行为，结果就可能不会发生，形成必要共同诉讼，而"累积因果关系"并不属于必要共同诉讼，被侵权人可以单独地对任何一个侵权人提起诉讼，从这个角度看也排除了"累积因果关系"的适用，故不作为和作为的结合以及两个不作为的结合构成"共同因果关系"，应根据《民法典》侵权责任编第1172条承担责任。

在司法实践中，常见的不作为侵权行为大多数发生在排污企业一方，排污企业在抗辩中往往主张其并未实施任何行为故不应当承担责任，此时对其不作为侵权行为的认定就成了对其责任进行归结的重要依据。当排污企业没有履行法律规定的作为义务时，即不作为，与治污主体的作为或者不作为结合造成环境污染，此种情形下两者之间的行为或者构成共同加害行为或者构成"共同因果关系"的分别侵权行为，④若构成共同加害行为，两者承担连带责任；若构成"共同因果关系"的分别侵权行为，两者承担

---

① 唐绍均、魏雨：《环境污染第三方治理中的侵权责任界定》，《重庆大学学报》（社会科学版）2019年第1期。

② 《民法典》侵权责任编第1171条："二人以上分别实施侵权行为造成同一损害，每个人的侵权行为都足以造成全部损害的，行为人承担连带责任。"

③ 《民法典》侵权责任编第1172条："二人以上分别实施侵权行为造成同一损害，能够确定责任大小的，各自承担相应的责任；难以确定责任大小的，平均承担责任。"

④ 唐绍均、魏雨：《环境污染第三方治理中的侵权责任界定》，《重庆大学学报》（社会科学版）2019年第1期。

按份责任。例如，排污企业违反《环境保护法》第 45 条第 2 款①规定的应当按照排污许可证的要求排放污染物的作为义务，将超出排污许可证以外的污染物交由有资质的治污主体（治污主体的排污许可证中包含该污染物）进行治理排放，而治污主体在治理不符合标准的情况下排放了该污染物，此时就涉及双方的不作为结合在一起造成了环境污染，相应责任的承担按照前述的责任界定方案实施即可。而当出现第三人的介入时，应当先运用"相当因果关系"理论对不作为和结果之间的因果关系进行初步认定，然后判断排污企业对于第三人的介入行为能否预见，② 此处的预见并不是指从排污企业的主观角度进行认定，而是根据正常人的理性来予以判断。

  不作为侵权不仅只能由排污企业构成，治污主体也可因不作为而承担不作为侵权责任。当治污主体不作为与排污企业的作为或者不作为行为有意思联络时构成共同加害行为，双方承担连带责任；无意思联络时，两者构成"共同因果关系"的分别侵权，两者承担按份责任。③ 治污主体的不作为如违反《固体废物污染环境防治法》第 20 条第 1 款④中必须采取防扬散、防流失、防渗漏或者其他防止污染环境的措施的作为义务，将排污企业所交付的固体废物裸露于治理场地，不采取任何防止措施，同时存在排污企业将固体废物交由该不具有许可证的治污主体的作为行为，双方的不作为与作为并无意思联络，但导致了污染的产生，则两者应当按照"共同因果关系"的分别侵权承担按份责任。在治污主体构成不作为侵权的情况下，极易出现其先前的不作为已构成侵权，后由于第三人的介入而造成环境污染，对于这部分的污染又应如何承担责任呢？例如，治污主体从排污企业处接受了固体污染废物，但其未对该废物采取必要的安全与防护措施，露天放置于土壤表层，此时其不作为的行为已然构成了环境污染，对

---

  ① 《环境保护法》第 45 条第 2 款："实行排污许可管理的企业事业单位和其他生产经营者应当按照排污许可证的要求排放污染物；未取得排污许可证的，不得排放污染物。"

  ② 唐绍均、魏雨：《论第三方治理合同无效情形下的环境侵权责任界定》，《重庆大学学报》（社会科学版）2020 年第 5 期。

  ③ 唐绍均、魏雨：《环境污染第三方治理中的侵权责任界定》，《重庆大学学报》（社会科学版）2019 年第 1 期。

  ④ 《固体废物污染环境防治法》（2020）第 20 条第 1 款："产生、收集、贮存、运输、利用、处置固体废物的单位和其他生产经营者，应当采取防扬散、防流失、防渗漏或者其他防止污染环境的措施，不得擅自倾倒、堆放、丢弃、遗撒固体废物。"

于此部分的污染应当承担全部责任；此后，如第三人盗窃了该固体污染废物并准备予以再次利用，将其偷运回自己的工作作坊，从而造成了周围环境的污染。此时，对于第三人的行为，治污主体应当预见却没有采取相应的措施予以防范，最后导致了环境污染，故治污主体与第三人均应当对后一部分的污染承担一定责任份额。

六 《环境保护法》第65条在侵权责任界定中的适用

前文在对基于环境服务合同法律关系排污企业与治污主体的侵权责任进行界定时，对《民法典》侵权责任编第1233条①与《环境保护法》第65条进行过简单的分析，明确了在环境服务合同法律关系下排污企业与治污主体的侵权责任适用《民法典》侵权责任编第1233条的合理之处，以及在环境服务合同法律关系下排污企业与治污主体的侵权责任适用《环境保护法》第65条界定的不合理之处。在环境服务合同法律关系下的环境侵权，排污企业与治污主体的责任界定可适用的是《民法典》侵权责任编第1233条关于污染者与有过错的第三人在造成环境污染时所应当承担不真正连带责任的规定。所谓不真正连带责任是指多数行为人违反法定义务，对同一受害人实施加害行为，或者不同的行为人基于不同的行为而损害同一受害人的民事权益，各行为人对所产生的同一内容的损害后果均负全部赔偿责任，并因行为人之一履行责任而使全体责任人的责任归于消灭，或者依照特别规定多数责任人均应当承担部分或者全部责任的侵权责任形态。② 简言之，不真正连带责任外观上是数个责任人，但是实际上只有一个责任人，以不真正连带责任规则处理因第三人过错造成的环境污染责任，主要是源于污染者赔偿能力通常强于第三人的考虑。③ 但实际上，该条规定重点考虑的是环境污染责任适用的是无过错原则，④ 即无论污染者有无过错均应当对自己的污染行为造成的损害承担赔偿责任，即使因为第三人的过错才造成环境损害，被侵权人也可依据无过错责任原则要求污

---

① 《民法典》侵权责任编第1233条："因第三人的过错污染环境、破坏生态的，被侵权人可以向侵权人请求赔偿，也可以向第三人请求赔偿。侵权人赔偿后，有权向第三人追偿。"

② 杨立新：《论不真正连带责任类型体系及规则》，《当代法学》2012年第3期。

③ 王胜明主编：《中华人民共和国侵权责任法释义》，法律出版社2012年版，第382页。

④ 唐绍均、魏雨：《环境污染第三方治理中的侵权责任界定》，《重庆大学学报》（社会科学版）2019年第1期。

染者先行承担赔偿责任，而后污染者再向第三人追偿。①

诚然，根据《环境保护法》第 65 条的规定，从事防治污染设施维护、运营的机构，若在进行有关环境服务活动时存在"弄虚作假"情形，并且该机构对于环境污染和生态破坏的发生亦负有责任的，则其除按照相关法律的规定应受到行政处罚外，还应当与造成环境污染和生态破坏的其他责任者承担连带责任，该条规定中的连带责任并未表明是真正连带责任还是不真正连带责任。根据《环境侵权责任纠纷解释》第 16 条第 2 项与第 3 项的规定，属于从事防治污染设施维护、运营的机构"弄虚作假"的情形包括两种：其一是故意隐瞒委托人超过污染物排放标准或者超过重点污染物排放总量控制指标的事实；其二是故意不运行或者不正常运行环境监测设备或者防治污染设施。"弄虚作假"作为一种违法行为，本身包含了故意的主观心理状态。结合《环境保护法》第 65 条与《环境侵权责任纠纷解释》第 16 条第 2 项与第 3 项的规定，从事防治污染设施维护、运营的机构需与造成环境污染和生态破坏的其他责任者承担连带责任的情形有两种：第一，故意隐瞒委托人超过污染物排放标准或者超过重点污染物排放总量控制指标的事实，造成环境污染或者生态破坏的；第二，故意不运行或者不正常运行环境监测设备或者防治污染设施，造成环境污染或者生态破坏的。在环境污染第三方治理中，治污主体作为从事防治污染设施维护、运营的机构，在承揽合同关系下，其又不仅仅是从事防治污染设施维护、运营的机构，其还是这些污染防治设施的提供者或者所有者；而在环境服务合同关系下，治污主体上门利用排污企业所有的环境污染物治理设施治理排污企业产生的环境污染物，则其完全符合《环境保护法》第 65 条中规定的"防治污染设施维护、运营的机构"的身份，因为其仅提供防治污染设施的维护、运营等服务。

在治污主体因"弄虚作假"须与其他责任者承担连带责任的第一种情形中，排污企业可能成为其他责任者，原因在于：如果治污主体在为排污企业提供环境污染物的治理服务时，是因故意隐瞒治污主体超过污染物排放标准或者超过重点污染物排放总量控制指标的事实，才造成环境污染，排污企业有可能知情，也有可能不知情。其一，在排污企业知情的情况下，治污主体故意隐瞒委托人超过污染物排放标准或者超过重点污染物

---

① 杨立新：《中国侵权责任法研究》，中国人民大学出版社 2018 年版，第 165 页。

排放总量控制指标事实的行为,很有可能是排污企业出于各种利益的考虑而直接授意或者暗中指使的。此时,排污企业与治污主体之间具有意思联络,属于共同侵权,应当承担连带责任,可根据《民法典》侵权责任编第1168条[1]有关连带责任的规定对排污企业与治污主体的责任予以界定。其二,在排污企业不知情的情况下,判断排污企业的责任,应当考虑排污企业为什么会不知情。若是由于排污企业未对治污主体尽到监督和注意义务而不知情,则排污企业存在过失,根据张新宝教授的观点,共同侵权包括一方故意与一方过失造成的侵权,所以此时排污企业与治污主体的行为也构成共同侵权,两者也应当承担连带责任,可根据《民法典》侵权责任编第1168条有关连带责任的规定对排污企业与治污主体的责任予以界定;若其已尽到监督和注意义务仍不知情,则其本身并无过错,此时基于排污企业与治污主体的环境服务合同关系,加之该治理是发生在排污企业内部,排污企业是环境污染物的最终排放者,所以从外观上看,其符合"污染者"的特征。若要求排污企业与治污主体承担连带责任,则是一种不真正连带责任,因为最终的责任承担主体只有一个,即有过错的治污主体。因此,此种情形下产生的责任就是《民法典》侵权责任编第1233条规定的不真正连带责任,可根据该规定对排污企业与治污主体的责任予以界定。

在治污主体因"弄虚作假"须与其他责任者承担连带责任的第二种情形中,排污企业可能成为其他责任者,原因在于:如果治污主体在为排污企业提供环境污染物的治理服务时,若是故意不运行或者不正常运行防治污染设施,造成了环境污染,排污企业有可能知情,也有可能不知情。其一,在排污企业知情的情况下,治污主体故意不运行或者不正常运行的行为很有可能是排污企业出于各种利益的考虑而直接授意或者暗中指使的,此时排污企业与治污主体之间具有意思联络,属于共同侵权,应当承担连带责任,可根据《民法典》侵权责任编第1168条有关连带责任的规定对排污企业与治污主体的责任予以界定。其二,在排污企业不知情的情况下,判断排污企业的责任,应当考虑排污企业为什么会不知情[2]:若是

---

[1] 《民法典》侵权责任编第1168条:"二人以上共同实施侵权行为,造成他人损害的,应当承担连带责任。"

[2] 唐绍均、魏雨:《环境污染第三方治理中的侵权责任界定》,《重庆大学学报》(社会科学版)2019年第1期。

由于未对治污主体尽到监督和注意义务而不知情，则排污企业存在过失，应与治污主体承担连带责任，可根据《民法典》侵权责任编第1168条有关连带责任的规定对排污企业与治污主体的责任予以界定；若其已经尽到监督和注意义务仍不知情，则其本身并无过错，此时基于排污企业与治污主体间的环境服务合同关系，加之该环境治理发生在排污企业内部，排污企业是环境污染物的最终排放者，所以从外观上看，其符合"污染者"的特征。若要求排污企业与治污主体承担连带责任，则是一种不真正的连带责任，因为最终的责任承担主体只有一个，即有过错的治污主体。因此，该情形下产生的责任就是《民法典》侵权责任编第1233条规定的不真正连带责任，可根据该规定对排污企业与治污主体的责任予以界定。

综上所述，《环境保护法》第65条规定的防治污染设施维护、运营的机构因"弄虚作假"须与其他责任者承担连带责任的所有情形都可分别依据《民法典》侵权责任编第1168条与第1233条的规定对排污企业与治污主体的责任予以界定，即在排污企业与治污主体共同故意或者一方故意、一方过失的情况下，二者根据《民法典》侵权责任编第1168条的规定承担连带责任；在排污企业既没有故意，也没有过失，而只是治污主体存在故意的情况下，排污企业作为"污染者"与治污主体根据《民法典》侵权责任编第1233条的规定承担不真正连带责任，既无适用《环境保护法》第65条的必要性，若直接适用该条有关连带责任的规定也存在合理性不足的问题。此外，《环境保护法》第64条与第65条的规定存在冲突，第64条属于准用性规范，其明确规定"因污染环境和破坏生态造成损害的，应当依照《中华人民共和国侵权责任法》的有关规定承担侵权责任"，意即在实践中如有"污染环境和破坏生态造成损害"之情形，应当适用原《侵权责任法》的规定，正好与前文所分析的适用《民法典》侵权责任编第1168条与第1233条的规定相吻合。概言之，《环境保护法》第65条关于"连带责任"的规定并无存在的必要，不能根据该规定对排污企业与治污主体的责任予以界定。①

七　环境污染第三方治理中侵权责任界定的必要共同诉讼

在环境污染第三方治理中，排污企业与治污主体间除纯粹的单独环境

---

① 唐绍均、魏雨：《环境污染第三方治理中的侵权责任界定》，《重庆大学学报》（社会科学版）2019年第1期。

侵权行为以外，更有可能存在共同侵权行为、共同危险行为、累积因果关系的分别侵权行为以及共同因果关系的分别侵权行为。在环境污染第三方治理的司法实践中，由于被侵权人并不明确其遭受的损害究竟是由排污企业造成还是治污主体造成，其在起诉时往往难以确定以谁为被告，导致有的被侵权人只起诉排污企业，有的被侵权人只起诉治污主体，有的被侵权人将排污企业与治污主体作为共同被告予以起诉。

基于此，笔者认为有必要明确环境污染第三方治理中由于排污企业与治污主体间相互结合的侵权行为所引起的诉讼是否为共同诉讼，以及如果属于共同诉讼，属于普通共同诉讼还是必要共同诉讼。① 所谓共同诉讼分为普通共同诉讼与必要共同诉讼。普通共同诉讼是指当事人一方或者双方为两人以上，其诉讼标的为同一种类，经当事人同意且人民法院认为可以合并审理而将其合并审理的共同诉讼。必要共同诉讼是指当事人一方或者双方为两人以上，诉讼的标的共同②，法院必须合一审理、合一判决的多数人诉讼。③ 必要共同诉讼，在大陆法系上也称为合一确定的共同诉讼，是指必须针对全体共同诉讼人的一次性且划一性的解决纠纷之共同诉讼形态。④ 根据大陆法系民事诉讼法学的分类，必要共同诉讼可以分为固有的必要共同诉讼和类似的必要共同诉讼。⑤ 固有的必要共同诉讼，在德国法中又称实体法上的必要共同诉讼，是指民事实体法规定案件各共同诉讼人需共同参加诉讼，单独参诉将因直接违背实体法的规定而被驳回；而类似的必要共同诉讼，又称诉讼法上的必要共同诉讼，是指任一共同诉讼人参加诉讼的判决之既判力将延伸到其他未参加诉讼的关联主体，从而遮断他们提起的诉讼。⑥ 换言之，在固有的必要共同诉讼中，只要一个共同诉讼

---

① 唐绍均、魏雨：《环境污染第三方治理中的侵权责任界定》，《重庆大学学报》（社会科学版）2019 年第 1 期。
② "所谓共同的诉讼标的，是指共同诉讼人在与对方发生争议的实体法律关系中存在着共同的利害关系或有共同的权利，或有共同的义务，因而共同诉讼人必须一起参加诉松。"参见叶榅平主编《诉讼法》（第二版），上海财经大学出版社 2016 年版，第 107 页。
③ 叶榅平主编：《诉讼法》（第二版），上海财经大学出版社 2016 年版，第 107 页。
④ [日] 新堂幸司：《新民事诉讼法》，林剑锋译，法律出版社 2000 年版，第 540 页。
⑤ 叶榅平主编：《诉讼法》（第二版），上海财经大学出版社 2016 年版，第 108 页。
⑥ [德] 穆泽拉克：《德国民事诉讼法基础教程》，周翠译，中国政法大学出版社 2005 年版，第 139—141 页。

人没有加入诉讼,该诉就存在当事人不适格的情形,而在类似的必要共同诉讼中,面对其他共同诉讼人没有参加诉讼的情况,只要相关当事人没有提出追加或者主动参诉的申请,法院就应当仅根据原被告双方的诉辩主张对案件进行审理。① 其实,在我国的民事诉讼理论中,并没有固有必要共同诉讼与类似必要共诉讼的区分,但有观点认为,按照诉讼标的的权利义务本身是共同的还是形成诉讼标的的权利义务的原因是共同的,可将必要共同诉讼分为权利义务共同型必要共同诉讼和原因共同型必要共同诉讼。② 构成必要共同诉讼的核心要件是诉讼标的共同,可分为以下两种情况。其一,民事权利、义务关系是共同的,即在这类必要共同诉讼中,各共同诉讼人之间对于诉讼标的原先就存在共同的义务。③ 比如,合伙人对合伙财产的共同共有、承担连带责任的保证人与被保证的主债务人之间存在的连带清偿关系等。其二,同一事实或者同一法律原因,即在这类必要共同诉讼中,共同诉讼人之间原本没有共同的权利义务,由于产生同一事实或者法律上的原因,才使共同诉讼人之间具有了共同的权利或者义务。④ 例如,数个加害人共同造成了他人的损害,受害人向加害人要求赔偿,数个加害人因为发生了加害同一个受害人的事实,所以具有了共同的义务。

第一,排污企业与治污主体间因共同侵权行为所引起的诉讼。共同侵权包括有意思联络的共同侵权与无意思联络的共同侵权,即由于主观上存在共同故意或者共同过失所构成的共同侵权或者由于侵害行为的直接结合而发生统一损害后果所构成的共同侵权。⑤ 民事诉讼理论界和实务界较为一致的观点认为共同侵权行为引起的诉讼属于必要共同诉讼,⑥ 但根据《民法典》第178条⑦的规定,也可能存在"共同侵权行为所导致的连带

---

① 常怡:《民事诉讼法学》,中国政法大学出版社1999年版,第131页。
② 国家司法考试辅导用书编辑委员会:《2010国家司法考试辅导用书》(第三卷),法律出版社2010年版,第564页。
③ 江伟:《民事诉讼法》,高等教育出版社2004年版,第113页;
④ 刘哲玮:《追加当事人制度的理论追问与程序构建》,《政法论丛》2016年第6期。
⑤ 张新宝:《侵权责任法》,中国人民大学出版社2013年版,第44—45页。
⑥ 江伟:《民事诉讼法》,高等教育出版社2004年版,第112页。
⑦ 《民法典》第178条:"二人以上依法承担连带责任的,权利人有权请求部分或者全部连带责任人承担责任"。

责任而引起的诉讼并非必要共同诉讼"的质疑，笔者赞同前述"由共同侵权行为引起的诉讼属于必要共同诉讼"的结论，并拟从以下三个方面对前述质疑作出回应。

其一，从保护被侵权人利益的角度看，如果不把共同侵权的连带责任作为必要共同诉讼处理，则在分别诉讼的背景下，因各个诉讼的被告不同，无法判决不同的侵权人承担连带责任，更不可能解决共同侵权人之间的追偿权问题，① 从而使本能在一个诉讼中解决的问题需通过多次诉讼解决，不仅徒增诉累，损害双方当事人尤其是被侵权人的合法权益，而且同一被侵权人将获得两个以上的执行依据，造成其获得双重赔偿的可能；允许被侵权人部分起诉，可能会为一部分共同侵权人行使清偿、代物清偿、抵销、免除、时效完成、受领迟延等抗辩权造成障碍，影响其实体权利的行使，② 而且在法院将放弃诉讼请求的法律后果（包括产生免除责任的后果和对其他侵权人产生绝对效力的后果）向被侵权人释明的情况下，被侵权人仍然表示放弃对部分共同侵权人的诉讼请求，法院应当对放弃请求权予以认可，此时其他共同侵权人对被放弃诉讼请求的侵权人应当承担的赔偿份额不承担连带责任，显然并未否认连带责任的原理。其二，从共同的诉讼标的看，共同侵权法律关系在诉讼法上被视为一个诉讼标的，一个诉讼标的则必须在一个诉中处理而不能分成多个诉；③ 共同侵权行为未经起诉时并不能有效辨明各个侵权主体之间是否应该承担连带责任，因为认定共同侵权需要以各侵权主体之间存在共同故意或者共同过失为必要条件，而这些事实的认定势必需要等到法院进行实质审查之后方能明了，即只有当法院全面审查案件事实之后，才有可能认定共同侵权。④ 其三，《最高人民法院关于审理人身损害赔偿案件适用法律若干问题的解释》（简称《人身损害赔偿解释》）并未改变"由共同侵权行为引起的诉讼属于必要

---

① 兰仁迅：《从实体法视角反思我国必要共同诉讼制度——以多数人侵权之诉为考察对象》，《华侨大学学报》（哲学社会科学版）2011年第1期。

② 兰仁迅：《从实体法视角反思我国必要共同诉讼制度——以多数人侵权之诉为考察对象》，《华侨大学学报》（哲学社会科学版）2011年第1期。

③ 刘哲玮：《追加当事人制度的理论追问与程序构建》，《政法论丛》2016年第6期。

④ 卢佩：《多数人侵权纠纷之共同诉讼类型研究 兼论诉讼标的之"案件事实"范围的确定》，《中外法学》2017年第5期。

共同诉讼"的结论。《人身损害赔偿解释》第 2 条①规定的因共同侵权行为所产生的必要共同诉讼程序并不会妨碍《民法典》第 178 条规定的债权人的选择权，其只不过是将债权人的选择权置于执行阶段。换言之，债权人可在执行阶段依据生效判决，请求人民法院对一部分债务人强制执行，实现部分或者全部债权。②受害人可在执行阶段选择共同侵权人之一人、数人或者全体承担责任，与连带债务理论并不冲突，只是将其选择权的行使后置到连带债务经诉讼确定后的执行阶段而已，并不损害债权人利益。③因此，从避免重复诉讼、防止被侵权人不当获利的角度看，该司法解释的立场应值得肯定，可见 2020 年的《人身损害赔偿解释》第 2 条与《民法典》第 178 条④可并行不悖。综上所述，因共同侵权行为引起的诉讼应当属于必要共同诉讼，⑤所以在环境污染第三方治理中，因排污企业与治污主体的共同侵权行为所引起的诉讼应当是必要共同诉讼。

第二，排污企业与治污主体间因共同危险行为所引起的诉讼。共同危险行为也称为"准共同侵权行为"，具体而言，在无法确定具体侵权人时，为了缓解受害人证明困难，对因果关系做了法律上推定的技术处理，即将反映择一因果关系的具体事实作为推定的基础事实⑥。我国学界通说认为，广义共同侵权包括狭义的共同侵权即共同加害侵权、教唆帮助行为能力欠缺人的侵权即视为共同侵权和具体加害人不明的共同危险侵权即准共同侵权三种形态。⑦有学者认为因共同危险行为而引起的诉讼为必要共

---

① 《人身损害赔偿解释》第 2 条："赔偿权利人起诉部分共同侵权人的，人民法院应当追加其他共同侵权人作为共同被告。赔偿权利人在诉讼中放弃对部分共同侵权人的诉讼请求的，其他共同侵权人对被放弃诉讼请求的被告应当承担的赔偿份额不承担连带责任。责任范围难以确定的，推定各共同侵权人承担同等责任。人民法院应当将放弃诉讼请求的法律后果告知赔偿权利人，并将放弃诉讼请求的情况在法律文书中叙明。"

② 俞祺：《怠于履行职责与第三人行为共同致害的侵权赔偿》，《人民司法》2012 年第 23 期。

③ 常怡：《民事诉讼法学》，中国政法大学出版社 1999 年版，第 135 页。

④ 《民法典》第 178 条："二人以上依法承担连带责任的，权利人有权请求部分或者全部连带责任人承担责任。"

⑤ 肖建华、王世进主编：《诉讼法学》，重庆大学出版社 2010 年版，第 175 页。

⑥ 任重：《民事诉讼视野下的共同危险行为》，《法制与社会发展》2015 年第 6 期。

⑦ 郭辉：《我国共同危险侵权诉讼程序补正——共同危险侵权牵连普通共同诉讼制度的建立》，《广西社会科学》2016 年第 10 期。

同诉讼,① 笔者赞同这一观点,主要基于以下三方面的理由。首先,从受害人角度看,在共同危险行为中,受害人仅仅知道哪些人参与实施了对自己的人身财产造成危险的活动,但根本不知道具体引起损害的是参与人中的哪一个或者哪几个,每个加害人实施的侵权行为与损害后果之间仅具有可能的因果关系,② 这种潜在的可能性将各个加害人链接为一个整体。被推定的事实是数个行为人侵权,并不具体指生活事实,只是一种法律事实的推定,受害人无须对该事实进行主张和证明,减轻了受害人的诉讼负担,所以受害人应当将行为人作为一个整体诉至法院。③ 如果受害人只诉部分潜在的共同危险行为人,法官在判案推理过程中无法形成法律事实推定,则受害人很有可能面对败诉的结果。其次,对行为人而言,只有引起共同危险的行为人均被诉至法院,任一行为人才有机会就法律规定的不承担责任和减轻责任的情形及其行为与损害之间不存在因果关系进行举证,同时找到真正的侵害人而实现免责或减责,达到保护潜在危险行为人实体与程序利益的目的。④ 最后,从法院角度看,因为所有共同危险行为人都存在承担连带责任的可能性,而所有行为人的危险行为与损害后果之间是否存在因果关系,属于案件应当查明的基本事实,法院必须对这个整体进行统一审查,⑤ 任何一个加害人的排除都可能导致真正的侵权人逃脱责任。因此,为了帮助法院查明案件事实,除非某一加害人可以向法院证明,自己的行为与损害结果之间不存在因果关系,否则其行为都将与其他加害人的行为一起共同构成同一个"案件事实",所有加害人一同作为被告。综上所述,因共同危险行为引起的诉讼应当属于必要共同诉讼,所以在环境污染第三方治理中,因排污企业与治污主体的共同危险行为所引起

---

① 叶榅平主编:《诉讼法》(第二版),上海财经大学出版社 2016 年版,第 108 页。

② 程啸:《侵权责任法》,法律出版社 2015 年版,第 359 页。

③ 唐绍均、魏雨:《环境污染第三方治理中的侵权责任界定》,《重庆大学学报》(社会科学版) 2019 年第 1 期。

④ 唐绍均、魏雨:《环境污染第三方治理中的侵权责任界定》,《重庆大学学报》(社会科学版) 2019 年第 1 期。

⑤ 唐绍均、魏雨:《论第三方治理合同无效情形下的环境侵权责任界定》,《重庆大学学报》(社会科学版) 2020 年第 5 期。

的诉讼应当是必要共同诉讼。①

第三，排污企业与治污主体间因累积因果关系的分别侵权行为所引起的诉讼。累积因果关系也称为原因叠加关系或者充分原因偶然竞合关系，累积因果关系的分别侵权行为是指每一个行为人独立的致害行为都足以造成全部损害后果的行为。② 笔者认为因累积因果关系的分别侵权行为引起的诉讼并非必要共同诉讼，原因在于：在累积因果关系的分别侵权行为中，任何一个加害人的行为与受害人损害后果之间的因果关系都是确定的。换言之，任何一个加害人的侵权行为都构成一个独立的侵权损害赔偿责任，即使没有其他加害侵权行为的共同作用，每一个加害人的侵权行为都足以造成全部损害后果。③ 概言之，法官对于任意一个加害人侵权责任的认定都可以单独进行，因此每一个加害人的侵权行为事实都可以构成一个"案件事实"，构成普通共同诉讼类型，将哪些加害人纳入诉讼，取决于原告的自由意愿。综上所述，因累积因果关系的分别侵权行为引起的诉讼应当属于普通共同诉讼，所以在环境污染第三方治理中，因排污企业与治污主体的累积因果关系分别侵权行为所引起的诉讼应当是普通共同诉讼。④

第四，排污企业与治污主体间因共同因果关系的分别侵权行为所引起的诉讼。与累积因果关系的分别侵权行为相对应，共同因果关系的分别侵权行为是指每一个行为人独立的致害行为都不足以造成全部损害后果，而只有其行为相结合才能造成全部损害后果的行为。⑤ 笔者认为，由共同因果关系的分别侵权行为引起的诉讼应当是必要共同诉讼，主要有以下两方面的理由。其一，在共同因果关系的分别侵权行为中，任何一个加害人侵权责任的确定都依赖于剩余加害人行为的认定，因为各加害人分别实施侵权行为，却又不可或缺地互相结合共同造成"同一损害"的产生。即只

---

① 唐绍均、魏雨：《环境污染第三方治理中的侵权责任界定》，《重庆大学学报》（社会科学版）2019 年第 1 期。

② 程啸：《侵权责任法》，法律出版社 2015 年版，第 362 页。

③ 唐绍均、魏雨：《环境污染第三方治理中的侵权责任界定》，《重庆大学学报》（社会科学版）2019 年第 1 期。

④ 唐绍均、魏雨：《论第三方治理合同无效情形下的环境侵权责任界定》，《重庆大学学报》（社会科学版）2020 年第 5 期。

⑤ 王泽鉴：《侵权行为法》（第一册），中国政法大学出版社 2011 年版，第 103 页。

有侵权人各自的侵权行为相叠加才会造成损害结果,每一个单独的侵权行为都不可能导致损害结果的发生,对于损害结果而言每一人的单独侵权行为具有不可分割的密切联系。如果损害后果是"2",则只有每一个单独侵权行为的总和才等于"2"。对造成损害后果的各方加害人侵权责任的评价,均需放入同一个案件的侵权法律关系中进行权衡处理,因此所有加害人的侵权行为事实都构成一个"案件事实",构成必要共同诉讼。① 其二,有学者认为:基于同一事实或者法律上的原因,人与人之间具有了共同的权利或者义务,应当属于必要共同诉讼人。② 由此可见,在共同因果关系的分别侵权中,损害发生前,排污企业与治污主体之间或许没有任何共有关系,也没有共同的义务,但是因为他们分别侵权行为的结合才导致了同一损害后果,使他们具有了共有关系,也就是对于损害后果的共同赔偿义务。所以,共同因果关系的分别侵权人如果不同时参与诉讼,就无法查明是因为他们共同的加害行为导致了损害后果,这也是他们必须共同应诉的原因。综上所述,因共同因果关系的分别侵权行为引起的诉讼应当属于必要共同诉讼,所以在环境污染第三方治理中,因排污企业与治污主体的共同因果关系分别侵权行为所引起的诉讼应当是必要共同诉讼。③

概言之,在环境污染第三方治理中,在排污企业与治污主体间的合同无效且排污企业与治污主体的行为属于共同侵权行为、共同危险行为以及共同因果关系的分别侵权行为的情况下,排污企业与治污主体应该是必要共同诉讼人,应当作为共同被告参与诉讼,被侵权人应当同时起诉排污企业与治污主体。④ 作为不可分割之诉的必要共同诉讼,要求共同诉讼人必须一同应诉,如果被侵权人遗漏了被告,法院应当依职权通知被遗漏的被告参与诉讼,如果拒不参加,法院可以对其采取拘传措施。⑤ 在排污企业

---

① 肖建华、王世进主编:《诉讼法学》,重庆大学出版社2010年版,第149页。

② 肖建华、王世进主编:《诉讼法学》,重庆大学出版社2010年版,第160页。

③ 唐绍均、魏雨:《环境污染第三方治理中的侵权责任界定》,《重庆大学学报》(社会科学版)2019年第1期。

④ 唐绍均、魏雨:《环境污染第三方治理中的侵权责任界定》,《重庆大学学报》(社会科学版)2019年第1期。

⑤ 根据《民事诉讼法》第109条的规定,人民法院对必须到庭的被告,经两次传票传唤,无正当理由拒不到庭的,可以拘传。

与治污主体的行为属于累积因果关系的分别侵权行为的情况下，排污企业与治污主体是普通共同诉讼人，被侵权人可以选择起诉排污企业，也可以选择企业治污主体，或者同时起诉二者。[①]

[①] 唐绍均、魏雨：《论第三方治理合同无效情形下的环境侵权责任界定》，《重庆大学学报》（社会科学版）2020年第5期。

第六章

环境污染第三方治理中的行政责任界定

第一节 环境污染第三方治理中的行政责任概览

一 环境污染第三方治理中行政责任的主要类型

广义上的行政责任是指行政法律关系的主体违反行政法律规范而应当承担的否定性法律后果，包括环境行政主体的法律责任（承担责任的主体为直接负责的主管人员和其他直接责任人员）与行政相对人的法律责任。[①] 狭义上的行政责任是指环境行政主体及行政工作人员违反行政法律规范而应承担的否定性法律后果，只包括环境行政主体的法律责任、行政工作人员的法律责任。[②] 笔者采用广义行政责任的定义，即包括环境行政主体、行政工作人员与行政相对人的行政责任。行政责任主要包括行政处罚和行政处分两类，行政处罚是指行政机关或者其他环境行政主体依法定职权和程序对违反行政法律规范尚未构成犯罪的行政相对人给予行政制裁的具体行政行为；行政处分是指国家行政机关依照行政隶属关系给予有违法失职行为的国家机关工作人员的一种惩罚措施，包括警告、记过、记大过、降级、撤职、开除等。环境污染第三方治理中的行政责任是指环境行

---

① 石佑启主编：《行政法与行政诉讼法》，中国人民大学出版社2015年版，第190页。
② 石佑启主编：《行政法与行政诉讼法》，中国人民大学出版社2015年版，第192—193页。

政主体（承担责任的主体主要应为直接负责的主管人员和其他直接责任人员）或者作为行政相对人的排污企业与治污主体因在环境污染第三方治理中违反行政法律规范而应当承担的法律后果。申言之，在环境污染第三方治理中，可能承担行政责任的主体包括环境行政主体（承担责任的主体主要应为直接负责的主管人员和其他直接责任人员）、排污企业与治污主体。对于排污企业或者治污主体而言，应当接受行政处罚；对于环境行政主体中直接负责的主管人员或者其他直接责任人员而言，应接受行政处分。

环境行政主体（承担责任的主体主要应为直接负责的主管人员和其他直接责任人员）对环境污染第三方治理活动进行监管，对排污企业与治污主体进行监管，如果环境行政主体（承担责任的主体主要应为直接负责的主管人员和其他直接责任人员）没有认真履行监管职责，违反行政法律规范，则应当承担相应的行政责任。至于具体由环境行政主体中的哪些工作人员承担行政责任，可以根据法律的规定进行判断。例如根据《水污染防治法》第80条①的规定，生态环境主管部门或者其他行使监督管理权部门若未依法作出行政许可，若给不符合取得排污许可证条件的排污企业或者治污主体颁发排污许可证，则其中的直接负责的主管人员和其他直接责任人员，应当承担行政责任，接受警告、严重警告、记大过等行政处分。排污企业与治污主体是行政相对人，在环境第三方治理中的活动要受到环境行政主体的监管，若排污企业或者治污主体违反行政法律规范，例如将未达到排放标准的污染物排放至外环境中或者所排放污染物的种类超出排污许可证排污种类范围等，就会产生相应的行政法律责任。在排污企业与治污主体因签订环境污染第三方治理合同而导致污染行政责任难循法律依据的情况下，难以明确界定何者为环境污染第三方治理中行政责任的承担主体。

要求排污企业或者治污主体承担行政责任的主要目的是制裁和预防，即对已经发生的违反环境行政法律法规的行为予以制裁，同时对可能发生

---

① 《水污染防治法》第80条："环境保护主管部门或者其他依照本法规定行使监督管理权的部门，不依法作出行政许可或者办理批准文件的，发现违法行为或者接到对违法行为的举报后不予查处的，或者有其他未依照本法规定履行职责的行为的，对直接负责的主管人员和其他直接责任人员依法给予处分。"

的环境违法行为进行预防。有学者认为：由于作为委托人的企业和作为合同相对人的环境服务商之间是合同关系，环境服务商为其服务瑕疵承担违约责任；与此同时，作为行政相对人的排污企业需对因环境服务瑕疵所产生的环境污染承担接受行政处罚的义务。① 按照该学者的观点，因治污主体环境服务瑕疵产生环境污染，应当由排污企业来承担行政责任，治污主体只需根据环境污染第三方治理合同向排污企业承担违约责任（民事责任）即可。简言之，环境污染第三方治理中的行政责任应当由排污企业承担，如果这种行政责任产生的原因是治污主体的环境服务瑕疵，则治污主体仅仅需要向排污企业承担违约责任即可。无独有偶，另有学者也与上述学者持相同观点，认为环境污染企业的公法义务转化为与之签订环境服务合同的专业环保公司的民事合同义务，如果合同履行有瑕疵，第三方治理企业应当承担相应的违约责任，而排污企业承担的则是违反公法义务的法律责任。② 还有学者认为："产污者"与"治污者"之间通过法律协议建立的委托治理关系不能对抗外在的行政管理，也就是说"产污者"仍然作为环保监管机制的行政相对人，而不因委托第三方治理将外部的环保责任一并转移给第三方，否则"治污者"承担超出其能力范围的风险，不利于防范"产污者"的道德风险，也对第三方治理行业的发展有百害而无一利，③ 原因在于：根据《环境保护法》第42条第1款的规定，即"排放污染物的企业事业单位和其他生产经营者，应当采取措施，防治在生产建设或者其他活动中产生的废气、废水、废渣、医疗废物、粉尘、恶臭气体、放射性物质以及噪声、振动、光辐射、电磁辐射等对环境的污染和危害"，作为污染物排放单位的排污企业有防治污染的义务。申言之，依照《环境保护法》的规定，排污企业需承担的义务内容之一为防治污染，即排污企业有"预防"和"治理"环境污染物的义务。《环境保护法》属于公法的范畴，排污企业承担的防治污染义务应当属于公法上的义务。因此，尽管排污企业与治污主体间签订了环境污染第三方治理合同，但是公法上的义务不会随着民事合同关系的建立发生而转移。上述几位学

---

① 鄢斌、李岩：《合同环境服务法律责任竞合初探》，《环境经济》2014年第4期。
② 刘俊敏、李梦娇：《环境污染第三方治理的法律困境及其破解》，《河北法学》2016年第4期。
③ 杨飞：《环境污染第三方治理注意义务研究》，硕士学位论文，西南政法大学，2016年，第24页。

者的观点虽有分歧，但都认为应该由排污企业而非治污主体来承担行政责任。然而，这种"一刀切"认定由排污企业承担行政责任的观点，无疑增加了排污企业的法律风险，严重打击排污企业选择环境污染第三方治理的积极性，为何排污企业要为治污主体因环境服务瑕疵导致的行政责任买单？实在是有失公允。当然也有学者认为：在行政责任中，我国立法上应明确规定，在环境污染第三方治理中，第三方治污主体是独立的环境行政法律关系的主体，在一定条件下能够作为行政相对人独自承担相应的行政责任，并不能因为第三方企业是受托人而由排污企业代替其承担部分行政责任。[①] 这种观点属于立法论的范畴，即认为治污主体在一定条件下应当承担行政责任，但是我国目前尚无明确的法律规定，主张通过立法予以明确。

基于此，环境污染第三方治理中的行政责任界定要解决的是排污企业与治污主体何者在何种情况下应该承担行政责任的问题。既然当前的法律规定中没有明确地界定排污企业与治污主体行政责任的方案，且学者的观点既存在争议，也存在"一刀切"的弊端，笔者另辟蹊径，从排污企业与治污主体在环境污染第三方治理中的行政责任来源展开讨论，探索环境污染第三方治理中行政责任的界定路径。

二 排污企业与治污主体行政责任的来源

法律责任是责任主体因违反法定义务或者约定义务而应当承担的法律上的不利后果，或者责任主体虽未违反法定义务或者约定义务，但由于法律直接规定而应当承担的某种不利后果。[②] 根据法律责任的定义，法律责任的来源包括三种：其一，违反法定义务；其二，违反约定义务；其三，法律的直接规定。约定的义务通常与合同密不可分，但是由于行政合同在我国的法律中尚未有具体的规范体系，所以能够约定义务的合同一般应被理解为私法上的合同（即民事合同），而行政责任是公法上的责任，所以行政责任的来源原则上不包括违反约定的义务。换言之，行政责任的来源主要包括两种，即违反法定的义务与法律的直接规定。法定义务是由法律

---

① 周珂、史一舒：《环境污染第三方治理法律责任的制度建构》，《河南财经政法大学学报》2015年第6期。

② 陈林林、夏立安主编：《法理学导论》，华大学出版社2014年版，第128页。

所规定的义务，具有强制性，产生行政责任所违反的法定义务是指行政法上的义务。① 违反法定的义务包括作为与不作为两类，作为是指行为人积极的身体活动，做了法律规定的"禁止为"的行为；不作为是指行为人的消极的身体活动，未履行法律规定的"应该为"的义务。由于我国并没有专门的立法对环境污染第三方治理加以规范，所以很难说环境污染第三方治理中存在直接规定的行政责任，因此环境污染第三方治理中行政责任的来源通常只有一项，即违反行政法上的义务，包括"不为应为"的义务与"为禁为"的义务。排污企业与治污主体均是行政相对人，均要受到环境行政主体的监管，自然均需承担各种行政法上的义务，如果排污企业或者治污主体不为行政法上规定的"应为"的义务或者为行政法上规定的"禁为"的义务，则排污企业或者治污主体均有承担义务的可能性，也就均有可能违反法定义务而成为环境污染第三方治理中行政责任的承担主体。

目前，我国虽无关于环境污染第三方治理的专门立法，更无环境污染第三方治理中排污企业与治污主体应当承担何种行政法上义务的直接规定，但是根据《环境保护法》以及各环境污染防治单行法（如《水污染防治法》《大气污染防治法》《土壤污染防治法》、《固体废物污染环境防治法》《放射性污染防治法》等）中与环境保护相关的法律规定，可以梳理出环境污染第三方治理中排污企业与治污主体在行政法上的义务。所以，在环境污染第三方治理中，排污企业与治污主体行政责任的来源是排污企业或者治污主体违反了《环境保护法》及各环境污染防治单行法中规定的二者应当共同履行或者单独履行的"应为"或者"禁为"的义务。例如，《固体废物污染环境防治法》第 80 条第 3 款规定的"禁止将危险废物提供或者委托给无许可证的单位或者其他生产经营者从事收集、贮存、利用、处置活动"，是排污企业应当履行的义务，因为产生危险废物的主体是排污企业；《水污染防治法》第 45 条第 3 款规定的"向污水集中处理设施排放工业废水的，应当按照国家有关规定进行预处理，达到集中处理设施处理工艺要求后方可排放"，也是排污企业应当履行的义务，因为向污水集中处理设施排放工业废水的主体是排污企业。《固体废物污染环境防治法》第 80 条第 2 款规定的"禁止无许可证或者未按照许可证

---

① 沈春晖：《法源意义上行政法的一般原则研究》，《公法研究》2008 年第 9 期。

规定从事危险废物收集、贮存、利用、处置的经营活动",是治污主体应当履行的义务,因为对危险废物开展处置等活动的主体是治污主体;《土壤污染防治法》第25条第1款规定的"建设和运行污水集中处理设施、固体废物处置设施,应当依照法律法规和相关标准的要求,采取措施防止土壤污染",也是治污主体应当履行的义务,因为建设和运行污水集中处理设施的义务主体是治污主体。当然,也会存在同一法律规定既可能是排污企业的义务,也可能是治污主体的义务之情形,例如,《土壤污染防治法》第28条第1款规定的"禁止向农用地排放重金属或者其他有毒有害物质含量超标的污水、污泥,以及可能造成土壤污染的清淤底泥、尾矿、矿渣等",因为在环境污染第三方治理中,如果在排污企业的场所内进行污染治理,则污水、污泥等最终是由排污企业排放;如果在治污主体的场所内进行污染治理,比较常见的是城镇污水集中处理厂,则污水、污泥等最终是由治污主体排放。由此可见,该条规定的义务主体既可能是排污企业,也可能是治污主体。

三 环境污染第三方治理中行政责任的构成要件

行政责任的构成要件是指构成行政责任的各种必备条件的总和,它是判断行为人是否应当承担行政责任的标准和依据。对于行政责任构成要件,不同的学者提出了不同的观点,主要可分为四类:二要件说,三要件说、四要件说与五要件说。第一,二要件说。根据二要件说可知,只要同时具备两个要件,即可构成行政责任。其一,行为人实施了行政违法行为;其二,行为人具有责任能力。[①] 第二,三要件说。根据三要件说可知,行政责任的构成需要三个要件。其一,存在违反行政法律义务的行为;其二,存在承担责任的法律依据;其三,主观有过错。[②] 还有学者认为,构成行政责任的三个要件与前述观点的三要件不同:其一,行为人已有违反行政法的行为存在,这是构成行政法律责任的必备前提条件。其二,行为人具有法定的责任能力,在认定行为人是否具有法定责任能力时,对不同对象有着不同的要求:对于行政主体及其工作人员而言,只要其依法成立或依法进入行政主体任职,即认定其具备法定的责任能力;而

---

① 张正钊:《行政法与行政诉讼法》,中国人民大学出版社2004年版,第269—270页。
② 罗豪才:《行政法学》,北京大学出版社1996年版,第319—320页。

对于行政相对人中的公民而言，认定其具有责任能力，则必须要求其达到法定的责任年龄、有正常的智力，否则，即使其有违反行政法的行为也不得追究其行政法律责任。其三，行为人违反行政法的行为，必须在情节、后果上达到严重的程度，行为人违反行政法的行为轻重不一，对于追究其行政法律责任，则要求在情节、后果等方面达到法定的程度，有些情节十分轻微、没有造成危害后果的违反行政法的行为，也不构成行政法律责任。① 第三，四要件说。根据四要件说可知，行政责任有四个构成要件。其一，行为人已经构成行政违法；其二，行为人具有责任能力；其三，行为人的主观恶性程度；其四，行政违法的情节与后果。② 第四，五要件说。根据五要件说可知，行政责任应由五个要件构成：其一，行政违法或不当是行政责任产生的前提条件；其二，行政责任主体是行政主体及其直接负责的主管人员或者其他直接责任人员；其三，引起行政责任的行政违法或不当必须发生在行政公务行为中；其四，行政责任须为法律规范所确认；其五，承担行政责任，须有主观上的故意或过失。③

通过对上述四种观点的梳理可知，学界对行政责任的构成要件至少在两点基本达成一致。其一，行为人存在违反行政法的行为是承担行政责任的前提之一；其二，只有行为人存在主观过错才能承担行政责任。分歧主要在于：其一，责任主体的范围，即行政责任的主体是指行政主体及其直接负责的主管人员或者其他直接责任人员，还是也包括行政相对人；其二，责任的承担是否需要行为人违反行政法的行为在情节或者后果上达到一定程度。笔者认为：其一，行政责任的主体应该不局限于行政主体及其直接负责的主管人员和其他直接责任人员，还应该包括行政相对人，原因在于行政相对人被给予各种行政处罚实际就是其在承担行政责任。其二，根据行政法律的规定，行政责任并不考虑情节或者后果。例如，根据《环境保护法》第63条的规定，企业事业单位和其他生产经营者有"违反法律规定，未取得排污许可证排放污染物，被责令停止排污，拒不执行"等行为的，均须承担行政责任，只是情节较轻的行政责任也较轻。再如，根据《水污染防治法》第86条的规定，违反规定采用列入禁止采用的严重

---

① 王学辉：《行政法学》，中国检察出版社2002年版，第230—231页。
② 胡律森：《行政法学》，法律出版社1998年版，第717—718页。
③ 王连昌：《行政法学》，中国政法大学出版社1994年版，第328—329页。

污染水环境的工艺名录中的工艺的,应承担行政责任,若情节严重,则行政责任也较重。所以,情节或者后果并不是行政责任的构成要件,只是判断行政责任轻重须考虑的条件。综上所述,行政责任的构成要件应当主要包括两个要件:其一为行为人实施了违法行为,其二为行为人存在主观过错。

环境污染第三方治理中的行政责任主要是指排污企业或者治污主体在主观上存在过错的情况下,实施违反《环境保护法》以及各污染防治单行法的行为所应当承担的不利后果。由此可见,环境污染第三方治理中行政责任的构成要件包括两个:排污企业或者治污主体实施了违法行为和具有主观过错。其一,排污企业或者治污主体实施了违法行为。环境污染第三方治理中构成行政责任的违法行为是指排污企业或者治污主体实施的违反环境行政法律规定的行为,该环境行政法律主要包括《环境保护法》以及各环境污染防治单行法(如《水污染防治法》《大气污染防治法》《土壤污染防治法》《固体废物污染环境防治法》《放射性污染防治法》等),如违反法律或行业标准排放污染物,排放污染物的数量种类等不符合规定,排放时间、地点违法违规等。其二,具有主观过错。环境污染第三方治理中构成行政责任的过错是指排污企业或者治污主体在实施环境行政违法行为时所具备的主观心理状态,包括故意和过失。

第二节 环境污染第三方治理中的行政责任界定

一 环境污染第三方治理合同对行政责任界定的作用识别

"环境污染第三方治理模式以兼有政府和市场参与为特色,已经成为我国环境污染治理的代表模式之一。"① 由于"环境污染第三方治理机制的法律漏洞在于对排污企业与治污主体作为契约双方的法律地位及责任未予以明确界定,排污企业承担的环境责任能否通过环境污染第三方治理合

---

① 曹莉萍:《市场主体、绩效分配与环境污染第三方治理方式》,《改革》2017年第10期。

同转嫁给治污主体也值得商榷"①,且根据相关规定,"排污企业原则上须承担污染治理的主体责任,治污主体须承担约定的污染治理责任,但关于排污企业与治污主体的责任边界却并无具体而明确的法律规定,这就容易使双方在责任承担的问题上相互扯皮"②,故欲深入推进环境污染第三方治理,亟须明确排污企业与治污主体间的责任边界,尤其是亟须明确两者间行政责任的边界。"虽然既有的法律规定为环境污染第三方治理中排污企业与治污主体责任的厘清提供了最基本的规范来源,但是排污企业治污主体间行政责任的转移该如何处理仍稍显棘手。"③ 基于"环境污染第三方治理的本质属性是合约治理"④,环境污染第三方治理合同理应对排污企业与治污主体间行政责任的界定发挥"本质性"作用。但囿于排污企业与治污主体均为平等的民事主体,二者所订立的环境污染第三方治理合同的法律性质为民事合同,将该合同用于界定排污企业与治污主体间的民事责任尚多有不足,其对行政责任界定"本质性"作用的发挥难免引起争议,目前学界对此形成了"肯定说"与"否定说"两种观点。

(一)"肯定说"

"肯定说"认为:环境污染第三方治理合同对行政责任的界定发挥着"本质性"作用,具体体现为以下三方面的内容。第一,环境污染第三方治理合同的依约履行是确定行政责任承担主体的关键。"如果排放未达标的根源是排污企业违反环境污染第三方治理合同约定的条款,则应由排污企业承担行政责任"⑤;"在排污企业严格遵守环境污染第三方治理合同约定的前提下,如果污染物不能达标排放,则应由治污主体承担行政责任"⑥。换言之,排污企业与治污主体是否履行环境污染第三方治理合同的约定是确定行政责任承担主体的症结所在,未依约履行该合同的主体即

---

① 李雪松、吴萍、曹婉吟:《环境污染第三方治理的风险分析及制度保障》,《求索》2016年第2期。

② 周五七:《中国环境污染第三方治理形成逻辑与困境突破》,《现代经济探讨》2017年第1期。

③ 刘长兴:《污染第三方治理的法律责任基础与合理界分》,《法学》2018年第6期。

④ 吕志奎、林荣全:《流域环境污染第三方治理:合约关系与制度逻辑》,《中国人民大学学报》2019年第6期。

⑤ 骆建华:《环境污染第三方治理的发展及完善建议》,《环境保护》2014年第20期。

⑥ 王琪、韩冲:《环境污染第三方治理中政企关系的协调》,《中州学刊》2015年第6期。

为行政责任的承担主体。第二,排污企业可能承担的行政责任已经依据环境污染第三方治理合同的约定随"污染治理义务"的转移而转移给治污主体。在环境污染第三方治理中,虽然"环境义务是排污企业的一项基本义务不可全盘转移,且是排污企业的一项永恒义务,但'污染治理义务'——作为具体的环境义务可以转移给治污主体,在具体环境义务转移后,相关责任也随之转移"①。因此,环境污染第三方治理合同可以将"污染治理义务"转移给治污主体,同时也可以将因违反"污染治理义务"而产生的行政责任承担主体由排污企业转变为治污主体。第三,排污企业已通过环境污染第三方治理合同将可能承担的行政责任转移给治污主体。"排污企业开展环境污染第三方治理的目的是履行污染治理责任、治理污染物,因此污染治理责任未完成即为排污企业的目的未达到,由此产生的行政责任也应可以通过合同转移给治污主体"②,故环境污染第三方治理合同可使排污企业"摆脱"污染治理中的行政责任,将该责任的承担主体变为治污主体。

(二)"否定说"

"否定说"认为:环境污染第三方治理合同对行政责任的界定并不能发挥"本质性"作用,具体体现为以下三方面的内容。第一,从行政法律关系角度看,排污企业始终是污染治理中的行政相对人,其地位并不会因为与治污主体有环境污染第三方治理合同而改变。在环境污染第三方治理中,"尽管排污企业与治污主体间已签订环境污染第三方治理合同,但排污企业仍然是环保部门的环境监管对象"③,"只要出现行政违法,仍应由排污企业承担行政责任"④,"即违反公法义务的行政责任始终应由排污企业承担"⑤,"治污主体只需按照合同相对性理论,依据合同约定对排污

---

① 陈云俊、高桂林:《环境污染第三方治理民事合同研究》,《广西社会科学》2016年第3期。

② 刘巧云:《我国环境污染第三方治理法律责任制度研究》,硕士学位论文,郑州大学,2019年,第29页。

③ 申进忠:《环保部门可否直接处罚环境污染治理第三方》,《法人》2019年第3期。

④ 葛察忠、程翠云、董战峰:《环境污染第三方治理问题及发展思路探析》,《环境保护》2014年第20期。

⑤ 刘俊敏、李梦娇:《环境污染第三方治理的法律困境及其破解》,《河北法学》2016年第4期。

企业承担违约责任"①。因此，环境污染第三方治理合同对于行政责任的界定并无实质影响。第二，从民事合同与公法责任关系角度看，环境污染第三方治理合同作为平等主体间的民事合同，不能够对公法责任作出约定。"排污企业所承担的'污染治理义务'为公法上的义务"②，"不能因其与治污主体订立了环境污染第三方治理合同这一民事合同而转移给治污主体"③，由该公法义务引起的行政责任亦不能通过民事合同的约定转移给治污主体，故"排污企业在污染治理中可能承担的行政责任并不会因环境污染第三方治理合同而转移"④。第三，从既有法律规定角度看，"我国现有的法律、法规并没有明确规定治污主体可以成为环境行政管理中的行政相对人"⑤，因此，在环境污染第三方治理中，治污主体不具有行政相对人的地位，由其承担行政责任于法无据。由此可见，不管是否存在环境污染第三方治理合同，污染治理中产生的行政责任都是排污企业理应承担的责任，治污主体不可能成为环境污染第三方治理中行政责任的承担主体。

（三）对"肯定说"与"否定说"的评析

通过对比"肯定说"与"否定说"两种理论观点，笔者认为，尽管环境污染第三方治理合同的相关约定不能作为行政责任界定的依据，但也并不能据此否认该合同与行政责任的界定存在关联。第一，从民事合同与公法责任关系角度看，行政责任属于公法责任，环境污染第三方治理合同是平等主体之间的民事合同，属于私法合同，私法合同的约定不能排除公法责任的承担。关于环境污染第三方治理合同的相关约定不能作为行政责任界定的依据，相关论述"否定说"已有论证，此处不再赘述。第二，环境污染第三方治理合同对行政责任的界定发挥了"纽带"作用。首先，

---

① 鄢斌、李岩：《合同环境服务法律责任竞合初探》，《环境经济》2014年第4期。

② 刘俊敏、李梦娇：《环境污染第三方治理的法律困境及其破解》，《河北法学》2016年第4期。

③ 胡丽珠、吕成：《环境污染第三方治理的监管》，《合肥学院学报》（社会科学版）2015年第4期。

④ 魏舒婷：《我国环境污染第三方治理问题研究》，硕士学位论文，河南大学，2019年，第15页。

⑤ 周珂、史一舒：《环境污染第三方治理法律责任的制度建构》，《河南财经政法大学学报》2015年第6期。

排污企业与治污主体间订立的环境污染第三方治理合同，导致排污企业兼具的"产污者"与"治污者"身份发生"分离"，即排污企业仅具"产污者"身份，其"治污者"身份则被治污主体所取代，故该合同对于治污主体"参与污染治理"发挥了"纽带"作用。其次，治污主体通过环境污染第三方治理合同取得排污企业"分离"出的"治污者"身份后，将因此成为行政法上的相对人，被行政主体实施监督管理，承担相应的环境行政义务，其若实施违反该类义务的行为，则应承担相应的行政责任，故该合同对于治污主体"成为污染治理中行政责任的承担主体"发挥了"纽带"作用。

二 环境污染第三方治理中行政责任界定的主张及其弊端

环境污染第三方治理的推行，既促使排污企业兼具的"产污者"与"治污者"身份发生分离，也促使环境行政管理中增加了新的法律关系，即在环境行政主体与排污企业间的法律关系之外增加了环境行政主体与治污主体间的法律关系，换言之，排污企业与治污主体都属于行政相对人。此时，基于违反"污染治理义务"而产生的行政责任承担主体是否随着法律关系的增加而发生变化，即在环境污染第三方治理中产生的行政责任应由排污企业承担还是应由治污主体承担？在实践中，极易发生排污企业与治污主体相互推诿行政责任的情况，"排污企业认为其所产生的污染物已交由治污主体治理，如果环境污染治理不达标就应由治污主体承担行政责任，而治污主体则认为污染排放不达标主要是由于排污企业不按照合同约定要求进行排污从而导致污染物较难治理造成的，应由排污企业承担行政责任"[①]，这就导致了环境污染第三方治理中行政责任界定的争议。针对该争议，目前学界主要形成了三种观点，即"排污企业担责说""治污主体担责说"与"多因素考量说"。

（一）"排污企业担责说"

"排污企业担责说"认为：基于以下三点理由，在环境污染第三方治理中产生的行政责任应由排污企业承担。第一，在环境污染第三方治理中，排污企业作为污染源的"原始产生者"，理应承担《环境保护法》规定的"污

---

① 刘加林等：《西部生态脆弱区环境污染第三方治理机制优化探析》，《生态经济》2017年第10期。

染治理义务",该义务为公法上的义务,① 环境污染第三方治理合同为民事合同,该义务不能因环境污染第三方治理合同而转移给治污主体,② 故违反"污染治理义务"而导致的行政责任也理应由排污企业承担,理应由排污企业接受行政处罚③。第二,排污企业与治污主体间通过民事合同建立的污染治理关系不能对抗外在的行政管理,④ 排污企业仍应受到环境行政主体的监管,不能因为环境污染第三方治理合同中约定有免责条款而免除排污企业的义务,转嫁其作为污染物排放者所应当承担的责任,⑤ 故由此产生的行政责任应由排污企业承担。第三,在环境污染第三方治理中,根据"污染者担责原则",排污企业是造成环境污染的直接责任人,故因违反环境保护法律法规或者规章规定所导致的行政责任应由其承担。⑥

(二)"治污主体担责说"

"治污主体担责说"认为:基于以下三点理由,在环境污染第三方治理中产生的行政责任应由治污主体承担。第一,"排污企业虽为污染源的产生者,但其并未实施对外排放污染物的行为,而治污主体才是排放行为的实施主体,是法律意义上的污染源排放者"⑦,并不能因治污主体在环境污染第三方治理中的身份是受托人而由排污企业代替其承担部分行政责任,⑧ 故由此产生的行政责任应由治污主体承担⑨。第二,环境污染第三

---

① 刘俊敏、李梦娇:《环境污染第三方治理的法律困境及其破解》,《河北法学》2016年第4期。

② 胡丽珠、吕成:《环境污染第三方治理的监管》,《合肥学院学报》(社会科学版)2015年第4期。

③ 鄢斌、李岩:《合同环境服务法律责任竞合初探》,《环境经济》2014年第4期。

④ 杨飞:《环境污染第三方治理注意义务研究》,硕士学位论文,西南政法大学,2016年,第27页。

⑤ 陈颖、赵维圣:《论利益博弈视域下环境污染第三方治理的义务分配》,《时代法学》2018年第5期。

⑥ 宫双双:《第三方治理单位应承担哪些法律责任?》,《中国环境报》2019年9月16日第8版。

⑦ 崔煜晨:《第三方治理血脉通没通?》,《中国环境报》2015年1月20日第9版。

⑧ 周珂、史一舒:《环境污染第三方治理法律责任的制度建构》,《河南财经政法大学学报》2015年第6期。

⑨ 朱晓波、王庆:《"十三五"环保走向第三方治理》,《中国冶金报》2015年1月8日第1版。

方治理的推行目的之一在于集中环境行政主体的监管力量,即其只需集中监管可控的治污主体而不再需要监管过于分散的众多排污企业,① 由此可推知在环境污染第三方治理中仅治污主体才是行政主体的监管对象与行政相对人,故因此产生的行政责任应由治污主体承担。第三,在环境污染第三方治理中,相对于排污企业而言,治污主体在污染治理技术上拥有明显的优势,也合理收取了排污企业支付的污染治理费用,排污企业已将"污染治理义务"与责任转嫁给治污主体,若仍然要求排污企业承担行政责任会有失公允,且容易打击其选择环境污染第三方治理的积极性,故由此产生的行政责任应由治污主体承担。②

(三)"多因素考量说"

"多因素考量说"认为:要确定环境污染第三方治理中行政责任的承担主体,需要考量多种因素,具体内容可归纳为三个方面。第一,在环境污染第三方治理中,排污企业与治污主体虽均为环境责任主体,但并不能据此认定二者均为承担行政责任的主体,而应当根据双方的合同约定内容、合作方式、是否有环境违法行为③④以及治污主体是否具有相应资质⑤等因素来界定行政责任承担主体。第二,环境污染第三方治理中行政责任承担主体的确定,须考量排污企业与治污主体间的服务模式。申言之,若为"委托治理"服务模式,则排污企业须承担主要法律责任,而治污主体须承担补充责任或次要责任;若为"托管运营"服务模式,则治污主体须承担主要责任,而排污企业须承担次要责任。⑥ 第三,环境污染第三方治理中行政责任承担主体的确定,须考量排污企业与治污主体是否严格履行合同。若排污企业严格履行合同,是按照合同约定的数量、浓度、种类等将污染物转移给治污主体的,则应由治污主体承担行政责任;若治污主体严格履行合同,但污染物在排放时仍出现超标情况或者因排污企业违反合同的约定而导致污染物最终排放不达标,则应由排污企业承担

---

① 刘超:《管制、互动与环境污染第三方治理》,《中国人口·资源与环境》2015 年第 2 期。
② 刘柏松:《第三方治理还需跨越多少道坎》,《经济日报》2015 年 1 月 23 日第 13 版。
③ 谢海燕:《环境污染第三方治理实践及建议》,《宏观经济管理》2014 年第 12 期。
④ 荣燕燕:《我国环境污染第三方治理的发展及相关建议》,《上海节能》2017 年第 6 期。
⑤ 胡静、胡曼晴:《第三方治理中排污企业的行政责任》,《世界环境》2017 年第 5 期。
⑥ 刘腾飞:《环境污染第三方治理法律责任问题研究》,《湖南工程学院学报》(社会科学版)2019 年第 4 期。

行政责任。①

（四）前述主张的弊端

笔者认为，"排污企业担责说""治污主体担责说"与"多因素考量说"均无法对环境污染第三方治理中行政责任的界定进行充分的理论解析。第一，"排污企业担责说"用以界定环境污染第三方治理中的行政责任存在弊端。前文已述，治污主体通过环境污染第三方治理合同加入污染治理后，在环境行政主体与排污企业间的法律关系之外增加了环境行政主体与治污主体间的法律关系。在环境行政主体与排污企业间的法律关系中，如有证据证明排污企业违反与此法律关系相关的"污染治理义务"（该类义务为排污企业在实施环境污染第三方治理前"原生"的环境行政义务），即便该义务通过民事合同交由治污主体代为履行，行政责任的承担主体仍为排污企业；在环境行政主体与治污主体间的法律关系中，如有证据证明治污主体违反与此法律关系相关的"污染治理义务"，该类义务为治污主体加入环境污染第三方治理而"派生"的环境行政义务，则行政责任的承担主体为治污主体。因此，"排污企业担责说"的弊端在于：对"原生"环境行政义务与"派生"环境行政义务不加区分，以"一刀切"的方式让排污企业承担环境污染第三方治理中的"原生"行政责任与"派生"行政责任，既无法律依据，也无法理支撑。第二，"治污主体担责说"用以界定环境污染第三方治理中的行政责任也存在弊端。其弊端与"排污企业担责说"的弊端如出一辙，同样是未能区分"原生"环境行政义务与"派生"环境行政义务，以"一刀切"的方式让治污主体承担环境污染第三方治理中的"原生"行政责任与"派生"行政责任，在此不再赘述。第三，"多因素考量说"用以界定环境污染第三方治理中的行政责任同样存在弊端。"多因素考量说"虽列举了"合同约定、合作方式、是否有环境违法行为等"作为界定环境污染第三方治理中行政责任的考量因素，但根据这些考量因素根本不能形成有效的行政责任界定路径，行政责任的承担主体是排污企业还是治污主体仍然难以确定，因此该观点既不具可操作性，也缺乏指导性意义。

---

① 王琪、韩冲：《环境污染第三方治理中政企关系的协调》，《中州学刊》2015年第6期。

三 环境污染第三方治理中"污染者"的行政责任

根据前文所述可知,环境污染第三方治理合同的相关约定并不能作为行政责任界定的依据,"排污企业担责说""治污主体担责说"与"多因素考量说"也因各有弊端而不能为环境污染第三方治理中行政责任的界定提供充分的理论诠释。基于此,笔者认为应当从"污染者担责原则"入手来界定环境污染第三方治理中的行政责任。之所以应当从"污染者担责原则"入手,原因在于:"污染者担责原则"与环境污染第三方治理中的行政责任界定之间存在着密切的联系。第一,环境污染第三方治理从本质而言就是"污染者担责原则"的延伸与拓展,[①] 其在"污染者担责原则"的框架之下为排污企业的污染治理提供了另一种选择——排污企业既可通过自身力量和采取措施进行污染治理,亦可通过专业化的治污主体进行污染治理,故"污染者担责原则"为环境污染第三方治理模式的构建和完善提供了坚实的理论基础。[②] 第二,"污染者担责原则"是"损害担责原则"的一部分,[③] "损害担责原则"是《环境保护法》中的一项基本原则,加之《环境保护法》属于行政法范畴,[④] 故"污染者担责原则"可作为环境污染第三方治理中行政责任界定的指导性原则。进言之,欲界定环境污染第三方治理中行政责任,须以"污染者担责原则"为指引,首先按照"污染源控制与排放"的"文义射程"甄别排污企业或者治污主体的"污染者"身份,然后基于"污染者"与环境行政主体间的法律关系,依法认定"污染者"的行政责任。

(一)"污染者"的认定

"污染者"是指"污染源的控制与排放者",相当于《水污染防治法》

[①] 刘加林等:《西部生态脆弱区环境污染第三方治理机制优化探析》,《生态经济》2017 年第 10 期。

[②] 张林鸿:《生态文明视野下环境污染第三方治理法治化》,《社会科学家》2018 年第 12 期。

[③] 在 2014 年《环境保护法》修订过程中,草案二次审议稿、三次审议稿中都使用了"污染者担责",但在四审稿修改时有意见提出,"污染者担责"内涵不够全面,仅体现了环境污染者的责任,未涵盖生态破坏者的责任。故最终将"污染者担责原则"修改为"损害担责原则"。概言之,"损害担责原则"是"污染者担责原则"与"破坏者担责原则"二者的结合表述。

[④] 唐绍均、魏雨:《环境污染第三方治理中的侵权责任界定》,《重庆大学学报》(社会科学版)2019 年第 1 期。

中的"排污方"或者《固体废物污染环境防治法》中产生固体废物的"产品的生产者、销售者、进口者、使用者"或者"收集、贮存、运输、利用、处置固体废物的单位和个人"。① 简言之，认定"污染者"身份，必须同时满足"污染源控制者"与"污染源排放者"的标准。根据《全球华语大词典》的定义，"控制"是指"掌握住不使任意活动或越出范围"或者"占领",② 因此，"污染源控制者"就应指占有污染源并将其固定在一定范围内的主体。根据《全球华语大词典》的定义，"排放"是指"把废水、废气等排出去",③ 但鉴于污染源的特殊性，污染源的排放则应指将污染物排放至"外环境"。结合《环境保护法》第2条对"外环境"的界定，污染源的排放则应指将污染物排放至大气、水、土地等环境介质，若仅将污染物装入密闭的管道、罐式车辆等工具进行运输而并未使之进入"外环境"，就不属于污染源的排放。所以，"污染源排放者"应指将其控制范围内的污染源排放至"外环境"的主体。笔者认为，至少以下两点应当在认定"污染者"身份时予以重点把握：首先，"污染源排放者"标准的前提是"污染源控制者"标准；其次，在无法同时达到"污染源控制者"标准与"污染源排放者"标准时，应偏重满足"污染源控制者"标准。

（二）"污染者"的行政责任

以环境污染第三方治理"在排污企业所在的场所内进行"还是"在治污主体所在的场所内进行"为分界，排污企业与治污主体各自均有可能因符合"污染者"身份的认定标准而承担行政责任，具体分析如下。

第一，若环境污染第三方治理在排污企业所在的场所内进行，即治污主体提供"上门服务"，则排污企业始终占有污染源并将其固定在一定范围内，排污企业应为"污染源控制者"。污染物经治污主体治理后从排污企业所在的场所内向外环境排放——不管是排污企业自行排放，还是治污主体经排污企业授意排放，排污企业应为"污染源排放者"；如果是治污主体擅自排放，不能同时满足"污染源控制者"标准与"污染源排放者"标准，基于前述侧重于"污染源控制者"标准，排污企业也应为"污染

---

① 奚晓明主编：《〈侵权责任法〉条文理解与适用》，人民法院出版社2010年版，第458页。
② 李宇明主编：《全球华语大辞典》，商务印书馆2011年版，第874页。
③ 李宇明主编：《全球华语大辞典》，商务印书馆2011年版，第1129页。

源排放者"。此时，因为环境行政主体与排污企业间存在法律关系，排污企业应履行与此法律关系相关的"污染治理义务"（该类义务为排污企业在实施环境污染第三方治理前"原生"的环境行政义务），如果排污企业在履行该行政义务中发生环境行政违法事实，由于排污企业既是污染源的控制者，也是污染源的排放者，符合"污染者"身份的认定标准，应当由其承担行政责任。

第二，若排污企业将其产生的污染物装入密闭的管道、罐式车辆等工具运输至治污主体进行治理，污染物在转移占有之时便脱离了排污企业的控制，排污企业不再是"污染源控制者"；且装入密闭的管道、罐式车辆等工具进行运输并未使污染物进入外环境，不符合排放的特征，排污企业不是"污染源排放者"，所以排污企业不符合"污染者"的身份认定标准。相对地，污染物在转移占有后，治污主体将对其占有并固定在一定范围内，则治污主体成为"污染源控制者"；污染物经治理后，由治污主体实施排放行为，则治污主体成为"污染源排放者"。此时，因为环境行政主体与治污主体间存在法律关系，治污主体应履行与此法律关系相关的"污染治理义务"（该类义务为治污主体加入环境污染第三方治理而"派生"的环境行政义务），如果治污主体在履行该行政义务中发生环境行政违法事实，由于治污主体既是污染源的控制者，也是污染源的排放者，符合"污染者"身份的认定标准，应当由其承担行政责任。

综上所述，如果环境污染第三方治理是在排污企业场所内进行的，在环境行政违法事实发生后，排污企业因符合"污染者"身份的认定标准，应承担行政责任；如果环境污染第三方治理是在治污主体场所内进行的，在环境行政违法事实发生后，治污主体因符合"污染者"身份的认定标准，应承担行政责任。

四 环境污染第三方治理中"非污染者"的行政责任

在环境污染第三方治理中，排污企业与治污主体不可能同时因符合"污染者"身份的认定标准而承担行政责任。详言之，若排污企业为"污染者"，则治污主体为"非污染者"，在行政违法事实发生后，符合"污染者"身份认定标准的排污企业须承担行政责任；相应地，若治污主体为"污染者"，则排污企业为"非污染者"，在行政违法事实发生后，符合"污染者"身份认定标准的治污主体需承担行政责任。由此可见，排污企业与治污主体中的任意一方均可能作为"污染者"承担行政责任。在"污染者"承担行政责任后，鉴于环境行政主体与排污企业间的法律关系、环境行政主体与治污主体间的法律关系并不是"非此即彼"，而是"同时存在"，则立足于"非污染者"与环境行政主体之间的法律关系，作为"非污染者"的排污企业或者治污主体需承担相应的环境行政义务，故仍有承担行政责任的可能性。笔者认为，"非污染者""是否"须承担行政责任，应根据"非污染者"实施的行为"是否"违反相关环境行政义务来判断。

（一）排污企业作为"非污染者"的行政责任

在环境污染第三方治理中，作为"非污染者"的排污企业与环境行政主体之间也存在环境行政法律关系。在此法律关系中，由于排污企业也应履行相应的环境行政义务，若违反则可能承担相应的行政责任。

第一，作为"非污染者"的排污企业实施违反"资质类"环境行政义务的行为而产生的行政责任。所谓排污企业实施的违反"资质类"环境行政义务的行为是指排污企业将污染物交由无相应资质的治污主体处置的行为，例如，按照《固体废物污染环境防治法》第80条第3款的规定，排污企业将危险废物交由无危险废物经营许可证的治污主体处置的行为，以及按照《放射性污染防治法》第46条第3款的规定，排污企业将放射性固体废物交由无许可证的治污主体处置的行为。在环境污染第三方治理中，若排污企业将污染物交由没有相应资质的治污主体处置，即使排污企业为"非污染者"，亦会因实施了环境行政违法行为而可能承担行政责任。基于"行政责任以行为者有过错作为承担相应责任的前提"[1]，且依据"过罚相当原则"，"行政主体对违法行为适用行政处罚，所科罚种和处罚幅度要与违法行为人的违法过错程度相适应，既不轻过重罚，也不重过轻罚"[2]，因此，笔者认为，在排污企业将污染物交由没有相应资质的治污主体处置时，排污企业是否需要承担行政责任，须考虑其有无环境行政违法的过错。申言之，如果排污企业明知治污主体没有法律规定的相应资质仍将污染物交由其处置，则其存在环境行政违法的过错，其虽为"非污染者"仍须承担行政责任；如果治污主体故意隐瞒自身不具备相应资质

---

[1] 韩德培主编：《环境保护法教程》，法律出版社2015年版，第321页。
[2] 罗豪才：《行政法学》，北京大学出版社1996年版，第209页。

的事实，排污企业在尽到了合理的注意义务后有充分的理由相信将污染物委托给了具备相应资质的治污主体进行处置，则其并不存在环境行政违法的过错，其作为"非污染者"无须承担行政责任。

第二，作为"非污染者"的排污企业实施违反"预处理类"环境行政义务的行为而产生的行政责任。所谓排污企业实施的违反"预处理类"环境行政义务的行为是指排污企业在将污染物交由治污主体治理前未履行"预处理"义务的行为，例如，按照《水污染防治法》第45条第3款的规定，产生工业废水的排污企业在将废水输送至集中处理的治污主体治理之前未进行预处理，未达到集中处理设施处理工艺要求的行为，以及按照《放射性污染防治法》第45条第1款的规定，产生放射性固体废物的排污企业在将该放射性固体废物交由治污主体治理之前未进行预处理的行为。在环境污染第三方治理中，若排污企业在将相应污染物交由治污主体治理之前，并未履行法律规定的"预处理"义务，则即使其为"非污染者"，亦会因实施了环境行政违法行为而应承担行政责任。

（二）治污主体作为"非污染者"的行政责任

在环境污染第三方治理中，作为"非污染者"的治污主体与环境行政主体之间也存在环境行政法律关系。在此法律关系中，由于治污主体也应履行相应的环境行政义务，若违反则可能承担相应的行政责任。

第一，作为"非污染者"的治污主体实施违反"资质类"环境行政义务的行为而产生的行政责任。所谓治污主体实施的违反"资质类"环境行政义务的行为是指治污主体在无相应资质而仍接受排污企业的委托处置污染物的行为，例如，按照《固体废物污染环境防治法》第80条第2款①的规定，无危险废物经营许可证的治污主体接受排污企业的委托处置危险废物的行为，以及按照《放射性污染防治法》第46条第2款的规定，未经许可的治污主体接受排污企业的委托处置放射性固体废物的行为。在环境污染第三方治理中，若治污主体没有相应资质，仍接受排污企业的委托处置污染物，则即使其为"非污染者"，亦会因实施了环境行政违法行为而应承担行政责任。

第二，作为"非污染者"的治污主体实施违反"诚实信用类"环境

---

① 《固体废物污染环境防治法》（2020）第80条第2款"禁止无许可证或者未按照许可证规定从事危险废物收集、贮存、利用、处置的经营活动。"

行政义务的行为而产生的行政责任。所谓治污主体实施的违反"诚实信用类"环境行政义务的行为是指对治污主体在污染治理过程中"弄虚作假"的行为,例如按照《环境保护法》第65条以及《最高人民法院关于审理环境侵权责任纠纷案件适用法律若干问题的解释》第16条第2项与第3项规定,治污主体在环境污染第三方治理过程中实施的故意隐瞒排污企业超过污染物排放标准事实的行为等。根据前述规定,治污主体"弄虚作假"的行为具体包括以下四种:其一是故意隐瞒排污企业超过污染物排放标准事实的行为;其二是故意隐瞒排污企业超过重点污染物排放总量控制指标事实的行为;其三是故意不运行防治污染设施的行为;其四是故意不正常运行防治污染设施的行为。在环境污染第三方治理中,若治污主体实施了"故意隐瞒排污企业超过污染物排放标准""故意不运行防治污染设施"等行为,则即使其为"非污染者",但仍会因实施了环境行政违法行为而应承担行政责任。

第七章

环境污染第三方治理中的刑事责任界定

第一节　环境污染第三方治理中的刑事责任概览

一　环境污染第三方治理中刑事责任的主要类型

刑事责任是指犯罪人因其实施的犯罪行为而应当承担的司法机关代表国家依照刑事法律对其犯罪行为所做的否定性评价以及对本人的谴责。[1] 刑事责任"包含对犯罪行为的非难性和对犯罪人的谴责性，具有法律性与社会性、必然性与平等性、严厉性与专属性"[2]。简言之，刑事责任是因为行为人违反刑事法律规定而应当承担的不利后果。环境污染第三方治理中的刑事责任是指环境污染第三方治理中的主体因为违反刑事法律的规定而应当承担的不利后果。基于环境污染第三方治理中的主体有三类，包括环境行政主体（承担责任的主体主要应为直接负责的主管人员和其他直接责任人员）、排污企业与治污主体，这三类主体都有承担刑事责任的可能性。由于环境行政主体的身份相较于排污企业或者治污主体具有特殊性，故笔者将环境污染第三方治理中刑事责任的类型分为以下两类，其一：环境行政主体（承担责任的主体主要应为直接负责的主管人员和其

---

[1] 曲新久主编：《刑法学》，中国政法大学出版社2016年版，第189页。
[2] 张明楷：《刑法学》，法律出版社2003年版，第380—381页。

他直接责任人员）的刑事责任；其二，排污企业与治污主体的刑事责任。

（一）环境行政主体的刑事责任

在环境污染第三方治理中，环境行政主体可能因"收受贿赂"而造成"环境监管失职"，故环境行政主体（承担责任的主体主要应为直接负责的主管人员和其他直接责任人员）可能涉及的罪名为单位受贿罪、受贿罪以及环境监管失职罪。

第一，单位受贿罪与受贿罪。根据《刑法》第385条与第387条的规定，如果环境行政主体在环境污染第三方治理中"索取、非法收受他人财物，为他人谋取利益，情节严重的"，则构成单位受贿罪；如果环境行政主体中的直接负责的主管人员和其他直接责任人员"利用职务上的便利，索取他人财物的，或者非法收受他人财物，为他人谋取利益的"，则构成受贿罪。另外，单位受贿罪实行"双罚制"，即除对环境行政主体判处罚金外，还对其中的"直接负责的主管人员和其他直接责任人员"判处有期徒刑或者拘役。

第二，环境监管失职罪。根据《环境保护法》第45条的规定："环境保护监督管理人员滥用职权、玩忽职守、徇私舞弊，构成犯罪的，依法追究刑事责任"，在环境污染第三方治理中，履行监管职责的环境行政主体的有关工作人员属于环境保护监督管理人员，所以环境行政主体的有关工作人员在对环境污染第三方治理的监管过程中若有滥用职权、玩忽职守、徇私舞弊之情形且构成犯罪的，依照《刑法》第397条的规定的滥用职权罪、玩忽职守罪定罪给予刑事处罚。根据《刑法》第408条的规定："负有环境保护监督管理职责的国家机关工作人员严重不负责任，导致发生重大环境污染事故，致使公私财产遭受重大损失或者造成人身伤亡的严重后果的，处三年以下有期徒刑或者拘役"，在环境污染第三方治理中履行监管职责的环境行政主体的有关工作人员属于负有环境保护监督管理职责的国家机关工作人员，所以环境行政主体的有关工作人员在环境污染第三方治理过程中未能履行好自身的监管职责，严重不负责任、导致发生重大环境污染事故，致使公私财产遭受重大损失或者造成人身伤亡的严重后果的，则对其应当以环境监管失职罪定罪处刑。

综上所述，环境污染第三方治理中环境行政主体及其直接负责的主管人员和其他直接责任人员的刑事责任主要包括因收受贿赂而触犯的单位受贿罪或者受贿罪，因触犯滥用职权罪、玩忽职守罪而产生的刑事责任以及因触犯环境监管失职罪而产生的刑事责任，按照《刑法》的相关规定定罪处刑即可。

（二）排污企业与治污主体的刑事责任

刑事责任作为法律责任体系中最为严厉的一种，对于排污企业和治污主体而言，客观上可以提高二者违法排污、治污的成本，主观上可以对二者形成无形的威慑，让排污企业愿意积极主动地进行污染治理或者为污染治理付出相应的费用，让治污主体愿意积极主动、尽心尽力地提供优质的环境污染物治理服务，可以间接为扩展环境污染第三方治理服务的市场需求提供法律保障。① 排污企业是环境污染物的产生者与环境污染第三方治理的发起者，治污主体是环境污染的专业化治理者，排污企业与治污主体同为环境污染第三方治理合同的缔约主体，同为被监管者，处于平等的地位，二者的行为因为环境污染第三方治理合同容易相互关联交织。环境污染第三方治理是一种环境污染的治理方式，自然不能脱离环境与污染而存在，如果在环境污染第三方治理过程中出现环境治理不善等情况且严重污染环境的，最有可能触犯的罪名为污染环境罪，即在环境污染第三方治理中排污企业或者治污主体的刑事责任最有可能因为触犯污染环境罪而产生。污染环境罪的前身是"重大环境污染事故罪"，后《刑法修正案（八）》②对其进行了重大修改，将原规定中的"向土地、水体、大气"删除，对污染行为不再做具体指向方面的要求；将"其他危险废物"，改为"其他有害物质"，扩大了污染物的范围；将"造成重大环境污染事故，致使公私财产遭受重大损失或者人身伤亡的严重后果"，改为"严重污染环境"。理论与实务界普遍认为此次修改降低了入罪门槛，增强了可

---

① 唐绍均、魏雨：《环境污染第三方治理中的刑事责任界定》，《南通大学学报》（社会科学版）2020年第4期。

② 《刑法修正案（十一）》在原刑法规定的基础上增加了一档刑期，即有下列情形之一的，处七年以上有期徒刑，并处罚金：（一）在饮用水水源保护区、自然保护地核心保护区等依法确定的重点保护区域排放、倾倒、处置有放射性的废物、含传染病病原体的废物、有毒物质，情节特别严重的；（二）向国家确定的重要江河、湖泊水域排放、倾倒、处置有放射性的废物、含传染病病原体的废物、有毒物质，情节特别严重的；（三）致使大量永久基本农田基本功能丧失或者遭受永久性破坏的；（四）致使多人重伤、严重疾病，或者致人严重残疾、死亡的。

操作性，扩大了处罚范围，加大了打击力度。① 根据《刑法》第338条规定，污染环境罪是指违反国家规定，排放、倾倒或者处置有放射性的废物、含传染性病原体的废物、有毒物质或者其他危险废物，严重污染环境的行为。本罪的行为表现包含了两个方面的内容：一是违法排放、倾倒或者处置有放射性的废物、含传染性病原体的废物、有毒物质或者其他危险废物；二是严重污染环境。② 污染环境罪的主观方面是故意还是过失在刑法理论界一直存在争议，有过失说、故意说、混合说，笔者采用张明楷教授的观点，即"污染环境罪的基本犯的罪过形式只能是故意，不可能是过失"③，"故意的内容只要求对污染环境的基本结果持认识与希望或者放任态度"④。

前文已有专门的部分对环境污染第三方治理中的排污企业或者治污主体触犯污染环境罪的案例进行了梳理，例如，"戴某甲、姚某等污染环境案"⑤、

---

① 高铭暄、陈璐：《〈中华人民共和国刑法修正案（八）〉解读与思考》，中国人民大学出版社2011年版，第124页；王作富主编：《刑法分则实务研究》（下），中国方正出版社2013年版，第1389页；张军主编：《〈刑法修正案（八）〉条文及配套司法解释理解与适用》，人民法院出版社2011年版，第318页。

② 李晓明主编：《中国刑法分论》，清华大学出版社2014年版，第331页。

③ 张明楷：《污染环境罪的争议问题》，《法学评论》2018年第2期。

④ 张明楷：《污染环境罪的争议问题》，《法学评论》2018年第2期。

⑤ 江苏省泰州市中级人民法院刑事二审判决书〔2014〕泰中环刑终00001号。在该案件中，六家排污企业将排放的属于国家危险废物名录中的废物交由并无资质的主体任意处置。戴某甲、姚某伙同原审被告人蒋某甲在明知自己没有收集、贮存、利用、处置上述化工产品生产企业生产过程中所生危险废物的资质和能力的情况下，分别以泰州市江中化工有限公司和泰兴市鑫源化工贸易有限公司的名义，收集、贮存、利用、处置上述化工产品生产企业生产过程中所生危险废物的业务，并指使张某、杨某甲、周某驾驶危险品运输车，戴某乙、戴某丙、鞠某押运危险品运输车，违反国家规定，将收集的危险废物倾倒到长江泰兴市境内的如泰运河、泰州市高港区境内的古马干河内；曹某、丁某甲单独或伙同王某甲在明知自己没有收集、贮存、利用、处置上述化工产品生产企业生产过程中所生危险废物的资质和能力的情况下，分别以泰兴市祥峰化工贸易有限公司和泰兴市全慧化工贸易有限公司的名义，承揽收集、贮存、利用、处置上述化工产品生产企业生产过程中所生危险废物的业务，并由叶某、丁某甲驾驶危险品运输车，由曹某、柯某负责押运危险品运输车，违反国家规定，将收集的危险废物倾倒至长江泰兴市境内的如泰运河。因此，造成长江泰兴市境内的如泰运河、泰州市高港区境内的古马干河水体严重污染。戴某甲等分别从六家排污企业得到每吨20—100元不等的补贴。

"南通某铭化工有限公司、许某某等犯污染环境案"①"湖州市工业和医疗废物处置中心有限公司污染环境案"② 等。在戴某甲、姚某等污染环境案中，六家排污企业将产生的属于国家危险废物名录中的废物交由并不具备危险废物经营许可证的 14 名治污主体任意处置，致使如泰运河、泰州市高港区境内的古马干河水体严重污染，司法机关最终对 14 名环境污染物的直接倾倒者（治污主体）以污染环境罪追究了刑事责任。在南通某铭化工有限公司、许某某等污染环境案中，根据判决书的内容可以判断，③ 排污企业是被告人"南通某化工有限公司"及"南通某乙化工有限公司"，其余被告人均为治污主体，排污企业在明知道治污主体不具备危险废物经营许可证的情况下仍将产生的危险废物交由其处置，最终导致严重环境污染，最终排污企业与治污主体均被以污染环境罪追究了刑事责任。在湖州市工业和医疗废物处置中心有限公司污染环境案中，2011 年至 2014 年 4 月，被告人施政（法定代表人）指使、授意或者同意其下属经营管理人员，将该中心收集的危险废物共计 5950 余吨交由没有危险废物处置资质的单位和个人处置，从中牟利，其中，部分危险废物被随意倾倒。司法机关最终以污染环境罪追究了湖州市工业和医疗废物处置中心及其法定代表人的刑事责任，并未对危险废物进行处置但无危险废物处置资质的单位和个人追究刑事责任。这三个案件都涉及治污主体不具备危险废物经营许可证的问题，但是刑事责任的承担主体大相径庭，有排污企业单独承担刑事责任的，有治污主体④单独承担刑事责任的，有排污企业与治污主体均承担刑事责任的，司法机关并没有统一的裁判标准，"同案不同判"的现象势必有碍司法公正，打击排污企业与治污主体参与环境污染第三方治理的积极性。

---

① 江苏省泰州市姜堰区人民法院〔2015〕泰姜环刑初 00001-1 号刑事判决书。
② 该案件来源于 2016 年最高人民法院发布的关于污染环境罪典型案例中的第五个案例。
③ 判决书中在"本院认为"部分有"被告单位某甲公司及该单位直接负责的主管人员被告人陆某某、顾某某、被告单位某乙公司及该单位直接负责的主管人员被告人许某某、被告人杨某作为某戊公司直接负责的责任人员，明知他人无危险废物经营许可证，委托他人处置危险废物或者委托并帮助他人处置危险废物，后果特别严重……"的表述。
④ 鉴于部分案件中的"治污主体"并非企业而是个人，因此本书将"通常情况"下的治污主体"企业"表述为"治污企业"，将"特殊情况"下的治污主体"个人"表述为"充当治污主体的个人"，即"治污主体"作为上位概念包括"治污企业"和"充当治污主体的个人"。

根据目前的法律规定，有一种排污企业与治污主体构成污染环境罪的共犯的情形是清晰的，即根据《环境污染刑事案件解释》①第7条的规定，明知他人无危险废物经营许可证，②向其提供或者委托其收集、贮存、利用、处置危险废物，严重污染环境的，以共同犯罪论处。简言之，排污企业明知治污主体不具备危险废物经营许可证，但是仍将产生的危险废物交由其处置，造成严重污染环境的后果，则排污企业与治污主体构成污染环境罪的共犯。根据该规定，环境污染第三方治理中排污企业与治污主体构成污染环境罪的共犯，应具备以下三个条件：其一，排污企业"明知"治污主体无危险废物经营许可证；其二，排污企业有将危险废物委托给治污主体进行处置的行为；其三，造成"严重污染环境的"。在戴某甲、姚某等污染环境案中，司法机关只追究了无危险废物经营许可证的治污主体的刑事责任，而未追究明知治污主体无危险废物经营许可证仍将危险废物交由其处置的排污企业的刑事责任，不符合《环境污染刑事案件解释》第7条关于污染环境罪共同犯罪的规定。在湖州市工业和医疗废物处置中心有限公司污染环境案中，司法机关只追究明知治污主体无危险废物处置资质仍将危险废物交由其处置的排污企业及其法定代表人的刑事责任，而未追究无危险废物处置资质的治污主体的刑事责任，也不符合《环境污染刑事案件解释》第7条关于污染环境罪共同犯罪的规定。在南通某铭化工有限公司、许某某等污染环境案中，由于各主体"在明知自己及他人未取得危险废物经营许可证的情况下，分别或者共同非法排放、处置危险废物"，司法机关将排污企业与治污主体以污染环境罪的共同犯罪定罪论处，因此该案件的判决结果符合《环境污染刑事案件解释》第7条的规定。如果治污主体用欺瞒的方式使排污企业无法知道其不具备相应的资质，则排污企业不构成污染环境罪，因为其本身没有犯罪的故意，污染环

---

① 该解释最先于2013年6月17日发布并生效，后于2016年11月7日最高人民法院审判委员会第1698次会议、2016年12月8日最高人民检察院第十二届检察委员会第58次会议通过修订，自2017年1月1日起施行。2017年版中的第7条并未将2013年版的第7条进行修改，仍然将其表述为："在明知他人无危险废物经营许可证的情况下仍将危险废物交由其处置，严重污染环境的，以共同犯罪论处。"

② 根据《最高人民法院、最高人民检察院关于办理环境污染刑事案件适用法律若干问题的解释》第17条第6款的规定，"无危险废物经营许可证"是指未取得危险废物经营许可证，或者超出危险废物经营许可证的经营范围。

境罪的主体是治污主体；如果是因为排污企业的疏忽大意未发现治污主体不具备相应的资质，此时排污企业虽存在过失，但是不符合污染环境罪的主观方面以及共同犯罪的主观方面的要求，因此此种情形下其与治污主体不构成污染环境罪的共犯。

综上所述，根据《环境污染刑事案件解释》第7条的规定以及张明楷教授关于污染环境罪的主观方面需为故意的观点，在环境污染第三方治理中排污企业与治污主体构成污染环境罪共犯的情形与治污主体单独构成污染环境罪的情形有法可依。申言之，排污企业在明知治污主体无危险废物经营许可证的情况下仍将危险废物交由其处置并严重污染环境的，排污企业与治污主体构成污染环境罪的共犯；如果治污主体采用隐瞒欺骗的方式使排污企业（过失）无法知道其不具备危险废物经营许可证的事实或者相信其具备危险废物经营许可证而将危险废物交由其处置，严重污染环境的，治污主体单独构成污染环境罪。① 除此之外，排污企业与治污主体在环境污染第三方治理中刑事责任的界定，即排污企业或者治污主体还有哪些单独构成污染环境罪的情形或者构成污染环境罪共犯的情形，还有待下文进一步探究。

二 环境污染第三方治理中刑事责任的构成要件

虽然理论界对于犯罪构成的四要件理论颇有争议，我国的犯罪构成理论体系与德、日等国的三阶层犯罪论体系孰优孰劣已成为争论的焦点，形成了"重构论"与"改良论"之争，② 但是立足于我国目前的法律规定与刑事司法理论，犯罪构成的四要件理论仍被理论界与实务界广泛运用，所以在本书中笔者仍采用犯罪构成四要件理论。由于环境污染第三方治理中最可能涉及的是污染环境罪，故本书所讨论的环境污染第三方治理中刑事责任的构成要件重点是污染环境罪的构成要件，即仅讨论污染环境罪的主体、主观方面、客体与客观方面四个构成要件。其一，主体：污染环境罪的主体包括单位和自然人。其二，主观方面：污染环境罪的主观方面其实

---

① 唐绍均、魏雨：《环境污染第三方治理中的刑事责任界定》，《南通大学学报》（社会科学版）2020年第4期。

② 贾济东、赵秉志：《我国犯罪构成理论体系之完善》，《法商研究》2014年第3期。

是存在较大争议的,① 笔者采用张明楷教授的观点,即污染环境罪的主观方面是故意,包括直接故意与间接故意。其三,客体:污染环境罪的客体也存在争议,② 但通说认为本罪所保护的法益是"国家环境保护制度和公私财产与公民健康、生命安全"③,其中环境保护制度是指由我国颁布的《环境保护法》以及各环境污染防治单行法(如《水污染防治法》《大气污染防治法》《土壤污染防治法》《固体废物污染环境防治法》《放射性污染防治法》等)、《海洋环境保护法》等一系列法律、法规所形成的环境保护制度④。其四,客观方面:污染环境罪的客观方面体现为违反国家规定,排放、倾倒或者处置含传染病原体的废物、有放射性的废物、有毒物质和其他有害物质,严重污染环境的行为以及"在饮用水水源保护区、自然保护地核心保护区等依法确定的重点保护区域排放、倾倒、处置有放射性的废物、含传染病病原体的废物、有毒物质,情节特别严重的;向国家确定的重要江河、湖泊水域排放、倾倒、处置有放射性的废物、含传染病病原体的废物、有毒物质,情节特别严重的;致使大量永久基本农田基本功能丧失或者遭受永久性破坏的;致使多人重伤、严重疾病,或者致人严重残疾、死亡的"的行为。将污染环境罪的四个构成要件具体运用到环境污染第三方治理中,可分别对其主体、主观方面、客体与客观方面四个构成要件具体分析。其一,环境污染第三方治理中污染环境罪的主体:主体中的企业当然是指排污企业或者治污企业,主体中的自然人除了指在实践中存在的"充当治污主体的个人"外,还包括排污企业或者治污企业中直接负责的主管人员和其他直接责任人员。概言之,排污企业、治污企业、"充当治污主体的个人"以及排污企业或者治污企业中直接负责的主管人员和其他直接责任人员都有可能构成污染环境罪。其二,环境污染第三方治理中污染环境罪的主观方面是指排污企业、治污企业或者"充当治

---

① 比如王仲兴、杨鸿认为"污染环境罪只能出于过失"。参见王仲兴、杨鸿《刑法学》,中山大学出版社 2015 年版,第 379 页。

② 比如杨春然认为"污染环境罪的客体是国家环境保护制度"。参见杨春然主编《刑法学》,华中科技大学出版社 2015 年版,第 423 页。陈洪兵认为"污染环境罪所保护的法益就是'环境、生态法益或者环境权'"。参见陈洪兵《解释论视野下的污染环境罪》,《政治与法律》2015 年第 7 期。

③ 黎宏:《刑法学》,法律出版社 2012 年版,第 864 页。

④ 李晓明主编:《中国刑法分论》,清华大学出版社 2014 年版,第 331 页。

污主体的个人"在主观上持有的故意心态,包括"预见发生+希望发生"的直接故意心态与"预见发生+放任发生"的间接故意心态,通常情况下主观方面体现为间接故意。其三,环境污染第三方治理中污染环境罪的客体是指被排污企业、治污企业或者"充当治污主体的个人"所侵害的国家环境保护制度和公私财产与公民健康、生命安全的法益。其四,环境污染第三方治理中污染环境罪的客观方面,包括三项内容:①排污企业、治污企业或者"充当治污主体的个人"存在违反国家规定的行为,国家规定即国家为保护环境而制定的各项法律法规。① ②排污企业、治污企业或者"充当治污主体的个人"存在排放、倾倒或者处置含传染病原体的废物、有放射性的废物、有毒物质和其他有害物质的行为以及"在饮用水水源保护区、自然保护地核心保护区等依法确定的重点保护区域排放、倾倒、处置有放射性的废物、含传染病病原体的废物、有毒物质,情节特别严重的;向国家确定的重要江河、湖泊水域排放、倾倒、处置有放射性的废物、含传染病病原体的废物、有毒物质,情节特别严重的;致使大量永久基本农田基本功能丧失或者遭受永久性破坏的;致使多人重伤、严重疾病,或者致人严重残疾、死亡的"的行为。③排污企业、治污企业或者"充当治污主体的个人"的前两个行为造成了严重污染环境的后果。②

除污染环境罪外,环境污染第三方治理中的排污企业、治污企业或者"充当治污主体的个人"还可能涉及投放危险物质罪、非法处置进口的固体废物罪以及破坏计算机信息系统罪等。其一,关于投放危险物质罪的构成要件:①主体:达到刑事责任年龄、具备刑事责任能力的自然人;②主观方面:表现为故意,包括直接故意与间接故意;③客体:不特定多数人的生命、健康或重大公私财产的安全;④客观方面:行为人实施了投放毒害性、放射性、传染病病原体等物质,危害公共安全的行为。③ 其二,关于非法处置进口的固体废物罪的构成要件:①主体:既可以是达到刑事责任年龄具有刑事责任能力的自然人,也可以是单位,但多为单位;②主观

---

① 杨春然:《刑法学》,华中科技大学出版社2015年版,第423页。

② 严重污染环境的后果:"既包括发生了造成财产损失或者人身伤亡的环境事故,也包括虽未造成环境污染事故,但长期违反国家规定超标排放、倾倒、处置有害物质,从而使环境受到严重污染的情形。"参见杨春然主编《刑法学》,华中科技大学出版社2015年版,第423页。

③ 唐绍均、魏雨:《环境污染第三方治理中的刑事责任界定》,《南通大学学报》(社会科学版)2020年第4期。

方面：表现为故意，包括直接故意与间接故意；③客体：国家有关固体废物污染防治的管理制度；④客观方面：行为人实施了违反国家规定，将境外的固体废物进境倾倒、堆放、处置的行为。① 其三，关于破坏计算机系统罪的构成要件：①主体：达到刑事责任年龄、具备刑事责任能力的自然人；②主观方面：表现为故意，包括直接故意与间接故意；③客体：计算机信息系统的安全；④客观方面：行为人实施了违反国家规定，破坏计算机信息系统功能和信息系统中存储、处理、传输的数据和应用程序，后果严重的行为。②

由于环境污染第三方治理中刑事责任的界定，主要解决刑事责任的主体问题，即排污企业、治污企业或者"充当治污主体的个人"谁才是环境污染第三方治理中刑事责任的承担主体，故本书对环境污染第三方治理中环境行政主体刑事责任的构成要件不再赘述。综上所述，以上就是对环境污染第三方治理中刑事责任构成要件的分析，下文将在"污染者担责"原则指引下，按照"污染源控制与排放"的"文义射程"甄别排污企业或者治污企业的"污染者"身份，并依法认定其刑事责任。对于不符合"污染者"身份的排污企业或者治污企业，若有证据证明其与"污染者"构成共同犯罪，则以"污染者"的共犯追究其刑事责任，以期实现环境污染第三方治理中刑事责任的"分层"界定，为环境污染第三方治理中刑事责任的界定提供可行方案。

第二节 环境污染第三方治理中的刑事责任界定

一 环境污染第三方治理合同对刑事责任界定的作用识别

环境污染第三方治理不仅是我国环境治理思路的全新突破和走向市场化的重要标志，③还是环境管理制度的重大创新，更是当前推进转变环境

---

① 唐绍均、魏雨：《环境污染第三方治理中的刑事责任界定》，《南通大学学报》（社会科学版）2020年第4期。

② 唐绍均、魏雨：《环境污染第三方治理中的刑事责任界定》，《南通大学学报》（社会科学版）2020年第4期。

③ 黄华、丁慧平：《燃煤电厂环境污染第三方治理研究》，《资源科学》2019年第2期。

污染治理模式的关键切入点。基于此,环境污染第三方治理亟须深入推进,其深入推进离不开排污企业与治污主体间各自责任边界的明确,尤其是亟须明确"最为严厉、后果最为严重的刑事责任"①的边界。但是到目前为止,由于环境污染第三方治理发展时间较短,"仍缺少完善法律体系的支持,对于排污企业和治污主体而言,谁来承担法律责任的问题还没有明确的规定"②,因而给环境污染第三方治理中刑事责任界定的理论和实践带来难题。鉴于"环境污染第三方治理的本质是合约治理"③,环境污染第三方治理合同理应对排污企业与治污主体间刑事责任的界定发挥其"本质性"作用。但囿于排污企业与治污主体在合同订立与履行过程中仅具平等民事主体的身份,二者间的环境污染第三方治理合同应当为民事合同,将该合同用于界定排污企业与治污主体间的民事责任尚多有不足,④其对刑事责任界定能否发挥"本质性"作用也因此引起了争议,形成了"肯定说"与"否定说"两种理论观点。

(一)"肯定说"

"肯定说"认为:环境污染第三方治理合同对于刑事责任的界定能够发挥作用,具体体现为以下三方面的内容。第一,环境污染第三方治理合同的约定对于刑事责任承担主体的确定具有关键作用,可以根据该合同的违约情况来界定违约方为刑事责任的承担主体。申言之,"若排污企业交由治污主体治理的污染物超出环境污染第三方治理合同约定的数量、种类等,增加了治污主体的负担,导致治污主体的治污压力增大,则应由违约的排污企业承担刑事责任"⑤;"在治污主体严格履行合同的前提下,若由于污染物的产生量超标或排污企业违反合同条款而导致污染物最终排放不达标,则应由排污企业承担刑事责任;在排污企业严格遵守合同、向治污

---

① 柴云乐:《污染环境罪行政从属性的三重批判——兼论刑法对污染环境行为的提前规制》,《政治与法律》2018年第7期。
② 谢海燕:《环境污染第三方治理实践及建议》,《宏观经济管理》2014年第12期。
③ 吕志奎、林荣全:《流域环境污染第三方治理:合约关系与制度逻辑》,《中国人民大学学报》2019年第6期。
④ 唐绍均、魏雨:《环境污染第三方治理中的侵权责任界定》,《重庆大学学报》(社会科学版)2019年第1期。
⑤ 刘腾飞:《环境污染第三方治理法律责任问题研究》,《湖南工程学院学报》(社会科学版)2019年第4期。

主体转移的污染物数量、浓度、种类等均与合同约定一致的前提下，若污染物不能达标排放，则应由违约的治污主体承担刑事责任"①。第二，环境污染第三方治理合同的特质与约定是界定排污企业与治污主体刑事责任的重要考量因素。申言之，环境污染第三方治理中刑事责任的界定，"应该在综合考虑污染法律责任性质的差别性和环境污染第三方治理的契约性特质的基础上，由有关部门根据合同约定并结合违法行为发生的实际情况，确定刑事责任的承担者"②。第三，排污企业可以通过环境污染第三方治理合同将作为具体环境义务的"污染治理义务"转移给治污主体，由该义务引起的刑事责任亦随之转移。虽然"环境义务作为企业的一项基本且永恒的义务不可全盘转移，但'污染治理义务'属于具体环境义务，是可以通过环境污染第三方治理合同转移给治污主体的，在该义务通过合同发生转移后，由此产生的相关责任也随之转移"③，即环境污染第三方治理合同使排污企业的刑事责任随着"污染治理义务"的转移而转移给了治污主体。

(二)"否定说"

"否定说"认为：环境污染第三方治理合同对于刑事责任的界定并不能发挥作用，具体体现为以下三方面的内容。（1）排污企业承担的"污染治理义务"不能因其与治污主体间存在环境污染第三方治理合同而发生转移，则刑事责任同样不能因此而转移。虽然"排污企业与治污主体间订立了环境污染第三方治理合同，但这并不意味着排污企业的治污责任被转移给治污主体"④，而且，"治污主体只是通过环境污染第三方治理合同承接了部分排污企业的污染治理责任，这并不能说明排污企业的污染治理责任完全转移给了治污主体"⑤，所以，"排污企业不能够通过与治污主体订

---

① 王琪、韩冲：《环境污染第三方治理中政企关系的协调》，《中州学刊》2015年第6期。

② 刘畅：《环境污染第三方治理的现实障碍及其化解机制探析》，《河北法学》2016年第3期。

③ 陈云俊、高桂林：《环境污染第三方治理民事合同研究》，《广西社会科学》2016年第3期。

④ 董战峰：《如何深入推进环境污染第三方治理制度》，《21世纪经济报道》2015年1月19日第18版。

⑤ 李建柱：《发挥环境污染第三方治理作用》，《群众》2018年第18期。

立环境污染第三方治理合同而转嫁其作为污染物排放源所应当承担的刑事责任"①，同时，"污染者治理原则"也强调了作为被规制者的排污企业一旦造成环境污染和破坏则要承担的责任不能转嫁于他人②。（2）排污企业虽然通过环境污染第三方治理合同将公法上的环境法律义务交由治污主体代为履行，但是承担该公法义务的主体仍然为排污企业，故若因合同的履行产生了其他问题，根据法律的规定，治污主体也仅需依合同的相对性承担相应的违约责任，因违反公法义务而产生的法律责任仍应由排污企业承担。③④ 按此观点，环境污染第三方治理合同对于刑事责任的界定并无实质性作用。（3）在环境污染第三方治理中，排污企业与治污主体均为环境责任的主体，二者间的刑事责任界定并不能以环境污染第三方治理合同的约定为依据，而应该根据双方的合作方式、具体的环境违法行为进行界定⑤，按此观点，环境污染第三方治理中刑事责任的界定不能将合同的约定作为依据。

（三）对"肯定说"与"否定说"的评析

通过比较"肯定说"与"否定说"两种理论观点，笔者认为，尽管环境污染第三方治理合同及其相关约定不能作为刑事责任界定的依据，但并不能据此否认该合同与刑事责任的界定存在关联。首先，笔者赞同私法合同的约定不能排除公法责任的承担。从民事合同与公法责任关系角度看，环境污染第三方治理合同是民事合同，属于私法合同，环境污染第三方治理中的刑事责任属于公法责任，私法合同的约定不能排除公法责任的承担。关于环境污染第三方治理合同及其相关约定不能作为刑事责任界定的依据，相关论证如"否定说"所述，此处不再赘述。其次，环境污染

---

① 陈颖、赵维圣：《论利益博弈视域下环境污染第三方治理的义务分配》，《时代法学》2018年第5期。

② 刘超：《管制、互动与环境污染第三方治理》，《中国人口·资源与环境》2015年第2期。

③ 董岩：《石油炼化企业参与环境污染第三方治理的法律困境及其破解》，《胜利油田党校学报》，2018年第5期。

④ 刘俊敏、李梦娇：《环境污染第三方治理的法律困境及其破解》，《河北法学》2016年第4期。

⑤ 谢海燕：《环境污染第三方治理实践及建议》，《宏观经济管理》2014年第12期。

第三方治理合同对刑事责任的界定发挥了"纽带"作用。①（1）环境污染第三方治理合同使治污主体加入环境污染第三方治理活动，同时也导致排污企业兼具的"产污者"与"治污者"身份发生"分离"，在环境污染第三方治理中其仅具"产污者"身份，"治污者"身份被治污主体所取代，故该合同对治污主体"参与污染治理"发挥了"纽带"作用。（2）治污主体通过环境污染第三方治理合同取得排污企业"分离"出的"治污者"身份后，将可能成为环境污染第三方治理中环境犯罪的主体，比如，若其在环境污染第三方治理中实施违反国家规定排放有放射性的废物的行为且造成了严重污染环境的后果，则其应构成污染环境罪的，须承担相应的刑事责任；但若治污主体未通过合同取得排污企业"分离"出的"治污者"身份，便不可能因此成为环境污染第三方治理中环境犯罪的主体。故该合同对治污主体"成为环境污染第三方治理中刑事责任的承担主体"发挥了"纽带"作用。②

二 环境污染第三方治理中刑事责任界定的实践偏误

笔者认为，基于在环境污染第三方治理中可能涉及较多的罪名为污染环境罪，且选取情形类似的案例更有助于发现司法实践中排污企业与治污主体间刑事责任界定的问题，故本书选取的均为在"排污方明知治污方不具备危险废物经营许可证而仍将危险废物交由其处置+治污方明知排污方交由自己处置的为危险废物而仍接受委托进行处置"③情形下的污染环境罪案例。在此情形下，根据目前相关司法解释以及《刑法》中有关共同犯罪的规定，均可认定排污方与治污方构成污染环境罪的共同犯罪。但是，在环境污染第三方治理刑事责任界定的司法实践中却出现了排污方与治污方中的一方"单独犯罪"、双方"单独犯罪"或者双方"共同犯罪"而承担刑事责任等迥异的裁判结果，此与根据相关司法解释以及《刑法》中有关共同犯罪的规定得出的结论大相径庭。

---

① 唐绍均、魏雨：《环境污染第三方治理中的刑事责任界定》，《南通大学学报》（社会科学版）2020年第4期。

② 唐绍均、魏雨：《环境污染第三方治理中的刑事责任界定》，《南通大学学报》（社会科学版）2020年第4期。

③ 此处称之为"排污方"与"治污方"，是因为本书选取的案例中，环境污染第三方治理的主体既有企业，也有自然人，故为行文周延的考虑，统称为"排污方"与"治污方"。

（一）环境污染第三方治理中刑事责任界定的应然结论

1. 根据司法解释的规定，排污方与治污方应构成污染环境罪的共同犯罪

虽然 2017 年《环境污染刑事案件解释》对 2013 年《环境污染刑事案件解释》进行了一些修改，但是根据两者第 7 条的规定①均可认定：不管治污方对于排污方交由自己处置的污染物是否为危险废物知情与否，只要存在排污方对治污方无危险废物经营许可证的"明知"，且严重污染环境的，排污方与治污方应构成污染环境罪的共同犯罪。所以，基于本书搜集的案件情形类似且符合前述分析，那么其判决结果理应一致，即排污方与治污方应按构成污染环境罪的共同犯罪被追究刑事责任。

2. 根据《刑法》中有关共同犯罪的规定，排污方与治污方应构成污染环境罪的共同犯罪

根据我国《刑法》第 25 条第 1 款的规定，行为人是否存在共同故意是判断他们是否构成共同犯罪前提。所谓共同故意是指共同行为人通过意思联络，认识到他们的共同犯罪行为会发生危害社会的结果，并决意参与共同犯罪，希望或者放任这种结果发生②。之所以认定本书搜集的案件中排污方与治污方具有共同故意，有以下三个方面的原因。（1）排污方既对其产生的危险废物的种类是明知的，也对其产生的危险废物如果处置不当将对环境造成损害的可能性是明知的，还对与其建立污染治理关系的治污方没有危险废物经营许可证的事实是明知的，但其仍选择将产生的危险废物交由该治污方进行处置，可推知排污方对治污方最终采取非法倾倒、排放等损害环境的方式处置危险废物的行为持放任态度，也对由此可能造成的污染环境的严重后果持放任态度，可认定排污方存在间接故意的主观心理状态。③（2）治污方既对其不具备危险废物经营许可证的事实是明知的，也对排污方交由自己处置的污染物为危险废物是明知的，还对其采取

---

① 2013 年版："明知他人无危险废物经营许可证或者超出经营许可范围，向其提供或者委托其收集、贮存、利用、处置危险废物，严重污染环境的，以共同犯罪论处"；2017 年版："明知他人无危险废物经营许可证，向其提供或者委托其收集、贮存、利用、处置危险废物，严重污染环境的，以共同犯罪论处。"

② 高铭暄、马克昌：《刑法学》，北京大学出版社、高等教育出版社 2011 年版，第 163 页。

③ 唐绍均、魏雨：《环境污染第三方治理中的刑事责任界定》，《南通大学学报》（社会科学版）2020 年第 4 期。

非法倾倒、排放等损害环境的方式处置危险废物将给环境造成损害的可能性是明知的，但仍接受排污方的委托对危险废物进行处置，可推知其对由此可能造成污染环境的严重后果持放任态度，可认定治污方存在间接故意的主观心理状态。①（3）基于排污方与治污方均持间接故意的主观心理状态，可推知排污方对治污方不当处置危险废物行为的默认，也可推知治污方对排污方默认其不当处置危险废物行为的认可。②据此可认定排污方与治污方具有"共同的意思联络"，对它们的行为可能造成污染环境的严重后果均持放任态度，存在共同故意。所以，基于本书搜集的案件情形类似且符合前述分析，那么其判决结果理应一致，即排污方与治污方应按构成污染环境罪的共同犯罪被追究刑事责任。

(二) 环境污染第三方治理中刑事责任界定的实然偏差

但司法实践的裁判结果却并非如此，笔者现将搜集的 2014—2018 年环境污染第三方治理中污染环境罪③的刑事责任界定情况梳理如图 7-1 所示。

如前文已述，本书选取的 114 个案件中的案情具有相似性——"排污方明知治污方不具备危险废物经营许可证而仍将危险废物交由其处置+治污方明知排污方交由自己处置的为危险废物而仍接受委托进行处置"，基于现有相关司法解释以及《刑法》中有关共同犯罪的规定认定排污方与治污方理应构成污染环境罪的共同犯罪，均应承担相应的刑事责任。但是，根据图 7-1 可知，司法实践中由排污企业与治污主体中的一方单独构成污染环境罪而承担刑事责任（占比约 38%）、双方单独构成污染环境罪而承担刑事责任（占比约 11%）或者双方共同构成污染环境罪而承担刑事责任（占比约 51%）等迥异的裁判结果均有所呈现。由此可见，司法实践并未给环境污染第三方治理中的刑事责任界定提供统一的标准。鉴于环境污染第三方治理实践的复杂性，在前述一种情形之下司法裁判的结果

---

① 唐绍均、魏雨：《环境污染第三方治理中的刑事责任界定》，《南通大学学报》（社会科学版）2020 年第 4 期。

② 唐绍均、魏雨：《环境污染第三方治理中的刑事责任界定》，《南通大学学报》（社会科学版）2020 年第 4 期。

③ 由于司法实践中并无"环境污染第三方治理""第三方治理""排污企业"等表述，故本书搜集的案例均为在"无讼案例"网上输入关键词"污染环境罪+判决+危险废物经营许可证+刑事+单位"进行检索后手动排查的。

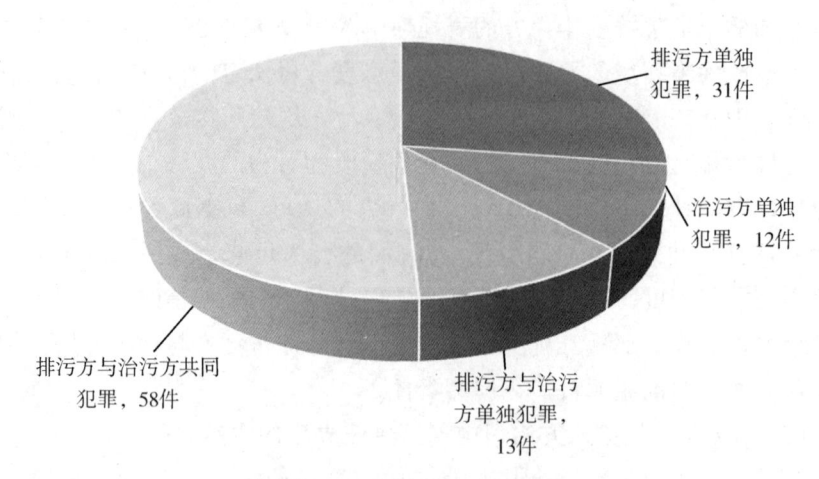

图 7-1　刑事责任的界定

尚且难以统一,若加上其他情形,势必对司法裁判造成更大的困扰,裁判结果极有可能出现"五花八门"的乱象。笔者认为,环境污染第三方治理中的刑事责任界定,应在"污染者担责原则"指引下,按照"污染源控制与排放"的"文义射程"甄别排污企业或者治污主体的"污染者"身份,并依法认定其刑事责任;对于不符合"污染者"身份的排污企业或者治污主体,若有证据证明其与"污染者"存在共同犯罪,则以"污染者"的共犯追究其刑事责任,[①] 以期实现环境污染第三方治理中刑事责任的"分层"界定。

三　环境污染第三方治理中"污染者"的刑事责任界定

本书讨论的环境污染第三方治理中"污染者"的刑事责任界定是指在有证据证明排污企业或者治污主体已经满足特定罪名的犯罪构成要件的前提下,如何确定环境污染第三方治理中的刑事责任承担主体。如前所述,环境污染第三方治理中的刑事责任界定应当从"污染者担责原则"入手,原因在于:"污染者担责原则"是环境污染第三方治理中的刑事责任界定的理论基础。首先,"环境污染第三方治理从本质而言属于'污染

[①] 唐绍均、魏雨:《环境污染第三方治理中的刑事责任界定》,《南通大学学报》(社会科学版) 2020 年第 4 期。

者担责原则'的延伸与拓展"①，故"污染者担责原则"可以为环境污染第三方治理中的一系列活动提供指导；其次，"污染者担责原则"是"损害担责原则"的一部分，②"损害担责原则"是《环境保护法》中的一项基本原则，由于《环境保护法》属于公法范畴，所以该原则应为公法原则，而刑事责任亦属于公法责任，加之在法学界有诸多学者也认为：在环境犯罪中，"污染者"应该承担（环境）刑事责任，③ 故"污染者担责原则"可作为环境污染第三方治理中刑事责任界定的理论基础。由此可见，欲界定环境污染第三方治理中刑事责任，需以"污染者担责原则"为指引，首先根据"污染源控制与排放"的"文义射程"鉴别排污企业或治污主体的"污染者"身份，然后依法结合相关证据认定"污染者"的刑事责任④。

（一）"污染者"的认定

如前所述，"污染者"是指"污染源的控制与排放者"，认定"污染者"身份，必须同时满足"污染源控制者"与"污染源排放者"的标准。"污染源控制者"就应指占有污染源并将其固定在一定范围内的主体，"污染源排放者"应指将其控制范围内的污染源排放至"外环境"的主体。⑤ 笔者认为，以下两点应当在认定"污染者"身份时予以重点把握：首先，"污染源排放者"标准的前提是"污染源控制者"标准；其次，当无法同时达到"污染源控制者"标准与"污染源排放者"标准时，应优先满足"污染源控制者"标准。

---

① 刘加林等：《西部生态脆弱区环境污染第三方治理机制优化探析》，《生态经济》2017年第10期。

② 在目前施行的《环境保护法》修订过程中，草案二次审议稿、三次审议稿中都使用了"污染者担责"，但在四审稿修改时有意见提出，"污染者担责"内涵不够全面，仅体现了环境污染者的责任，未涵盖生态破坏者的责任。故最终将"污染者担责原则"修改为"损害担责原则"，申言之，"损害担责原则"是"污染者担责原则"与"破坏者担责原则"二者的结合表述。

③ 王树义：《论生态文明建设与环境司法改革》，《中国法学》2014年第3期；姜俊山：《论污染环境罪之立法完善》，《法学杂志》2014年第3期；喻海松：《污染环境罪若干争议问题之厘清》，《法律适用》2017年第23期。

④ 唐绍均、魏雨：《环境污染第三方治理中的刑事责任界定》，《南通大学学报》（社会科学版）2020年第4期。

⑤ 唐绍均、魏雨：《环境污染第三方治理中的侵权责任界定》，《重庆大学学报》（社会科学版）2019年第1期。

(二)"污染者"的刑事责任

以环境污染第三方治理的场所地为标准,可将环境污染第三方治理分为"排污企业内的环境污染第三方治理"和"治污主体内的环境污染第三方治理",在前述两种分类情形下,排污企业与治污主体各自均有可能因符合"污染者"身份的认定标准而成为环境污染第三方治理中刑事责任的承担主体。

1. 排污企业内环境污染第三方治理的"污染者"刑事责任

若环境污染第三方治理在排污企业所在的场所内进行,即治污主体提供"上门服务",则排污企业始终占有污染源并将其固定在一定范围内,排污企业应为"污染源控制者"。① 污染物经治污主体治理后从排污企业所在的场所内向外环境排放——不管是排污企业自行排放,还是治污主体经排污企业授意排放,排污企业应为"污染源排放者"。如果是治污主体擅自排放,不能同时满足"污染源控制者"标准与"污染源排放者"标准,基于前述侧重于"污染源控制者"标准,排污企业也应为"污染源排放者"。此时,如果有证据证明排污企业或者治污主体已经满足特定罪名的犯罪构成要件,排污企业由于既是污染源的控制者,也是污染源的排放者,符合"污染者"身份的认定标准而成为环境污染第三方治理中刑事责任的承担主体。②

2. 治污主体内环境污染第三方治理的"污染者"刑事责任

若排污企业将其产生的污染物装入密闭的管道、罐式车辆等工具运输至治污主体进行治理,污染物在转移占有之时便脱离了排污企业的控制,排污企业不再是"污染源控制者";且装入密闭的管道、罐式车辆等工具进行运输并未使污染物进入外环境,不符合排放的特征,排污企业不是"污染源排放者",所以排污企业不符合"污染者"的身份认定标准。③ 相对地,污染物在转移占有后,治污主体将对其占有并固定在一定范围内,则治污主体成为"污染源控制者";污染物经治理后,由治污主体实施排

---

① 唐绍均、魏雨:《论第三方治理合同无效情形下的环境侵权责任界定》,《重庆大学学报》(社会科学版)2020年第5期。

② 唐绍均、魏雨:《环境污染第三方治理中的刑事责任界定》,《南通大学学报》(社会科学版)2020年第4期。

③ 唐绍均、魏雨:《环境污染第三方治理中的刑事责任界定》,《南通大学学报》(社会科学版)2020年第4期。

放行为,则治污主体成为"污染源排放者"。此时,如果有证据证明排污企业或者治污主体已经满足特定罪名的犯罪构成要件,治污主体由于既是污染源的控制者,也是污染源的排放者,符合"污染者"身份的认定标准而成为环境污染第三方治理中刑事责任的承担主体。[①]

四 环境污染第三方治理中"非污染者"的刑事责任界定

通过前文的梳理和分析可知:环境污染第三方治理中的排污企业与治污主体,不可能同时因符合"污染者"身份的认定标准而承担基于"污染者"身份的刑事责任。具体而言,若排污企业为"污染者",则治污主体为"非污染者",应由排污企业承担基于"污染者"身份的刑事责任;若治污主体为"污染者",则排污企业为"非污染者",应由治污主体承担基于"污染者"身份的刑事责任。但是,我们并不能因此否定在环境污染第三方治理中的"非污染者"具有承担刑事责任的可能性。基于现有相关司法解释以及《刑法》中有关共同犯罪的规定,排污企业为"污染者",则治污主体为"非污染者",若有证据证明其与"污染者"存在共同犯罪,则应按共同犯罪追究治污主体的刑事责任;治污主体为"污染者",则排污企业为"非污染者",若有证据证明其与"污染者"存在共同犯罪,则应按共同犯罪追究排污企业的刑事责任。[②]

(一)基于一般共同犯罪的"非污染者"刑事责任界定

环境污染第三方治理中的"一般共同犯罪"是指"污染者"与"非污染者"因符合《刑法》第25条第1款[③]规定共同犯罪概念而构成的共同犯罪。根据该条规定,行为人构成共同犯罪须同时满足三个要件。第一,主体要件:须存在两个以上的主体,即"两个以上达到刑事责任年龄、具备刑事责任能力的自然人或者两个以上的单位或者单位与达到刑事责任年龄、具备刑事责任能力的自然人"。其二,行为要件:须存在共同的犯罪行为,"所谓共同的犯罪行为,指各行为人的行为都指向同一犯

---

① 唐绍均、魏雨:《环境污染第三方治理中的刑事责任界定》,《南通大学学报》(社会科学版)2020年第4期。

② 参见柏浪涛《犯罪构成体系在共犯领域之检验——从"共犯与身份"视角展开》,《河南省政法管理干部学院学报》2011年第Z1期。

③ 《刑法》第25条第1款:"共同犯罪是指二人以上共同故意犯罪。"

罪，互相联系，互相配合，形成一个统一的犯罪活动整体"①，既可以是共同作为，也可以是共同不作为，还可以是作为与不作为相结合。其三，意思要件：须存在共同犯罪故意，"所谓共同犯罪故意是指各共同行为人认识到他们的共同犯罪行为会发生危害社会的结果，并希望或者放任这种结果发生的心理态度"②，既可以是共同直接故意，也可以是共同间接故意，还可以是直接故意与间接故意相结合。基于此，在环境污染第三方治理中，若有证据证明"非污染者"与"污染者"之间存在共同犯罪行为以及共同犯罪故意，则不管"非污染者"是排污企业还是治污主体，均应按共同犯罪追究"非污染者"的刑事责任。③ 另外，环境污染第三方治理中可能涉及的罪名除前文已列举的污染环境罪外，还包括"投放危险物质罪""非法处置进口的固体废物罪"以及"破坏计算机信息系统罪"等。所以，若有证据证明"非污染者"与"污染者"在前述罪名中存在共同犯罪行为与共同犯罪故意，则"非污染者"须基于与"污染者"构成的一般共同犯罪而承担相应的刑事责任。④

值得注意的是：在排污企业明知治污主体的治污设施或者技术水平无法完成治理、将会造成环境污染的情况下仍将污染物交由其治理，而治污主体也明知自身无法完成治理、将会造成环境污染的，不管排污企业与治污主体何者为"非污染者"，二者均应被认定为构成污染环境罪的共同犯罪，理由包括以下三点。第一，就主体要件而言，排污企业与治污主体是两个单位，满足共同犯罪两个以上主体的要求。第二，就行为要件而言，排污企业与治污主体间存在共同犯罪行为。申言之，指排污企业明知治污主体的治污设施或者技术水平无法完成治理、将会造成环境污染的情况下仍将污染物交由其治理，而治污主体也明知道自身无法完成治理、将会造成环境污染但仍然接受排污企业的委托，属于共同作为。⑤ 第三，就意思

---

① 郑泽善：《片面共犯部分否定说证成》，《政治与法律》2013 第 9 期。
② 郑泽善：《片面共犯部分否定说证成》，《政治与法律》2013 第 9 期。
③ 唐绍均、魏雨：《环境污染第三方治理中的刑事责任界定》，《南通大学学报》（社会科学版）2020 年第 4 期。
④ 唐绍均、魏雨：《环境污染第三方治理中的刑事责任界定》，《南通大学学报》（社会科学版）2020 年第 4 期。
⑤ 唐绍均、魏雨：《环境污染第三方治理中的刑事责任界定》，《南通大学学报》（社会科学版）2020 年第 4 期。

要件而言，排污企业与治污主体间存在共同犯罪故意。申言之，排污企业明知治污主体无法完成治理并将会造成环境污染而仍委托其治理，是排污企业对治污主体的间接授意；而明知道自身无法完成治理、将会造成环境污染但仍然接受排污企业委托的治污主体，知晓排污企业仍要求自己治理环境污染物的实质意思所指，对环境污染物进行治理是受该实质意思所指而为。因此，排污企业与治污主体在主观上具有共同污染环境的意思联络，属于共同的故意。综上所述，若有证据证明排污企业明知治污主体的治污设施或者技术水平无法完成环境污染治理任务仍将产生的环境污染物仍交由其治理，而治污主体也明知自身无法完成治理并将会造成环境污染，且严重污染环境的，应当认定排污企业与治污主体构成污染环境罪的共同犯罪。①

（二）基于特殊共同犯罪的"非污染者"刑事责任界定

环境污染第三方治理中的"特殊共同犯罪"是指"污染者"与"非污染者"因符合《环境污染刑事案件解释》第 7 条的规定而构成的共同犯罪。之所以认为该条规定为特殊的共同犯罪，原因在于：我国《刑法》要求共同犯罪的行为人须存在"共同故意"，但该条规定对"'行为人'在事前或事中是否与'他人'存在共同的犯意联络在所不问"②，换言之，不管"行为人"与"他人"是否存在共同犯罪故意，只要符合该条的规定，均应认定为构成共同犯罪。因此，该条规定中的共同犯罪并非符合《刑法》中共同犯罪构成要件的一般共同犯罪，由于"刑法中的解释性规定可以作出拟制性规定"③，所以该条规定中的共同犯罪是由解释性规定拟制的特殊共同犯罪。基于此，在环境污染第三方治理中，不管排污企业与治污主体何者为"非污染者"、是否存在共同故意，只要排污企业明知治污主体无危险废物经营许可证仍将危险废物交由其处置，并且造成严重污染环境后果的，二者均应按照污染环境罪的共同犯罪被追究刑事

---

① 唐绍均、魏雨：《环境污染第三方治理中的刑事责任界定》，《南通大学学报》（社会科学版）2020 年第 4 期。

② 秦鹏、李国庆：《论污染环境罪主观面的修正构成解释和适用——兼评 2013 "两高"对污染环境罪的司法解释》，《重庆大学学报》（社会科学版）2016 年第 2 期。

③ 张明楷：《罪刑法定与司法解释》，北京大学出版社 2009 年版，第 75 页。

责任。①

此外，"在危险废物处置能力不足的情况下，加之危险废物处置价格较高，一些（排污）企业不愿承受昂贵的处理成本，就低价将危险废物交给无资质的个人，后者则多通过违法方式处理，譬如偷排、倾倒等"②，无疑给环境带来巨大威胁。在前文梳理的案例中，不乏无危险废物经营许可证的自然人充当治污方而造成"环境污染的严重后果"的情形。在2017年《环境污染刑事案件解释》第7条中，对于"他人"的身份并未进行特殊限制，即他人既可以是单位，也可以是自然人。因此，与排污企业构成污染环境罪共犯的，除无危险废物经营许可证的治污主体外，还有可能是无危险废物经营许可证的自然人。申言之，若排污企业将危险废物交给"无证"的自然人处置，严重污染环境的，不管该自然人为"污染者"还是"非污染者"，其与排污企业均按照污染环境罪的共同犯罪承担刑事责任。③ 但是，若有证据证明"无证"从事危险废物处置工作的自然人对于排污企业交由自己处置的污染物是否为危险废物根本无法"明知"，则尽管法律拟制其与排污企业构成污染环境罪的共犯，对其亦应从轻、减轻或者免除刑事处罚，④ 原因包括以下三点。第一，"无证"从事危险废物处置工作的自然人，若对于危险废物无从"明知"，则其缺乏污染环境的意图以及对污染环境后果的预见。换言之，该自然人对于自己处置的污染物为危险废物并不知情，且对于自己处置该危险废物的行为带来的污染环境的严重后果难以预见，故其对于环境污染后果的发生既不存在直接故意，也不存在间接故意。根据张明楷教授的观点："污染环境罪的主观方面应是故意"⑤，则因不符合构成污染环境罪主观方面要件，该自然人并不构成污染环境罪。第二，前述自然人通常是临时集合，其与排污企业之间没有隶属与管理关系，往往是因承揽关系等而从事危险废物处置工作，造成环境污染的根本原因在于排污企业为了节约危险废物治理成

---

① 唐绍均、魏雨：《环境污染第三方治理中的刑事责任界定》，《南通大学学报》（社会科学版）2020年第4期。

② 喻海松：《污染环境罪若干争议问题之厘清》，《法律适用》2017年第23期。

③ 喻海松：《污染环境罪若干争议问题之厘清》，《法律适用》2017年第23期。

④ 唐绍均、魏雨：《环境污染第三方治理中的刑事责任界定》，《南通大学学报》（社会科学版）2020年第4期。

⑤ 张明楷：《污染环境罪的争议问题》，《法学评论》2018年第2期。

本、牟取更多利润,未按照法定要求将危险废物交由具备资质的主体处置,而对危险废物无从"明知"的自然人对于污染环境结果的发生影响力较小。① 第三,前述自然人往往由于"接受的文化教育水平普遍较低,难以掌握先进的工作技能,更无法适应知识经济时代下对于创新人才的需求"②,他们从事这样的工作多为生活所迫的无奈之举,若要求其承担刑事处罚,将与期待可能性理论"对人类普遍的脆弱人性的一种人文关怀"③ 相背离。综上所述,若有证据证明"无证"从事危险废物处置工作的自然人对于危险废物无从"明知",则不管其为"污染者"还是"非污染者",虽应按照司法解释的规定与排污企业构成污染环境罪的共犯,亦应从轻、减轻或者免除处罚。

五 排污企业与治污主体单位犯罪中的个人责任认定

"单位犯罪中,单位的直接负责的主管人员及其他直接责任人员,与该单位本身并不成立共同犯罪,只能认定为一个单位犯罪并依法追究刑事责任"④,但根据我国刑法的相关规定,"单位犯罪不应理解为单纯的以单位为主体的单一犯罪,而应是由单位与直接实施犯罪的单位责任人员为主体共同构成的、单位犯罪与自然人犯罪并列的嵌套式共同犯罪。在这种特殊的共同犯罪形态中,一方面是单位本身因为其存在赋予了单位成员以单位特有的犯罪能力而成为犯罪主体,另一方面则是单位相关主管与责任人员因其个人以违反刑法要求的方式履行职责而成为嵌套在单位之内的与单位共同实施犯罪的自然人主体"⑤。因此,在环境污染第三方治理中,若排污企业或者治污主体构成单位犯罪,其中的"直接负责的主管人员及其他直接责任人员"并非因与单位构成共同犯罪而须承担刑事责任,而是应当基于单位犯罪的"嵌套责任"承担相应的刑事责任。⑥ 故在环境污染第三方治理中排污企业与治污主体作为单位犯罪时的个人责任认定主要是指

---

① 龚海南:《论务工人员涉环境犯罪之刑事责任》,《人民司法(应用)》2018年第4期。
② 龚海南:《论务工人员涉环境犯罪之刑事责任》,《人民司法(应用)》2018年第4期。
③ 杜辉:《刑事法视野中的出罪研究》,中国政法大学出版社2012年版,第212页。
④ 曾宪义、王利明:《刑法总论》,中国人民大学出版社2008年版,第403页。
⑤ 陈忠林、席若:《单位犯罪的"嵌套责任论"》,《现代法学》2017年第2期。
⑥ 唐绍均、魏雨:《环境污染第三方治理中的刑事责任界定》,《南通大学学报》(社会科学版)2020年第4期。

"直接负责的主管人员及其他直接责任人员"责任的认定,其关键在于确定排污企业与治污主体中的人员谁满足"直接负责的主管人员及其他直接责任人员"的身份。以环境污染第三方治理中最常涉及的"污染环境罪"为例,根据《刑法》第 346 条的规定,① 单位的污染环境罪采用"双罚制",即除了对排污企业或者治污主体判处罚金外,还可酌情对排污企业或者治污主体直接负责的主管人员和其他直接责任人员判处罚金、有期徒刑或者拘役。对单位判处罚金刑相对简单,由单位直接承担即可,而复杂的问题在于对单位中可能判处刑罚的"直接负责的主管人员和其他直接责任人员"的认定。

之所以要求单位的"直接负责的主管人员和其他直接责任人员"在单位犯罪的情况下承担刑事责任,原因在于:单位的行为最终会落实到具体的自然人身上,尤其是决策者和具体的实施者,主要包括直接负责的主管人员和其他直接责任人员,他们在单位犯罪中起到了极为重要的作用。一般情况下,决策者是指单位中直接负责的主管人员,而具体的实施者是指单位中其他直接责任人员,因此对于单位犯罪实行"双罚制",② 在惩罚单位的同时也让在单位犯罪中起着重要作用的自然人受到了相应的惩罚。单位犯罪"双罚制"涉及两类人员,即单位直接负责的主管人员和其他直接责任人员,关于"直接负责的主管人员和其他直接责任人员"的认定,笔者认为可以借鉴《行政主管部门移送适用行政拘留环境违法案件暂行办法》第 9 条③的规定,即"直接负责的主管人员"包括两种类型:其一,违法行为主要获利者;其二,在生产、经营中有决定权的管理、指挥、组织人员;"其他直接责任人员"是指直接排放、倾倒、处置污染物或者篡改、伪造监测数据的工作人员等。对环境污染第三方治理中排污企业或者治污主体中的"直接负责的主管人员"的认定须同时满足

---

① 《刑法》第 346 条:"单位犯本节第三百三十八条至第三百四十五条规定之罪的,对单位判处罚金,并对其直接负责的主管人员和其他直接责任人员,依照本节各该条的规定处罚。"

② 柏浪涛:《犯罪构成体系在共犯领域之检验——从"共犯与身份"视角展开》,《河南省政法管理干部学院学报》2011 年第 Z1 期。

③ 《行政主管部门移送适用行政拘留环境违法案件暂行办法》第 9 条规定:"《环境保护法》第六十三条规定的直接负责的主管人员是指违法行为主要获利者和在生产、经营中有决定权的管理、指挥、组织人员;其他直接责任人员是指直接排放、倾倒、处置污染物或者篡改、伪造监测数据的工作人员等。"

两方面的要件：其一，他们是拥有排污企业或者治污主体实际管理权限的人员，须为单位主要领导、主管某方面工作的领导人员或者某些主管部门的领导人员；其二，他们的管理权限、职责与具体犯罪行为具有直接关系，如果其领导职务与具体犯罪行为没有直接联系，则其不应被认定为排污企业或者治污主体中"直接负责的主管人员"。

对环境污染第三方治理中排污企业或者治污主体中的"其他直接责任人员"的认定，在刑法学界存有不同的认识，其中比较有代表性的观点主要有以下六种。其一，其他直接责任人员一般是指直接实施法人犯罪的行为，具体完成法人犯罪计划的人。[①] 其二，其他直接责任人员是指为了实现单位犯罪意图积极参与实施单位犯罪的单位内部一般工作人员。[②] 其三，其他直接责任人员是指在直接负责的主管人员的授意、指挥、组织下积极实施单位犯罪的单位内部人员。[③] 其四，其他直接责任人员是指按照单位决策机构的犯罪决策，组织、指挥和积极实施单位犯罪的单位成员。[④] 其五，其他直接责任人员是指除单位直接负责的主管人员以外积极实施单位犯罪的单位成员，具有四个方面的特征：①大多数是单位内部职能部门的具体工作成员，一般不是单位的领导；②在单位机关人员的领导或者支持下，具体从事某项活动；③明知自己工作的性质；④在单位犯罪中起重要作用。[⑤] 其六，其他直接责任人员必须是单位内部的一般成员，参与具体实施单位犯罪行为且所起的作用较大。[⑥] 概言之，前述六种观点实际上大同小异，即"其他直接责任人员"主要是指接受直接负责的主管人员的授意或者支持参与单位犯罪、具体实施行为的单位内的一般工作人员。例如电镀工人在电镀工作完成后将清洗设备、物品的废水直接排放出去，造成了环境污染，这也意味着，作为有毒有害物质的直接排放者、倾倒者、处置者的务工人员，直接导致了污染环境结果的发生，[⑦] 他们符

[①] 娄云生：《法人犯罪》，法律出版社1996年版，第82页。

[②] 陈炜、孙昌军：《论单位犯罪中责任人的认定与处罚》，《法学评论》2000年第1期。

[③] 刘家琛主编：《新刑法新问题新罪名通释》，人民法院出版社1998年版，第196页。

[④] 沙君俊：《单位犯罪的定罪与量刑》，人民法院出版社2002年版，第131页。

[⑤] 黎宏：《论单位犯罪中的"直接负责的主管人员和其他直接责任人员"》，《法学评论》2000年第4期。

[⑥] 王良顺：《论单位犯罪中直接责任与直接责任人员的认定》，《法商研究》2007年第2期。

[⑦] 龚海南：《论务工人员涉环境犯罪之刑事责任》，《人民司法（应用）》2018年第4期。

合污染环境罪中"其他直接责任人员"的身份特征。但是问题在于，这些一般工作人员中通常大部分都是底层务工人员，他们为了解决生存问题而甘愿到环境卫生极差的工厂务工，基于生活所迫，根本没有勇气辞去工作，更没有能力去配备相关设备对废水进行有效处理。① 以直接行为人或者共同犯罪的帮助犯为由，让底层务工人员承担刑事责任，其危害性比环境污染为祸尤烈。② 基于此，笔者认为应当确定"务工人员之环境污染刑事责任的适用规则"：首先，区分犯罪主体情况；其次，区分客观要件中的行为方式。③ 根据前述观点，对于因为单位经营所引起的环境污染行为，只应当追究相关经营者、主管人员以及对污染环境结果的发生起了极大作用的务工人员的刑事责任，而不应当追究作用轻微的务工人员的刑事责任；并且即便实施正常劳务行为的务工人员事实上处于直接实施者的地位，仍有必要将其从污染环境罪的主体中予以排除。此外，应根据排污行为、倾倒行为与处置行为的具体样态、不同污染对象的特殊状况而区别性地加以对待。④ 但是，有关"对于环境污染的发生起了极大作用""作用轻微"的程度应该如何判断，前述观点语焉不详，有关应该如何区别污染环境罪的具体犯罪行为与污染对象，前述观点也仅列举了拆解的对象涉及液体的污染物一种情形。⑤

笔者认为前述观点对于认定环境污染第三方治理中污染环境罪的"其他直接责任人员"有所启发，实践中司法机关将身处底层、实施正常劳务行为的务工人员不加以区分地纳入应当承担刑事责任的"其他直接责任人员"范围的确值得商榷。首先，从情理上分析，这些务工人员所实施的是受到单位相关经营者、主管人员指示的正常劳务行为，他们若不实施这些行为便可能面临失去工作的危险，是别无选择之举。其次，从法理上分析，这些务工人员所实施的单纯排放、倾倒、处置行为并非是严重污染环

---

① 龚海南：《论务工人员涉环境犯罪之刑事责任》，《人民司法（应用）》2018年第4期。
② 龚海南：《论务工人员涉环境犯罪之刑事责任》，《人民司法（应用）》2018年第4期。
③ 龚海南：《论务工人员涉环境犯罪之刑事责任》，《人民司法（应用）》2018年第4期。
④ 龚海南：《论务工人员涉环境犯罪之刑事责任》，《人民司法（应用）》2018年第4期。
⑤ 即拆解的对象涉及液体的污染物，那么该液体只要流向地面或水流中，就对后者造成污染，毕竟，液体很难与其他物质相分离。但单纯的拆解加工固体危险物的行为，并不会导致该固体危险物与空气、水体、土地发生混合进而造成环境污染。参见龚海南《论务工人员涉环境犯罪之刑事责任》，《人民司法（应用）》2018年第4期。

境的主要原因,而单位没有取得排污许可、没有配备适合的污染治理设备才是污染结果发生的根本原因。基于此,在环境污染第三方治理中司法机关认定涉嫌污染环境罪的"其他直接责任人员"原则上应将这些单纯执行正常工作任务的人员予以排除,只有例外情形才可追究这些人员的刑事责任,例如若这些工作人员的行为超出了相关经营者或者主管人员的指示范围而造成了严重的环境污染,此时这些工作人员才可能被以污染环境罪论处。①

综上所述,在排污企业或者治污主体的单位犯罪中需承担责任的个人包括两类:一类是直接负责的主管人员,另一类是其他直接责任人员。申言之,"直接负责的主管人员"是指管理权限、职责与具体犯罪行为具有直接关系,并拥有排污企业或者治污主体实际管理权限的人员,比如企业的主要领导、主管某方面的工作或者某些主管部门的领导人员。"其他直接责任人员"是指接受直接负责的主管人员的授意或者支持参与单位犯罪、具体实施行为的单位内的一般工作人员,但是这些一般工作人员中,原则上应当酌情将"身处底层、实施正常劳务行为的务工人员"排除在外。

六　排污企业或者治污主体污染环境罪"客观方面"的细化

根据《刑法》第338条的规定,污染环境罪的客观方面是指"违反国家规定,排放、倾倒或者处置有放射性的废物、含传染病病原体的废物、有毒物质或者其他有害物质,严重污染环境的"的行为以及"在饮用水水源保护区、自然保护地核心保护区等依法确定的重点保护区域排放、倾倒、处置有放射性的废物、含传染病病原体的废物、有毒物质,情节特别严重的;向国家确定的重要江河、湖泊水域排放、倾倒、处置有放射性的废物、含传染病病原体的废物、有毒物质,情节特别严重的;致使大量永久基本农田基本功能丧失或者遭受永久性破坏的;致使多人重伤、严重疾病,或者致人严重残疾、死亡的"的行为。详言之,污染环境罪的客观方面主要包括三层含义。

第一,违反国家规定。根据《刑法》第96条的规定,违反国家规定是

---

① 唐绍均、魏雨:《环境污染第三方治理中的刑事责任界定》,《南通大学学报》(社会科学版)2020年第4期。

指违反全国人民代表大会及其常务委员会制定的法律和决定,国务院制定的行政法规、规定的行政措施、发布的决定和命令。这些国家规定具体包括《环境保护法》以及各环境污染防治单行法(如《水污染防治法》《大气污染防治法》《土壤污染防治法》《固体废物污染环境防治法》《放射性污染防治法》等)、《海洋环境保护法》等一系列环境保护法律、法规。①

第二,排放、倾倒、处置有放射性的废物、含传染病病原体的废物、有毒物质或者其他有害物质。"排放、倾倒、处置"行为具有可选择性,即行为人只要实施其一,不管是排放有害物质、倾倒有害物质还是处置有害物质,就可构成犯罪。其中,排放是指将未经处理过的废气、废水等危险物质直接排向外环境,②对象是未经处理的废气、废水等危险物质;倾倒是指将未经处理的废物丢弃,③对象是未经处理的废物;处置的形式具有多样性,但是总体而言,处置是指将固体废物进行焚烧和利用其他方法改变固体废物的物理、化学、生物特征,以减少已产生的固体废物数量,缩小固体废料体积,减少或者消除其危险成分的活动或者将固体废物最终置于符合环境保护规定要求的场所或者设施不再取回的活动,④对象是固体废物。实际上,单就排放、倾倒、处置三种行为而言,是法律上容许的日常行为,人类依托自然界得以生存,并具备改变自然界的能力,"排放、倾倒、处置"这三种行为均属于利用自然环境的行为,污染环境罪的前提"违反国家规定"是对这三种行为作出的明确限定。

第三,严重污染环境。根据《最高人民法院、最高人民检察院关于办理环境污染刑事案件适用法律若干问题的解释》⑤第1条的规定,严重污染环境的情形有18种。这18种"严重污染环境"的具体情形中,有的是指结果有的是指行为。比如,第(一)项"在饮用水水源一级保护区、自然保护区核心区排放、倾倒、处置有放射性的废物、含传染病病原体的废物、有毒物质的"、第(二)项"非法排放、倾倒、处置危险废物三吨以上的"等,就是指行为的,即只要行为人有这些行为就属于严重污染环

---

① 邢曼媛:《刑法》,北京大学出版社2014年版,第400页。
② 王仲兴、杨鸿:《刑法学》,中山大学出版社2015年版,第379页。
③ 王仲兴、杨鸿:《刑法学》,中山大学出版社2015年版,第379页。
④ 王仲兴、杨鸿:《刑法学》,中山大学出版社2015年版,第379页。
⑤ 2016年11月7日最高人民法院审判委员会第1698次会议、2016年12月8日最高人民检察院第12届检察委员会第58次会议通过,自2017年1月1日起施行。

境；而第（十）项"造成生态环境严重损害的"、第（十一）项"致使乡镇以上集中式饮用水水源取水中断十二小时以上的"等就是指结果的，因为只有产生了这些结果才是严重污染环境。

将污染环境罪的客观方面具体到环境污染第三方治理中，具体体现在三个方面。第一，违反国家规定是指在环境污染第三方治理中排污企业、治污主体共同或者单独违反了《环境保护法》以及各环境污染防治单行法（如《水污染防治法》《大气污染防治法》《土壤污染防治法》《固体废物污染环境防治法》《放射性污染防治法》等）、《海洋环境保护法》等一系列环境保护法律、法规。例如，根据《固体废物污染环境防治法》第80条第2款和第3款的规定，治污主体在无经营许可证的情况下不能对危险废物进行处置，治污主体也不能够将危险废物委托给无经营许可证的治污主体处置；如果排污企业将危险废物委托给不具备经营许可证的治污主体处置，无危险废物经营许可证的治污主体也接受了排污企业的委托，则排污企业与治污主体均违反了国家规定，具备触犯污染环境罪的前提。[①]

第二，排放、倾倒、处置有放射性的废物、含传染病病原体的废物、有毒物质或者其他有害物质。环境污染第三方治理中，具体实施排放、倾倒、处置有害物质行为的应该是一方主体，即排污企业一方或者治污主体一方。其中，倾倒和处置有害物质的行为主体一般应该是治污主体，原因在于若排污企业自行倾倒或者处置有害物质，就没有委托治污主体进行第三方治理的必要，而排放有害物质的行为主体是排污企业还是治污主体应当视情况而定。详言之，如果环境污染第三方治理发生在排污企业的场所内，排污企业应该是排放有害物质这一行为的主体；如果环境污染第三方治理发生在治污主体的场所内，治污主体应该是排放有害物质这一行为的主体。原因在于环境污染第三方治理发生的场所就是有害物质的最终向环境排放的地方，故笔者以环境污染第三方治理的场所来推定排放有害物质这一行为的主体。因此，不管是排污企业还是治污主体，在违反国家规定的前提下，实施了排放、倾倒和处置有害物质的行为，都有可能构成污染环境罪。根据一般实施排放、倾倒和处置有害物质行为的主体来判断，治污主体构成污染环境罪的概率比排污企业构成污染环境罪的概率更大一些。

[①] 唐绍均、魏雨：《环境污染第三方治理中的刑事责任界定》，《南通大学学报》（社会科学版）2020年第4期。

第三，严重污染环境。关于"严重污染环境"的解释，一般是根据《环境污染刑事案件解释》第1条规定的18种严重污染环境的具体情形。环境污染第三方治理中，排污企业或者治污主体严重污染环境是指排污企业或者治污主体在违反国家规定的前提下，排放、倾倒、处置有害物质的行为，达到了"严重污染环境"的情形。比如，排污企业或者治污主体在饮用水水源一级保护区、自然保护区核心区排放、倾倒、处置有放射性的废物、含传染病病原体的废物、有毒物质，或者通过暗管、渗井、渗坑、裂隙、溶洞、灌注等逃避监管的方式排放、倾倒、处置有放射性的废物、含传染病病原体的废物、有毒物质等，就属于严重污染环境的情形，完全符合污染环境罪客观方面的特征。

根据以上的分析，排污企业或者治污主体污染环境罪客观方面的细化主要是将污染环境罪客观方面的三层含义结合起来，进行"排列组合"，即选取每一层含义里所包含的一种具体内容进行结合。① 比如，排污企业违反《固体废物污染环境防治法》第80条第3款的规定，违反国家规定，将危险废物交由不具备危险废物经营许可证的治污主体进行处置；处置危险废物，而后由于处置不当造成了五人轻度残疾的结果，严重污染环境，排污企业的行为完全符合污染环境罪客观方面的含义。但值得注意的是，根据《环境污染刑事案件解释》第7条②的规定，这种情形下排污企业与治污主体构成污染环境罪的共犯。因为排污企业明知治污主体不具备危险废物经营许可证而委托其处置危险废物，而治污主体也是在自身没有危险废物经营许可证的情况下仍接受排污企业的委托对危险废物进行处置，具有故意的合意，是共同故意，符合共同犯罪的特点。③ 再比如排污企业将产生的污水交由符合条件的治污主体进行治理，但是治污主体却在治理尚未达标的情况下就向外环境进行排放，违反国家规定+排放污水，且排放的地点是饮用水水源一级保护区；严重污染环境，治污主体的行为完全符合污染环境罪客观方面的含义。

---

① 唐绍均、魏雨：《环境污染第三方治理中的刑事责任界定》，《南通大学学报》（社会科学版）2020年第4期。

② 《环境污染刑事案件解释》第7条："明知他人无危险废物经营许可证，向其提供或者委托其收集、贮存、利用、处置危险废物，严重污染环境的，以共同犯罪论处。"

③ 唐绍均、魏雨：《环境污染第三方治理中的刑事责任界定》，《南通大学学报》（社会科学版）2020年第4期。

第八章

结 论

2013年，中共中央发布《关于全面深化改革若干重大问题的决定》，正式提出"环境污染第三方治理"，并将其作为一种有别于"传统环境污染治理模式"的"新型环境污染治理模式"予以推行。这一"新型环境污染治理模式"与"传统环境污染治理模式"的区别在于：在"传统环境污染治理模式"中排污企业具有"产污者"与"治污者"双重身份，而在"新型环境污染治理模式"中专业的治污主体替代排污企业进行环境污染治理，导致"产污者"与"治污者"在身份上发生了分离，排污企业仅为"产污者"，治污主体取得"治污者"身份。在环境污染第三方治理中，基于排污企业与环境行政主体间存在的行政法律关系，排污企业理应履行与此法律关系相关的行政法义务，即"污染治理义务"，但排污企业通过与治污主体订立民事合同将治污主体作为第三方替代其履行前述"污染治理义务"，旨在让专业化的治污主体替代其进行环境污染治理，以期达到低成本、高效率、集约化、规范化的环境污染治理效果。环境污染第三方治理中的法律责任是指环境污染第三方治理中的法律关系主体因违反法定义务、违反约定义务或者法律直接规定而须承担的不利法律后果。环境污染第三方治理中可能承担法律责任的主体包括三类：环境行政主体、排污企业与治污主体；环境污染第三方治理中责任的性质也包括三类：民事责任、行政责任与刑事责任。环境污染第三方治理中三类主体所需承担责任的履行方式因责任性质不同而各有差异，从发展趋势看，可在法律明确规定责任承担方式的基础上积极探索更加科学合理的环境保护与生态修复的创新方式，并将其作为责任承担的替代方式。虽然环境污染第三方治理在我国的推行已经取得了一定成效，但由于环境污染第三方治理被正式提出之后的实践时间较短，理论研究与实践探索均不够充分，导致环境污染第三方治理中的责任界定问题成了环境污染第三方治理顺利推行的最大障碍。

责任聚合理论、因果关系理论与"污染者担责"原则可对环境污染第三方治理中的责任界定进行理论诠释，能够作为环境污染第三方治理中责任界定的理论基础。责任聚合也叫请求权聚合，是指由于法律规定和损害后果的多元性，同一法律事实的发生导致民事、行政或者刑事等不同性质法律责任得以并行承担的状态。在环境污染第三方治理中，行为人的同一法律事实不仅可能涉及一种性质的责任，还可能同时涉及两种乃至三种性质的法律责任，导致民事、行政或者刑事等不同性质法律责任的聚合。因果关系是指第一个事件和第二个事件之间的作用关系，其中后一事件被认为是前一事件的结果。在环境污染第三方治理中，行为人可能涉及的民事责任、行政责任或者刑事责任的归结均离不开因果关系的认定。"污染者担责"是指单位和个人对环境造成污染时，必须根据法律规定对污染源和受损害环境进行有效的治理，承担因污染产生的多种法律责任。在环境污染第三方治理中，"污染者担责"原则是一项重要的责任归结原则，其中"污染者"身份认定是排污企业与治污主体责任界定的关键。

环境污染第三方治理中法律责任的界定不仅可以适用《民法典》的总则编、合同编、侵权责任编，《刑法》《环境保护法》以及各环境污染防治单行法（如《水污染防治法》《大气污染防治法》《土壤污染防治法》等）等法律中的相关规定，也可以参考国务院及其部委的一些规范性文件，例如《国务院办公厅关于推行环境污染第三方治理的意见》（2014）、《环境保护部关于推进环境污染第三方治理的实施意见》（2017）等。根据相关规定，环境行政主体（承担责任的主体主要应为直接负责的主管人员和其他直接责任人员）的行政责任与刑事责任、排污企业与治污主体基于环境污染第三方治理合同可能承担的违约责任与缔约过失责任均有可供直接适用的法律依据，但是在这些法律规定中却无法找到环境污染第三方治理中有关排污企业与治污主体的环境侵权责任、行政责任或者刑事责任界定的法律依据。规范性文件虽然对排污企业的"主体责任"与治污主体的"污染治理责任"作了明确规定，但是"主体责任"与"污染治理责任"并非专业法律术语，且前述规范性文件仅有原则性规定而欠缺可操作性，再加之这些规范性文件并非正式的法律渊源，导致实践中不管是行政主管部门还是司法机关均无法将其用于界定排污企业与治污主体的环境侵权责任、行政责任或者刑事责任。另外，由于法律规定的不明确给行政主管部门的行政执法与司法机关的司法裁判提供了较大的自由裁量空间，以至于在行政执法过程中，同样情形下有的环境行政主体对排污企业进行行政处罚，有的对治污主体进行行政处罚；在司法裁判中，同样情形下有的法院只判决排污企业承担法律责任，有的只判决治污主体承担法律责任，而有的既判决排污企业承担法律责任，又同时判决治污主体承担法律责任，裁判尺度极不统一。笔者通过梳理与分析有关环境污染第三方治理中责任界定的法律、政策以及案例，发现环境污染第三方治理中责任界定的关键在于厘定排污企业与治污主体谁是环境侵权责任、行政责任与刑事责任的承担主体，因此本书立足于现行法律规定，明确排污企业与治污主体间的责任边界，为两类主体在环境污染第三方治理中环境侵权责任、行政责任与刑事责任的界定提供可行方案。

环境污染第三方治理中的民事责任界定主要是明确环境污染第三方治理中的排污企业与治污主体谁应为环境侵权责任的承担主体，可按照如下"三步骤"予以展开。第一步，认定排污企业与治污主体间的基础关系。委托治理模式、托管运营模式、集中治理模式、分散治理模式等类型表达不能解决或不能完全解决环境污染第三方治理中的侵权责任界定问题，明确排污企业与治污主体间的基础关系方为解决该问题的突破口。基于"治污设施由排污企业或者治污主体提供"这一法律事实，基本可以判定环境污染第三方治理中排污企业与治污主体间的基础关系可能为环境服务合同法律关系、承揽合同法律关系或者无效合同关系中的一种。第二步，当成立环境服务合同法律关系时，只有治污主体存在过错，才与排污企业对外承担连带责任。当成立承揽合同法律关系时，只要排污企业没有定作、指示、选任的过失，就应由治污主体作为承揽人对外承担侵权责任。当环境污染第三方治理合同无效时，首先应根据"污染源的控制与排放"的"文义射程"甄别排污企业或治污主体何者具有"污染者"身份，并依法认定"污染者"的侵权责任。其次，对于不具有"污染者"身份标准的排污企业或者治污主体，如果有证据证明其具有与"污染者"存在共同因果关系的分别侵权行为，则应承担按份责任；如果有证据证明其具有与"污染者"存在共同侵权、共同危险、累积因果关系的分别侵权或者教唆、帮助侵权等行为，则应承担连带责任；如果有证据证明其属于有过错的"第三人"，则应与"污染者"承担不真正连带责任。第三步，在环境服务合同法律关系或者承揽合同法律关系下，排污企业与治污主体间最终责任的承担，应依约定或者法定比例进行分配；在第三方治理合同无效情形下，排污企业和治污主体间的最终责任份额应根据其过错程度和原因力大小等因素确定。

环境污染第三方治理中行政责任的界定就是明确环境污染第三方治理中的排污企业与治污主体谁应为行政责任的承担主体，可按照如下"三步骤"予以展开。第一步，认定排污企业或者治污主体在环境污染第三方治理中是否违反了行政法上的义务，这些义务包括但不限于《环境保护法》以及各环境污染防治单行法（如《水污染防治法》《大气污染防治法》《土壤污染防治法》《固体废物污染环境防治法》《放射性污染防治法》等）中所规定的义务。第二步，在"污染者担责"原则指引下，基于"污染源控制与排放"的"文义射程"甄别排污企业或者治污主体的"污染者"身份，并根据"污染者"与环境行政主体之间的法律关系依法认定其行政责任。第三步，立足于"非污染者"与环境行政主体之间的法律关系，根据"非污染者"的行为"是否"违反相关环境行政义务以认定其行政责任的"有无"。

环境污染第三方治理中的刑事责任界定就是明确环境污染第三方治理中的排污企业与治污主体谁应为刑事责任的承担主体，可按照如下"三步骤"予以展开。第一步，锁定环境污染第三方治理中最有可能触犯的罪名譬如污染环境罪，明确该罪的构成要件：主体、客体、主观方面与客观方面。详言之，污染环境罪的主体：排污企业、治污企业或者"充当治污主体的个人"；污染环境罪的客体：国家环境保护制度和公私财产与公民健康、生命安全的法益；污染环境罪的主观方面：故意；污染环境罪的客观方面：违反国家相关法律规定，排放、倾倒或者处置含传染病原体的废物、有放射性的废物、有毒物质和其他有害物质，造成环境严重污染的行为，以及"在饮用水水源保护区、自然保护地核心保护区等依法确定的重点保护区域排放、倾倒、处置有放射性的废物、含传染病病原体的废物、有毒物质，情节特别严重的；向国家确定的重要江河、湖泊水域排放、倾倒、处置有放射性的废物、含传染病病原体的废物、有毒物质，情节特别严重的；致使大量永久基本农田基本功能丧失或者遭受永久性破坏的；致使多人重伤、严重疾病，或者致人严重残疾、死亡的"的行为。第二步，从行为人实施的排放、倾倒、处置行为入手，在排污企业、治污企业或者"充当治污主体的个人"中认定出具有"污染者"身份的主体，结合其主观心理状态以及污染环境的后果等犯罪构成要件，明确界定其基于"污染者"身份单独犯罪所应承担的刑事责任。第三步，在排污企业、治污企业或者"充当治污主体的个人"中认定出具有"非污染者"身份的主体，如果有证据证明其与"污染者"满足共同犯罪的构成要件，则可明确界定其基于"非污染者"身份的共同犯罪所应承担的刑事责任。

参考文献

一 著作类

常怡:《民事诉讼法学》,中国政法大学出版社1999年版。
陈慈阳:《环境法总论》,中国政法大学出版社2003年版。
陈林林、夏立安主编:《法理学导论》,清华大学出版社2014年版。
陈泉生等:《环境法基本理论》,中国环境科学出版社2004年版。
程啸:《侵权责任法》,法律出版社2015年版。
崔建远:《合同法》,北京大学出版社2016年版。
[英]戴维·M.沃克:《牛津法律大辞典》,李双元等译,法律出版社2003年版。
杜辉:《刑事法视野中的出罪研究》,中国政法大学出版社2012年版。
高铭暄、陈璐:《〈中华人民共和国刑法修正案(八)〉解读与思考》,中国人民大学出版社2011年版。
高铭暄、马克昌:《刑法学》,北京大学出版社、高等教育出版社2011年版。
国家司法考试辅导用书编辑委员会:《2010国家司法考试辅导用书》(第三卷),法律出版社2010年版。
韩德培:《环境保护法教程》,法律出版社2015年版。
胡律森:《行政法学》,法律出版社1998年版。
胡乔木主编:《中国大百科全书·环境科学》,中国大百科全书出版社 2002 年版。

江伟：《民事诉讼法》，高等教育出版社 2004 年版。

姜安明：《行政法与行政诉讼法》，北京大学出版社 1999 年版。

解振华主编：《中国环境执法全书》，红旗出版社 1997 年版。

黎宏：《刑法学》，法律出版社 2012 年版。

李龙主编：《法理学》，武汉大学出版社 2011 年版。

李晓明主编：《中国刑法分论》，清华大学出版社 2014 年版。

李宇明主编：《全球华语大辞典》，商务印书馆 2011 年版。

刘家琛主编：《新刑法新问题新罪名通释》，人民法院出版社 1998 年版。

刘淑波主编：《民法各论》，中国政法大学出版社 2014 年版。

娄云生：《法人犯罪》，法律出版社 1996 年版。

卢洪友等：《外国环境公共治理：理论、制度与模式》，中国社会科学出版社 2014 年版。

吕忠梅主编：《环境法》，高等教育出版社 2017 年版。

罗豪才：《行政法学》，北京大学出版社 1996 年版。

罗竹风主编：《汉语大词典》（第 10 卷），汉语大词典出版社 1992 年版。

曲新久主编：《刑法学》，中国政法大学出版社 2016 年版。

阮智富、郭忠新主编：《现代汉语大词典》（上），上海辞书出版社 2009 年版。

沙君俊：《单位犯罪的定罪与量刑》，人民法院出版社 2002 年版。

石佑启主编：《行政法与行政诉讼法》，中国人民大学出版社 2015 年版。

[苏] 苏联司法部全苏法学研究所：《苏联刑法总论》（下），彭仲文译，大东书局 1950 年版。

孙晓东、曾勉：《法律因果关系研究》，知识产权出版社 2010 年版。

汪劲：《环境法学》，北京大学出版社 2018 年版。

王伯琦：《民法债编总论》，正中书局 1958 年版。

王利明：《侵权行为法研究》（上），中国人民大学出版社 2004 年版。

王利明：《侵权责任法研究》（下），中国人民大学出版社 2011 年版。

王利明：《合同法分则研究》（上卷），中国人民大学出版社 2012

年版。

王利明：《合同法研究》（第一卷），中国人民大学出版社 2018 年版。

王利明、房绍坤、王轶：《合同法》，中国人民大学出版社 2009 年版。

王利明、周友军、高圣平：《中国侵权责任法教程》，人民法院出版社 2010 年版。

王连昌：《行政法学》，中国政法大学出版社 1994 年版。

王胜明主编：《中华人民共和国侵权责任法解读》，中国法制出版社 2010 年版。

王胜明主编：《中华人民共和国侵权责任法释义》，法律出版社 2012 年版。

王学辉：《行政法学》，中国检察出版社 2002 年版。

王泽鉴：《法律思维与民法实例》，法律出版社 2001 年版。

王泽鉴：《侵权行为法》（第一册），中国政法大学出版社 2011 年版。

王泽鉴：《侵权行为》，北京大学出版社 2016 年版。

王仲兴、杨鸿：《刑法学》，中山大学出版社 2015 年版。

王作富主编：《刑法分则实务研究》（下），中国方正出版社 2013 年版。

奚晓明主编：《〈侵权责任法〉条文理解与适用》，人民法院出版社 2010 年版。

夏征农、陈至立主编：《辞海》，上海辞书出版社 2009 年版。

肖建华、王世进主编：《诉讼法学》，重庆大学出版社 2010 年版。

[日] 新堂幸司：《新民事诉讼法》，林剑锋译，法律出版社 2000 年版。

邢曼媛：《刑法》，北京大学出版社 2014 年版。

杨春然主编：《刑法学》，华中科技大学出版社 2015 年版。

杨会：《侵权责任研究》，北京大学出版社 2014 年版。

杨立新：《侵权法论》，人民法院出版社 2005 年版。

杨立新：《侵权责任法》，复旦大学出版社 2010 年版。

杨立新主编：《审理侵权案件观点集成》，中国法制出版社 2016 年版。

杨立新：《侵权责任法研究》（第一卷），中国人民大学出版社 2018

年版。

叶俊荣:《政策与法律》,中国政法大学出版社 2003 年版。

叶榅平主编:《诉讼法》(第二版),上海财经大学出版社 2016 年版。

曾宪义、王利明:《刑法总论》,中国人民大学出版社 2008 年版。

张军主编:《〈刑法修正案(八)〉条文及配套司法解释理解与适用》,人民法院出版社 2011 年版。

张明楷:《刑法学》,法律出版社 2003 年版。

张明楷:《罪刑法定与司法解释》,北京大学出版社 2009 年版。

张新宝:《侵权责任法》,中国人民大学出版社 2013 年版。

张正钊:《行政法与行政诉讼法》,中国人民大学出版社 2004 年版。

赵秉志:《外国刑法原理(大陆法系)》,中国人民大学出版社 2000 年版。

二 期刊论文类

安珏:《食品安全监管主体责任研究》,《食品安全质量检测学报》2015 年第 1 期。

柏浪涛:《犯罪构成体系在共犯领域之检验——从"共犯与身份"视角展开》,《河南省政法管理干部学院学报》2011 年第 Z1 期。

蔡守秋、张毅:《我国生态环境损害赔偿原则及其改进》,《中州学刊》2018 年第 10 期。

曹莉萍:《市场主体、绩效分配与环境污染第三方治理方式》,《改革》2017 年第 10 期。

曹险峰:《数人侵权的体系构成——对侵权责任法第 8 条至第 12 条的解释》,《法学研究》2011 年第 5 期。

柴云乐:《污染环境罪行政从属性的三重批判——兼论刑法对污染环境行为的提前规制》,《政治与法律》2018 年第 7 期。

常杪、杨亮、王世汶:《环境污染第三方治理的应用与面临的挑战》,《环境保护》2014 年第 20 期。

车辉:《无意思联络数人侵权之因果关系与责任》,《新疆社会科学》2014 年第 4 期。

陈洪兵:《解释论视野下的污染环境罪》,《政治与法律》2015 年第 7 期。

陈炜、孙昌军:《论单位犯罪中责任人的认定与处罚》,《法学评论》2000年第1期。

陈霞、许松涛:《工业企业环保税审计风险评估研究》,《财会通讯》2017年第34期。

陈小炜:《论寻衅滋事罪"口袋"属性的限制和消减》,《政法论丛》2018年第3期。

陈颖、赵维圣:《论利益博弈视域下环境污染第三方治理的义务分配》,《时代法学》2018年第5期。

陈云俊、高桂林:《环境污染第三方治理民事合同研究》,《广西社会科学》2016年第3期。

陈忠林、席若:《单位犯罪的"嵌套责任论"》,《现代法学》2017年第2期。

程天金、杜譞、李宏涛:《美国环境治理演进及特征对我国"十三五"及后期环境治理的启示》,《环境保护》2016年第23期。

程同顺:《党风廉政建设主体责任论》,《人民论坛》2015年第11期。

邓可祝:《第三方治理中排污企业与第三方的责任分配》,《山东工商学院学报》2016年第3期。

丁凤楚:《论国外的环境侵权因果关系理论——兼论我国相关理论的完善》,《社会科学研究》2007年第2期。

董岩:《石油炼化企业参与环境污染第三方治理的法律困境及其破解》,《胜利油田党校学报》2018年第5期。

董战峰等:《我国环境污染第三方治理机制改革路线图》,《中国环境管理》2016年第4期。

范战平:《论我国环境污染第三方治理机制构建的困境及对策》,《郑州大学学报》(哲学社会科学版)2015年第2期。

葛察忠、程翠云、董战峰:《环境污染第三方治理问题及发展思路探析》,《环境保护》2014年第20期。

葛超、马云:《水污染第三方治理运行阶段政府监管责任的制度建构》,《中国环境管理干部学院学报》2016年第3期。

龚海南:《论务工人员涉环境犯罪之刑事责任》,《人民司法(应用)》2018年第4期。

郭辉:《我国共同危险侵权诉讼程序补正——共同危险侵权牵连普通

共同诉讼制度的建立》,《广西社会科学》2016 年第 10 期。

郭建:《环境问题与社会主义》,《科学社会主义》2008 年第 4 期。

郝浩:《浅析共同侵权行为》,《人民论坛》2011 年第 5 期。

侯佳儒:《环境损害救济:从侵权法到事故法》,《政法论丛》2019 年第 5 期。

胡静、胡曼晴:《第三方治理中排污企业的行政责任》,《世界环境》2017 年第 5 期。

胡丽珠、吕成:《环境污染第三方治理的监管》,《合肥学院学报》(社会科学版)2015 年第 4 期。

胡卫:《环境污染侵权与恢复原状的调适》,《理论界》2014 第 12 期。

胡卫:《民法中恢复原状的生态化表达与调适》,《政法论丛》2017 年第 3 期。

黄华、丁慧平:《燃煤电厂环境污染第三方治理研究》,《资源科学》2019 年第 2 期。

贾济东、赵秉志:《我国犯罪构成理论体系之完善》,《法商研究》2014 年第 3 期。

姜俊山:《论污染环境罪之立法完善》,《法学杂志》2014 年第 3 期。

蒋尉:《欧盟环境政策的有效性分析:目标演进与制度因素》,《欧洲研究》2011 年第 5 期。

柯坚:《论污染者负担原则的嬗变》,《法学评论》2010 年第 6 期。

孔东菊:《论企业环境污染第三方治理合同的法律规制》,《武汉科技大学学报》(社会科学版)2016 年第 3 期。

孔东菊:《企业环境污染第三方治理侵权责任的划分——德国环境设备责任的启示》,《南海法学》2019 年第 6 期。

兰仁迅:《从实体法视角反思我国必要共同诉讼制度——以多数人侵权之诉为考察对象》,《华侨大学学报》(哲学社会科学版)2011 年第 1 期。

兰跃军:《论被害人民事赔偿优先执行》,《甘肃政法学院学报》2010 年第 4 期。

蓝承烈:《民事责任竞合论》,《中国法学》1992 年第 1 期。

黎宏:《论单位犯罪中的"直接负责的主管人员和其他直接责任人员"》,《法学评论》2000 年第 4 期。

李川、王景山:《论法律因果关系》,《山东大学学报》(哲学社会科学版)1999年第4期。

李国平、张文彬:《地方政府环境规制及其波动机理研究——基于最优契约设计视角》,《中国人口·资源与环境》2014年第10期。

李建华、麻锐:《论财产性民事责任优先承担规则》,《社会科学战线》2011年第8期。

李建柱:《发挥环境污染第三方治理作用》,《群众》2018年第18期。

李金宇、郭志达、白远洋:《环境污染第三方治理委托代理模型研究》,《环境保护科学》2019年第3期。

李新:《数人侵权形态划分及其责任承担标准的法律探析——兼评我国〈侵权责任法〉的相关规定》,《法学杂志》2010年第1期。

李雪松、吴萍、曹婉吟:《环境污染第三方治理的风险分析及制度保障》,《求索》2016年第2期。

李一丁:《环境污染第三方治理的理论基础、现实诱因与法律机制构建》,《河南财经政法大学学报》2017年第2期。

林臻等:《环境污染第三方治理的国际经验与启示》,《中华环境》2017年第11期。

刘长兴:《污染第三方治理的法律责任基础与合理界分》,《法学》2018年第6期。

刘畅:《环境污染第三方治理的现实障碍及其化解机制探析》,《河北法学》2016年第3期。

刘超:《管制、互动与环境污染第三方治理》,《中国人口·资源与环境》2015年第2期。

刘超:《环境修复理念下环境侵权责任形式司法适用之局限与补强》,《政法论丛》2020年第3期。

刘加林等:《西部生态脆弱区环境污染第三方治理机制优化探析》,《生态经济》2017年第10期。

刘俊敏、李梦娇:《环境污染第三方治理的法律困境及其破解》,《河北法学》2016年第4期。

刘宁、吴卫星:《"企企合作"模式下环境污染第三方治理民事侵权责任探究》,《南京工业大学学报》(社会科学版)2016年第3期。

刘腾飞:《环境污染第三方治理法律责任问题研究》,《湖南工程学院学报》（社会科学版）2019 年第 4 期。

刘学之、王潇晖、智颖黎：《欧盟环境行动规划发展及对我国的启示》，《环境保护》2017 年第 20 期。

刘艳红：《民法典绿色原则对刑法环境犯罪认定的影响》，《中国刑事法杂志》2020 年第 6 期。

刘哲玮：《追加当事人制度的理论追问与程序构建》，《政法论丛》2016 年第 6 期。

卢佩：《多数人侵权纠纷之共同诉讼类型研究　兼论诉讼标的之"案件事实"范围的确定》，《中外法学》2017 年第 5 期。

吕志奎、林荣全：《流域环境污染第三方治理：合约关系与制度逻辑》，《中国人民大学学报》2019 年第 6 期。

骆建华：《环境污染第三方治理的发展及完善建议》，《环境保护》2014 年第 20 期。

马俊驹、白飞鹏：《第三人侵害合同缔结的侵权责任论纲》，《法商研究》2000 年第 5 期。

马荣春：《再论刑法因果关系》，《当代法学》2010 年第 3 期。

马云：《水污染第三方治理机制中第三方的刑事责任》，《中国环境管理干部学院学报》2015 年第 2 期。

茅少伟：《恶意串通、债权人撤销权及合同无效的法律后果——最高人民法院指导案例 33 号的实体法评释》，《当代法学》2018 年第 2 期。

潘秀丽：《内部控制信息披露中相关主体责任界定的现状及改进》，《中国注册会计师》2006 年第 9 期。

彭小雅：《对于完善我国绿色税制的思考》，《经济研究参考》2017 年第 41 期。

秦鹏、李国庆：《论污染环境罪主观面的修正构成解释和适用——兼评 2013 "两高"对污染环境罪的司法解释》，《重庆大学学报》（社会科学版）2016 年第 2 期。

任重：《民事诉讼视野下的共同危险行为》，《法制与社会发展》2015 年第 6 期。

任卓冉：《环境污染第三方治理的困境及法制完善》，《中州学刊》2016 年第 12 期。

荣燕燕：《我国环境污染第三方治理的发展及相关建议》，《上海节能》2017 年第 6 期。

邵建东：《论德国〈环境责任法〉的损害赔偿制度》，《国外社会科学情况》1994 年第 45 期。

申进忠：《环保部门可否直接处罚环境污染治理第三方》，《法人》2019 年第 3 期。

司林波、赵璐：《欧盟环境治理政策述评及对我国的启示》，《环境保护》2019 年第 11 期。

苏永生：《环境犯罪违法性判断的特殊性及标准》，《甘肃社会科学》2021 年第 1 期。

唐绍均、魏雨：《环境污染第三方治理中的侵权责任界定》，《重庆大学学报》（社会科学版）2019 年第 1 期。

唐绍均、魏雨：《环境污染第三方治理中的刑事责任界定》，《南通大学学报》（社会科学版）2020 年第 4 期。

唐绍均、魏雨：《论第三方治理合同无效情形下的环境侵权责任界定》，《重庆大学学报》（社会科学版）2020 年第 5 期。

唐绍均、魏雨：《环境民事公益诉讼中"技改抵扣"的淆乱与矫正》，《中州学刊》2020 年第 8 期。

唐绍均、黄东：《环境罚金刑"修复性易科执行制度"的创设探索》，《中南大学学报》（社会科学版）2021 年第 1 期。

童光法：《我国环境侵权因果关系的证明责任》，《哈尔滨工业大学学报》（社会科学版）2015 年第 4 期。

汪学文：《联邦德国"环境责任法"的制定》，《德国研究》1994 年第 4 期。

王成、鲁智勇：《高空抛物侵权行为探究》，《法学评论》2007 年第 2 期。

王道发：《论管理人在高度危险责任中的安全保障义务——以〈侵权责任法〉第 76 条为中心》，《现代法学》2019 年第 2 期。

王浩、陈燕红：《"第三方环境治理"国际学术研讨会会议综述》，《复旦公共行政评论》2017 年第 1 期。

王欢：《美国生态环境保护历史与现状》，《中国高校科技与产业化》2006 年第 8 期。

王欢欢、蔡守秋：《完善我国土壤污染治理责任制度的思考》，《中州学刊》2016年第5期。

王利民、李昱:《环境侵权责任的构成:解读新〈环境保护法〉第64条》,《辽宁大学学报》(哲学社会科学版)2014年第6期。

王利明:《我国侵权责任法的体系构建——以救济法为中心的思考》,《中国法学》2008年第4期。

王利明:《侵权责任法的中国特色》,《法学家》2010年第2期。

王利明:《论无效合同的判断标准》,《法律适用》2012年第9期。

王良顺:《论单位犯罪中直接责任与直接责任人员的认定》,《法商研究》2007年第2期。

王琪、韩冲:《环境污染第三方治理中政企关系的协调》,《中州学刊》2015年第6期。

王倩:《环境侵权因果关系举证责任分配规则阐释》,《法学》2017年第4期。

王清军:《自我规制与环境法的实施》,《西南政法大学学报》2017年第1期。

王树义:《论生态文明建设与环境司法改革》,《中国法学》2014年第3期。

王永霞:《不作为侵权行为辨析》,《法学杂志》2015年第4期。

王竹:《论数人侵权责任分担中最终责任份额的确定方式》,《法商研究》2010年第6期。

王竹:《论数人侵权责任分担原则——对〈侵权责任法〉上"相应的"数人侵权责任立法技术的解读》,《苏州大学学报》(哲学社会科学版)2014年第2期。

肖建国、宋春龙:《责任聚合下民刑交叉案件的诉讼程序——对"先刑后民"的反思》,《法学杂志》2017年第3期。

谢海燕:《环境污染第三方治理实践及建议》,《宏观经济管理》2014年第12期。

鄢斌、李岩:《合同环境服务法律责任竞合初探》,《环境经济》2014年第4期。

鄢斌、李岩:《环境服务合同的性质及其法律适用》,《才智》2014年第3期。

杨代雄:《借名购房及借名登记中的物权变动》,《法学》2016年第

8 期。

杨钧皓：《基于会计视角的企业社会责任研究》，《财会通讯》2013 年第 21 期。

杨立新：《工伤事故的责任认定和法律适用》（上），《法律适用》2003 年第 10 期。

杨立新：《论不真正连带责任类型体系及规则》，《当代法学》2012 年第 3 期。

杨立新：《网络交易法律关系构造》，《中国社会科学》2016 年第 2 期。

杨垠红：《侵权法上不作为因果关系之判定》，《法学》2014 年第 1 期。

姚明斌：《"效力性"强制规范裁判之考察与检讨——以〈合同法解释（二）〉第 14 条的实务进展为中心》，《中外法学》2016 年第 5 期。

叶金强：《共同侵权的类型要素及法律效果》，《中国法学》2010 年第 1 期。

俞洁、姚宇平：《我国环境污染第三方治理的可行性和必要性》，《环境与发展》2018 年第 3 期。

俞祺：《怠于履行职责与第三人行为共同致害的侵权赔偿》，《人民司法》2012 年第 23 期。

喻海松：《污染环境罪若干争议问题之厘清》，《法律适用》2017 年第 23 期。

翟艳：《重金属污染侵权诉讼因果关系推定研究》，《法学杂志》2014 年第 5 期。

张锋：《环境污染社会第三方治理研究》，《华中农业大学学报》（社会科学版）2020 年第 1 期。

张林鸿：《生态文明视野下环境污染第三方治理法治化》，《社会科学家》2018 年第 12 期。

张明楷：《污染环境罪的争议问题》，《法学评论》2018 年第 2 期。

张全：《以第三方治理为方向加快推进环境治理机制改革》，《环境保护》2014 年第 20 期。

张式军、田亦尧：《后民法典时代民法与环境法的协调与发展》，《山东大学学报》（哲学社会科学版）2021 年第 1 期。

张文显：《法律责任论纲》，《吉林大学社会科学学报》1991年第1期。

张旭：《民事责任、行政责任和刑事责任——三者关系的梳理与探究》，《吉林大学社会科学学报》2012年第2期。

张旭、顾阳：《行政犯罪中刑事责任与行政责任聚合之处断规则》，《辽宁大学学报》（哲学社会科学版）2012年第3期。

张宇庆：《环境服务合同的概念演进与类型分化》，《河北法学》2013年第10期。

张梓太、张乾红：《我国环境侵权责任保险制度之构建》，《法学研究》2006年第3期。

赵廷光：《易科罚金制度及其积极意义》，《人民检察》1995年第7期。

郑晓剑、陶伯进：《论作为侵权与不作为侵权的区分理由及其实益——兼及对不作为侵权行为归责基础的省思》，《国家检察官学院学报》2011年第6期。

郑泽善：《片面共犯部分否定说证成》，《政治与法律》2013年第9期。

三 毕业论文类

程柏松：《企业安全生产主体责任落实研究》，硕士学位论文，湖北工业大学，2016年。

邓婕：《我国环境污染第三方治理法律规制问题探析》，硕士学位论文，四川省社会科学院，2016年。

郜鑫杰：《论环境行政责任》，硕士学位论文，长春理工大学，2012年。

李英姿：《不作为侵权责任研究》，硕士学位论文，郑州大学，2011年。

马云：《水污染第三方治理机制中第三方法律责任研究》，硕士学位论文，浙江农林大学，2016年。

王棋棋：《第三方治理模式中环境污染民事侵权责任研究》，硕士学位论文，西南政法大学，2017年。

魏舒婷：《我国环境污染第三方治理问题研究》，硕士学位论文，河南大学，2019年。

吴隽雅：《环境公私合作的制度化选择与规范化构造》，博士学位论文，武汉大学，2018年。

杨飞：《环境污染第三方治理注意义务研究》，硕士学位论文，西南政法大学，2016年。

杨柳明：《我国环境污染第三方治理主体民事法律责任研究》，硕士学位论文，广西师范大学，2017年。

应冰倩：《污染第三方治理环境侵权责任研究》，硕士学位论文，浙江大学，2017年。

袁义龙：《论民事赔偿责任优先规则的适用》，硕士学位论文，安徽大学，2014年。

四　报刊类

崔煜晨：《第三方治理血脉通没通？》，《中国环境报》2015年1月20日。

葛察忠：《环境污染第三方治理问题及发展思路探析》，《中国财经报》2019年10月19日。

宫双双：《第三方治理单位应承担哪些法律责任？》，《中国环境报》2019年9月16日。

刘柏松：《第三方治理还需跨越多少道坎》，《经济日报》2015年1月23日。

司建楠：《全国工商联环境商会：推进环境污染第三方治理完善基础设施领域公私合营模式》，《中国工业报》2015年3月5日。

朱晓波、王庆：《"十三五"环保走向第三方治理》，《中国冶金报》2015年1月8日。

五　技术报告类

全国工商联环境服务业商会：《专业化：工业污染治理的新模式》，2008年，北京。